소설

무 武

령 寧

왕 王

上

강성대국 백제를 이룬 고대역사상 최고의 리더

무령왕의 충격적 일대기

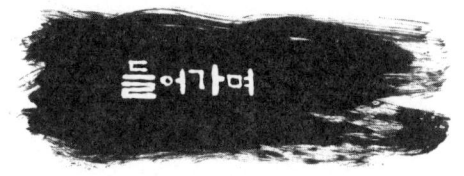

들어가며

무령왕(武寧王), 그는 과연 누구인가?

공주시는 매년 10월 무령왕(사마대왕)을 기리는 축제를 열고, 언론
에서는 그에 대한 역사를 추적하곤 했지만 아직도 대왕의 전반부 인생
은 제대로 밝혀지지 않았다. 수많은 역사학자들도 정확한 고증을 하지
못하고 있는 실정이다. 왜냐하면 김부식의 사대사관(事大史觀)으로부
터 일제시대 식민사관(植民史觀)에 이르기까지의 왜곡된 역사 지식으
로는 무령왕의 전 생애를 알 수 없기 때문이다.

필자는 근 10여 년 가까이 일본에서 한·일 고대사를 연구하던 중
무령왕에 대하여 우리에게 잘못 알려진 사실이 많다는 것을 알게 되었
고, 이에 대한 자료를 모으다보니 많은 사람들에게 정확한 내용을 알
려주고픈 욕심이 생기게 되었다.

아시아의 위대한 대제(大帝)로 한반도는 물론 중국 대륙과 일본 열
도, 멀리 동남아시아를 거쳐 인도까지 백제의 위상을 드높인 무령왕을
우리는 너무도 초라하게 여기지는 않았는가?

우리의 역사서인 『삼국사기』에 백제 제25대 왕으로 나오는 그가 바
로 무령왕이다. 사마(斯摩)는 휘이고, 다른 이름으로는 부여륭(夫餘
隆) 또는 여륭(余隆)이라 불렸다. 무령왕은 사촌동생이자 이복동생인
동성왕을 몰아내고 501년 12월 마침내 왕위에 올랐다. 무령왕은 서기
501년 12월, 나이 마흔 살에 쿠데타로 집권했다. 당시로서는 매우 늦

은 나이에 그것도 쿠데타로 정권 장악에 성공했다함은 비상한 관심을 끌기에 충분하다. 무령왕은 집권 후 523년까지 22년간 화합과 통합을 바탕으로 강력한 리더십을 발휘, 백제중흥의 기틀을 다진 아시아의 대왕으로 우리 역사에 길이 빛날 영웅이다.

우리가 알고 있는 백제사는 과연 진실일까?

한반도 서부를 차지했던 작은 소국으로 한때 일본 열도에 문화를 전해 주었던 그렇고 그런 나라? 700여 년 사직이 방탕한 의자왕에 의해 한순간 망해 버린 비운의 국가? 한반도에서조차 거의 자취를 감추듯 사라져 우리 역사에 희미한 그림자만 남긴 불운의 대국?

백제 역사는 이처럼 승자에 의해 축소, 왜곡된 것이 전부가 아니다. 백제는 비록 멸망했지만 최근에 새롭게 밝혀지고 있는 백제는 우리가 알고 있던 것보다 훨씬 강했고, 수준 높은 문화를 누리고 있었다. 삼국시대의 고구려, 신라보다도 더욱 뛰어난 문화를 보여 주던 나라였다.

우리는 사대사관이나 식민사관에 의해 철저히 짓밟힌 백제 역사를 되살려야 한다. 아니 후손으로서 당연히 그러한 의무가 있다. 신라 통일 후 사라지고 버려지고 고의적으로 말살된 백제의 역사와 혼을 이제는 우리가 시급히 되찾아야할 때이다. 한때는 중국의 대륙과 일본 열도에 식민지를 건설하고, 강력한 해상왕국을 건설했던 영광스런 백제사를 제대로 복원해야 한다.

자신들의 역사를 모르는 민족은 다른 민족들로부터 업신여김을 당함은 물론 스스로 주권을 빼앗기는 일을 당해도 어쩔 수 없다. 역사는 바로 자존심이고, 삶의 터전을 굳건하게 해 주는 치밀한 이론이요, 대한민국이 한반도에 영원히 존재할 수 있게 하는 정통성을 부여하는 것이기 때문이다. 권위와 정통성은 하늘과 신이 주는 것이 아니라, 바로 우리 조상들이 일군 역사가 주는 것이다.

필자는 한·일 고대사를 연구하면서 백제의 위대함은 물론 무령왕의 큰 그림자를 보고, 대왕의 인물됨과 전 일생을 글로 남기겠다고 몇 번이나 다짐했었다. 다만 논문 형식으로 쓴다면 독자층이 한정될 것이고 역사 해석에 한계가 있을 것 같아 소설 형식을 빌어서 글을 쓰기로 마음먹었다. 이렇게 함으로써 딱딱한 논문보다 작가의 신선하고 자유분방한 상상력으로 역사의 진실을 추구할 수 있다는 장점을 살릴 수 있을 것이라는 생각에서였다. 그러한 작정으로 일본으로부터 귀국한 2002년부터 소설 구성에 착수하였으나, 이런 저런 사정으로 미루어지다가 마침내 완성하여 내놓게 되었다.

다만 이 글을 쓰면서 독자들이 지루함을 느끼고 흥미를 잃을까 염려스러워 다소 허구를 가미한 것은 양해를 구하고자 한다. 이 글에 나오는 인명이나 지명 또는 시대 상황은 대부분 근거에 의해 썼으나 아직도 밝혀지지 않은 인명 부분과 학자들 간에 논란이 되는 부분은 필자의 상상력에 의해 재구성되었다. 희미한 역사적 자료를 찾아 뼈와 살을 붙여가며 기본 사료의 연장선에서 전체적인 흐름을 이해할 수 있도록 최선의 노력을 다 했다.

한·일 고대사를 전공한 학자로서 기록을 근거로 한 역사소설을 쓰게 된 것은 어쩌면 필자에게 주어진 운명일지도 모른다. 처음 쓴 역사소설이기에 잘못 추론하고 상상한 부분도 있을 것이다. 아울러 작품의 재미를 더하기 위해 저자의 주관적 해석이 포함된 부분도 분명 있을 것이다. 만일 당시 실재했던 진실과 다른 내용을 발견한 독자 여러분이 있다면, 언제든 날카로운 질책과 비평을 해 주길 부탁드리는 바이다.

마지막으로 이 책이 나올 때까지 많은 격려와 도움을 주신 분들께 감사의 마음을 전한다. 우선 이 소설의 뼈대가 된 박사학위 논문이 나올 수 있도록 유학 기간 내내 많은 도움을 준 가족들과 황금봉 선배님께 감사를 드린다. 더불어 육군학사장교 9기 동기인 황종권, 김찬연, 고진성, 김영회, 권오길 등 여러 동기들의 도움에 감사드린다.

그리고 어려운 출판 환경 속에서도 이 소설이 나올 수 있도록 고대사 복원이라는 역사적 사명을 가지고 최대의 협조를 해 주신 이준원 공주시장님과 백제문화와 역사 살리기에 심혈을 쏟고 계시는 이태묵 문화관광과 과장님께 감사의 말씀을 전한다.

아울러 격려사와 추천사를 써 주신 다섯 분께도 감사드린다. 격려사를 써 주신 공주의 학계 원로이시자 사마대왕 알리기에 열심이신 윤여헌 사마대왕국제네트워크협의회장님과 유정복 한나라당 국회의원님과 제너시스BBQ그룹 윤홍근 회장님, 그리고 사마대왕에 관한 논문과 저서로 많은 연구 성과를 내신 소진철 교수님과 사마대왕 발굴에 직접 참여하셨던 조유전 토지박물관장님께 다시 한 번 심심한 감사의 말씀을 드린다. 이 소설이 나오기까지 힘써 주신 모든 분들께 고마움을 전한다.

2007년 4월
충남 연기군 봉서재 서당마을에서 장팔현

무령왕(실존) : 태어날 당시에는 사마라는 이름이 지어졌고 백제로 돌아가 친아버지인 개로왕으로부터 여륭이라는 이름을 지어 받는다. 이후 왜로 가서 무왕이라고 불리다가 백제의 왕이 되고부터는 사마대왕이라 불린다. 일반 백성들에게는 호령왕이라고 더 잘 알려졌다. 붕어 후 무령왕이라는 시호로 불리어진다. 용모가 수려하고 차분한 성품 등은 어머니인 가희부인을 닮았고 다정다감한 성격은 친아버지인 개로왕을 닮았다. 삼촌인 곤지왕의 과묵하고 추진력 강한 불같은 과단성 또한 닮았다. 사마라는 이름은 왜국으로 가는 도중 각라도라는 섬에서 출생했기에 붙여진 이름이다. 고대에 섬(島)이 시마 또는 사마로 불렸음을 알 수 있는 왕명이다.

개로왕(실존) : 무령왕의 아버지이며 여경 또는 경사라는 이름으로 불린다. 왜의 나니와 분국의 백제 왕으로 가 왜왕 제로 불렸으며 가수리군이라고도 하였다. 서기 455년 귀국하여 백제 제21대 대왕으로 즉위한다. 서기 475년 고구려군의 공격을 받고 예전의 부하였던 재증걸루와 고이만년에 의해 포로로 잡혀 결국 아차산성에서 죽임을 당한다.

곤지왕(실존) : 개로왕의 동생이며 이름은 여곤이다. 무령왕의 삼촌이자 양아버지로 개로왕의 둘째 부인인 전가희와는 어릴 적부터 사랑하던 사이이다. 462년 전가희와 함께 왜로 출발하여 왜에서 곤지왕으로 있다가 477년 귀국하여 문주왕을 도와 내신좌평에 오르나 해구의 기습공격으로 사망한다. 말수가 적고 자신의 의사를 딱 부러지게 이야기하는 성격이면서도 다정한 성품도 동시에 지닌 인물이다.

해리화(가상) : 개로왕의 첫째 부인. 전가희에 대해 끊임없이 질투를 보이는 인물이나. 475년 고구려군에 의해 아차산성에서 개로왕과 태자들과 함께 죽임을 당한다. 그때까지도 여경에 대한 증오와 연민을 버리지 못하는 비운의 여인이다.

전가희(가상) : 무령왕의 친어머니로, 개로왕의 둘째 부인이었다가 곤지왕(어곤)의 부인이 되어 왜로 떠난 파란만장한 일생을 산 여인이다. 약간은 냉정한 성품을 지닌 자신의 주관이 강한 여인이다.

해정설(가상) : 무령왕의 첫째 부인. 미래를 예견하는 능력이 있다. 신비로운 매력을 가진 이해심 많은 여인이다. 무령왕의 앞길을 간간히 예견해 주며 옆에서 큰 힘이 되어준다. 명농(성왕)과 사아군(왜의 흠명대왕) 형제와 수백향 공주를 낳는다.

금병희(가상) : 무령왕의 둘째 부인. 왜에서의 입지 강화를 위해 정략적으로 혼인한 여자이다. 해정설 역시 이 여인을 통해 무령왕이 왜에서 입지를 강화할 수 있을 것이라 생각하고 혼인하기를 권한다. 무령왕과의 혼인을 스스로 원했을 정도로 밝고 쾌활한 성격의 다부진 여인이다. 금주리의 여동생으로 무령왕과의 사이에서 태자인 순타를 낳는다.

단설미(가상) : 무령왕의 셋째 부인. 해정설이 죽고 나서 백제에서의 입지 강화를 위해 혼인을 간청하는 신하들에 의해 무령왕은 국내 기반이 튼튼한 단양이 박사의 조카인 단설미를 왕비로 맞이하게 된다. 조용하고 차분한 성품이 해정설과 닮았다. 해정설을 닮았기에 사마대왕도 혼인을 수락하고 사랑하게 된다. 526년 12월, 37세의 나이로 사망하여 무령왕릉에 합장된 인물이다.

야마토노 가라코(가상) : 야마토노 다이이치와 진도미 사이에 태어난 딸로 왜의 곤지왕과 결혼, 둘째 부인이 된다. 곤지왕과의 사이에서 낳은 둘째 아들인 말다가 백제 제24대 동성왕이 된다.

수백향(실존) : 무령왕의 첫째 딸로 왜의 남제왕 즉위년에 그의 둘째 부인으로 시집간다.

홍(실존) : 개로왕의 태자로, 무령왕이 왜의 나니와 분국의 왕으로 가기 전까지 그곳의 왕으로 있었다. 서기 475년 2월에 귀국하여 9월에는 부왕인 개로왕을 도와 한성에서 고구려군과 용감히 싸웠으나 결국 포로가 되어 아차산성에서 죽임을 당한다.

명농(실존) : 무령왕의 둘째 아들로 순타 태자가 513년 왜에서 죽음으로써 실제적인 태자의 역할을 떠맡게 된다. 후일의 백제 성왕이다.

사아군(실존) : 무령왕의 셋째 아들로 왜로 건너가 왜의 흠명왕으로 등극한다. 백제 성왕의 동생으로 양국은 불교문화로 굳게 맺어져 형제국가로써 우호관계를 지속한다.

남제왕(실존) : 왜의 왕으로 있다가 후일 대왕으로 등극한다. 서기 503년 무령왕이 신임장으로 보낸 우전팔번경 청동거울 명문에 남제왕으로 나온다. 즉위 후에는 남대적왕(男大迹王:오호도노스메라노미코토) 또는 언태존(彦太尊:히코후토노미코토)이라 불렸다. 『일본서기』에는 계체천황으로 나오는 인물이다. 무령왕과 금주리, 셋이서 요도카와 강 위에서 선상결의를 맺고 백제와 왜국의 대권에 도전하기로 결심한 인물이다.

금주리(실존) : 예족 출신으로 왜지의 하내 수령인 비직(費直)의 위치에 있던 대장장이 가문 출신이다. 백제 이주민으로 무령왕, 남제왕과 함께 요도카와 강 위에서 선상결의를 맺는다. 백제 본국의 백가와 해명과는 절친한 관계를 유지, 부단히 연락을 취하면서 역모를 성공시킨 제1급 참모로 권모술수의 대가이자, 기획력이 뛰어난 의리의 대장부이다. 서기 503년 무령왕이 왜의 남제왕에게 신임장으로 주기 위해 만든 우전팔번경 청동거울을 직접 들고 왜국으로 건너가 전한 인물로 우전팔번경 청동거울 명문에는 예인(穢人) 금주리(今州利)로 나온다.

해명(실존) : 해정설과 인척관계로 무령왕과는 어려서부터 절친하게 지냈던 인물이다. 백가, 금주리와 무령왕을 도와 동성왕을 시해하는데 큰 공을 세운다. 역모 성공 후 백가를 죽일 수밖에 없는 정치 현실에 마음 아파한다.

왕정 박사(가상) : 무령왕보다 나이가 20세 더 많은 스승으로 왕자 때부터 학문을 가르치고, 아차산성에서의 참극 이후 왜로 건너가 왜왕 무의 외교문서 담당과 정책 고문으로 지낸 인물이다. 501년 9월 왜왕 무의 환국에 발맞춰 함께 귀국하여 줄곧 무령왕을 도와 외교와 정책고문 역할을 맡는다. 나이 80세에 생을 마감한다.

왕명 박사(가상) : 왕정 박사의 아들로 부친 사망 후 그 직을 세습하여 무령왕을 보좌한다.

백가(실존) : 백제 사직과 나라를 위한 마음으로 동성왕에게 올바른 간언을 자주 올렸으나 결국 둘 사이에 감정이 쌓여 왕을 시해하고 만다. 금주리, 해명과는 흉금을 터놓고 얘기할 정도로 절친했으나 금주리의 권모술수에 빠져 동성왕을 시해하고 결국 해명에게 죽임을 당한다.

도림(실존) : 고구려 승려로 스스로 첩자가 되기를 간청하여 백제로 내려온다. 그의 특기인 바둑으로 개로왕을 유혹, 궁궐 보수와 성곽의 신축, 제방공사 등을 일으키게 함으로써 고구려 장수왕의 백제 침략 기회를 만들어준다. 고구려의 백제 침공 전 고구려로 도주한다.

재증걸루(실존) : 백제의 옛 장수로 서기 457년 개로왕 역모사건에 연루되어 해명 기회도 갖지 못한 채 삼족이 멸문당해 개로왕을 철천지원수로 삼으며 고구려로 도망간다. 훗날 개로왕과 왕비, 다섯 왕자를 처참하게 죽인다.

고이만년(실존) : 백제의 옛 장수로 역모사건에 연루되어 재증걸루와 함께 고구려로 도망간다. 서기 475년 재증걸루와 함께 아차산성에서 개로왕을 죽인다.

일러두기

1. 일본사에 등장하는 고유명사와 지명 등은 하타노 가와카츠(秦河勝), 고류지(廣隆寺), 오사카(大阪), 교토(京都), 규슈(九州), 가와치(河內) 등으로 표기했다.

2. 인물명과 지역명은 일본 음으로 표기한 후 괄호 안에 한자로 표기하여, 이해가 쉽도록 하였다. 예를 들면, 인명의 경우 가나무라(金村), 지명의 경우 나니와(難波)식으로 표기했다.

3. 일본사에 나오는 고대의 천황명 및 인물명은 우리 한자음으로 표기하는 것을 원칙으로 하나 일본음으로 표기할 때는 괄호 안에 한자로 표기했다. 예를 들면, 소아마자(蘇我馬子)는 소가노 우마코, 왜가라자(倭加羅子)는 야마토노 가라코 등으로 표기했다.

4. 본 소설은 저자가 일본 교토의 리츠메이칸(立命館)대학원 박사과정에서 다년간 칠지도, 강전선산 출토 대도(大刀) 명문 , 에다후나야마 출토 철검 명문(銘文), 우전팔번경 등 금석문을 통해 동아시아 고대사를 연구한 후 쓴 박사학위 논문을 근거로 작성되었다.

공주는 서기 475년부터 538년까지 63년간 백제 수도가 있던 유서 깊은 역사문화 도시입니다.

서기 475년 9월 백제는 고구려의 침략으로 수도인 한성을 잃고 금강 지역의 천연요새인 공주로 수도를 옮겨 재기를 다졌습니다. 문주왕으로부터 삼근왕, 동성왕, 무령왕을 이어 부여로 수도를 옮긴 성왕에 이르기까지 다섯 분의 백제 대왕들이 거처하던 곳입니다. 그 중에서도 무령왕은 백제 중흥의 기틀을 다진 인물로 최고의 리더십으로 백성들을 어루만지며 선정을 베푼 멋지고 당찬 임금이었습니다. 덕이 높고 온화한 인품으로 화합과 통합을 꾀했으며 백성을 사랑하였기에 민심이 부귀하였습니다.

무령왕 덕분에 백제는 다시 강대국이 되어 고구려와 맞설 수 있게 되었으며, 중국대륙과 일본열도는 물론 동남아 지역에까지 국력을 뻗치는 등 일찍이 해상왕국을 이루게 되었습니다.

무령왕릉이 일제시대 도굴꾼 가루베의 손을 타지 않고 1971년 7월 우리 후손들 앞에 휘황찬란한 모습으로 나타난 것은 매우 다행한 일로 지금도 저는 천우신조의 도움이 있었기 때문이라고 생각하고 있습니다. 본인은 공주 토박이로 오랫동안 대학에서 학생들을 가르쳤으며 우리 고장 공주를 알리기 위해 은퇴 후에는 '무령왕국제네트워크협의회'를 이끌고 있습니다. 그리고 틈틈이 문화해설사로 나서 공주를 찾는 많은 내방객들에게 향토문화를 알리고 있습니다.

무령왕은 서기 462년 6월 가라츠시의 가카라시마(加唐島)에서 탄생했습니다. 공주의 자랑인 무령왕 현창사업을 하면서 자매결연도시인 일본 사가현의 '무령왕교류가라츠시실행위원회'와 협조하여 2006년, 일본의 가카라시마에 무령왕 기념비를 세운 것은 매우 뜻 깊은 일입니다.

금번 일본에서 한·일 고대사를 전공하고 돌아온 장팔현 박사가 심혈을 기울여 집필한 소설『무령왕』이 나와 무척 다행입니다. 그동안 공주시에서는 무령왕의 일대기를 몰라 애태우고 있었습니다. 그러하기에 이 책이 5세기부터 6세기 초의 백제사는 물론 한·일 고대사의 한 시대를 밝혀줄 귀중한 도서가 될 것임에 틀림없다고 생각되어 격려를 보내는 바입니다.

나약해진 백제를 다시 강대국의 반열에 올려놓고 해외에 거점을 마련해 해상왕국을 이루신 무령왕에 대하여 그동안 왕릉만이 전부인 양 알려지던 터에 출생부터 붕어에 이르기까지 일대기를 그린 소설『무령왕』이 출간됨에 박수를 보내며, 이를 바탕으로 영화와 드라마까지 만들어져 영웅 무령왕이 우리 국민들은 물론 일본, 중국 등 세계에 많이 알려지기를 바라는 마음 간절합니다.

　다시 한 번 장팔현 박사의 소설 『무령왕』 집필에 격려를 보내며, 아무쪼록 이를 바탕으로 백제사가 더욱더 우리 앞에 다가서는 계기가 되었으면 합니다.

윤여헌

(前 공주대학교 교수/現 무령왕국제네트워크협의회장)

　유명한 역사학자인 E. H. Carr는 "역사는 과거와 현재와의 끊임없
는 대화이며, 나아가 미래와의 끊임없는 대화이다."라고 말했습니다.
이는 과거의 역사를 거울삼아 현재를 바라보고, 과거와 현재와의 대화
를 통해 보다 더 나은 미래를 창출하는 수단으로써 역사를 파악한 것
입니다. 이는 혜안을 가지고 우리의 역사 속에서 과거의 인물을 통해
현재의 교훈으로 삼을 것이며, 나아가 미래 조국을 위한 표본으로써
후세대를 위한 교육에 활용할 가치가 매우 큼을 말하는 것으로 생각됩
니다.

　육군 학사장교 후배로 국내에서 정치외교학 학사과정을 마치고 일
본을 연구하겠다는 일편단심의 각오로 군 제대 후 일본으로 건너간 그
는 국제관계학 석사과정 중 한·일 양국의 미묘하고도 복잡한 뿌리를
알게 된 후 한·일 고대사를 연구하는 길만이 이러한 난제를 푸는 지름
길이라 여기고 칠지도, 우전팔번경 등 고대의 한·일 역사를 밝혀줄 금

석문을 연구한 끝에 교토(京都)의 리츠메이칸(立命館) 대학원에서 문학박사학위를 받았습니다.

저자는 오랫동안 칠지도 등의 금석문 연구를 통해 그동안 자세히 밝혀지지 않았던 충격의 무령왕 일대기와 함께 고대의 한·일 관계를 소설 『무령왕』을 통해 자세히 밝히고 있습니다.

무령왕은 생전에 사마대왕으로 불렸으며, 한성(서울)에서 철저히 망한 백제를 다시 일으켜 강대국의 반열에 올려놓은 백제 제일의 훌륭한 위인입니다. 무령왕은 문주왕, 삼근왕, 동성왕으로 이어지는 약화된 백제 웅진 시대의 왕권을 가장 강력하게 반전시킨 대왕입니다. 이처럼 무령왕의 리더십은 위기에 빛이 났습니다. 동성왕 시해와 백가의 반란이라는 국가 누란(累卵)의 위기에 봉착하여 대왕은 일찍이 볼 수 없었던 과감하고도 정확한 판단력으로 이를 극복, 강력한 통합과 화합의 리더십으로 백성들이 스스로 존경하고 따랐을 정도로 통합의 정치를 이끌어 나라를 부강하게 만든 영웅입니다. 대왕은 정치를 반석 위에 올려놓으심은 물론 가야와 신라로 도망친 몇 세대 전의 백제인 후손들마저 불러들여 경제를 부흥시켰습니다. 정치를 안정시키고 경제를 부흥시킨 뛰어난 리더십의 전형을 우리는 백제 무령왕에게서 찾을 수 있는 것입니다. 현재를 사는 우리에게 많은 본보기를 보여주는 인물이 바로 무령왕이기에 그 훌륭한 통찰력과 리더십은 우리 세대는 물론 후손들에게도 계속 끊임없이 대화하며 이어질 수 있도록 해야 할 것입니다.

이처럼 무령왕은 도덕성을 갖춘 올바른 인품을 바탕으로 출중한 리더십까지 갖추어 백제는 다시 강하게 일어설 수 있었던 것입니다.

그동안 자세히 알 수 없었기에 백제 무령왕의 일대기는 집필이 요원할 것처럼 보였으나 이번에 장팔현 박사에 의해 최초로 소설 『무령왕』이 나오게 되었다는 소식을 들었을 때 너무나 기뻤습니다. 대왕의 탁월한 리더십과 나라사랑을 다시 알 수 있게 됨을 기쁘게 생각하며, 책 출간을 진심으로 축하하는 바입니다. 아무쪼록 탁월하고도 위대한 리더십으로 백제중흥을 일으킨 무령왕 일대기가 널리 알려지기를 바랍니다.

유정복

(육군학사장교 총동문회장)

백제 무령왕은 중국 대륙과 일본은 물론 동남아에까지 진출, 해외 거점을 갖추고 해상무역으로 나라를 일으켜 중흥시킨 훌륭한 대왕입니다.

위대한 해상왕국을 이룬 무령왕 같은 과거의 인물을 거울삼아 현재를 바라보고, 보다 더 나은 미래를 창출하기 위해 본받아야할 위인으로서 그 인물됨을 배우고 후손들에게 가르쳐야할 것입니다.

이번에 소설『무령왕』을 집필한 장팔현 박사는 육군 학사장교 후배로서 군 제대 후 일본을 연구하겠다는 일념으로 오랫동안 일본에서 연구하고 돌아온 의지의 한국인입니다.

본인은 저자가 일본에서 한·일 고대사 연구에 매진하며 유학 중일 때 여러 차례 만나보고 장학금도 전달했던 인연이 있습니다. 장박사가 그동안 자세히 밝혀지지 않았던 고대의 한·일 관계를 오랫동안 칠지도 등의 금석문 연구를 통해 그려낸 소설『무령왕』을 통해 자세히 밝힌다니 더없이 고맙고 기쁜 일입니다.

　무령왕은 생전에 사마대왕으로 불렸으며, 약화된 백제 웅진 시대의 왕권을 강하게 반전시킨 대왕입니다.

　본인은 해상무역으로 강국을 이룬 무령왕을 존경하기에 책의 출간이 반갑기 그지없습니다. 게다가 그분의 일대기를 우리 후배인 장팔현 박사가 소설로 썼다는 점에 더욱 큰 반가움과 함께 기쁜 마음이 들어 격려하는 바입니다.

　끝으로 해상무역으로 백제중흥을 일으킨 위대한 무령왕의 일대기가 많은 분들에게 널리 읽혀지기를 바라면서 진심으로 축하드립니다.

윤홍근

(제너시스BBQ그룹 회장/경영학 박사)

차례

프 롤 로 그

"자, 오늘 죽어보자고!"

술 사발을 든 오른손을 머리위로 올리며 외친다. 이에 호응하듯 둥근 탁자에 모여 앉은 네 명의 친구들이 잔들을 서로서로 부딪친다. 어차피 내일부터 쉬는 날이다. 이렇게 생각하자 갑자기 흥겨운 기분이 든다. 술 사발을 입에 대고 그 속에 든 탁한 빛깔의 시큼한 액체를 단숨에 목 안으로 털어 넣는다. 알싸한 느낌이 식도를 타고 위속으로 내려가는 듯하더니 어느덧 그것은 머리로 솟구쳐 올라와 머릿속을 뒤흔든다. 간간히 갖는 술자리. 몸으로 벌어 먹고사는 놈에게 이마저도 없다면 어찌 살까. 입에서 짧게 끊어지는 웃음이 숨을 토해내듯 비집고 나온다. 막걸리 병을 잡아 비어있는 술 사발 안에 가득 따른다. 웃음소리. 욕지거리. 그 속에 마시자는 말을 던져 넣고 다시 술 사발을 든 손을 앞으로 내민다. 다른 놈들도 웃으며 손을 내밀어 내 잔에 자신의 잔을 부딪친다.

"이 자식 보게. 자기가 쉬는 날이라고 다른 놈들도 같이 죽자네!"

"시끄러 임마. 누구더러 이 자식 저 자식 거려? 이래 뵈도 내가 백제 왕족 자식이야!"

"또, 또, 시작됐네. 하여간 이 자식은 술만 들어가면 이 소리여."

다시 한 번 웃음소리가 좁은 대포집 안을 가득 메운다.

'너는 백제 왕족이다.'

돌아가신 아버지의 목소리가 귓전에서 맴돌더니 이내 머릿속으로 들어온다. 백제 멸망 후 당나라로 끌려간 부여융이 당 고종으로부터 서씨 성을 하사받았단다. 그게 지금 무슨 소용이란 말인가. 백제란 나라가 멸망한 지도 이제 1311년째이고, 막일을 하면서 살아온 나는 이제 오십 줄에 들어섰다. 660년 멸망한 나라의 왕족은 1971년, 무더위에 질 펀하게 땀을 흘리며 대포집에 죽치고 앉아 탁주나 마시고 있다. 다시 막걸리 병을 잡는다. 그리고 또 한 잔 따르려는 찰나 대포집의 문이 열린다.

"여, 서씨. 여기 있었군. 한참 찾았어."

종종 같은 일터에서 만나 얼굴을 익힌 김씨다. 김씨는 그렇게 말하며 안으로 들어오더니 막걸리 병을 낚아채서는 사발 가득 따르고 들이킨다. 뒤로 젖혀진 목에서 위아래로 움직이는 목젖이 도드라져 보인다.

"카! 시원하다! 현장소장이 급하게 자네를 찾더라고. 아, 집으로 전화해도 없다 하니 어디 있냐고 물어봤지. 그랬더니 술 퍼먹고 있을 거라던데? 거참, 마누라한테 '나 오늘은 어디 술집에서 한잔 하오'라고 말하고 나오면 좀 좋아? 근처 술집이란 술집은 다 돌았네!"

이렇게 말하며 내가 사용하던 젓가락을 집어 들더니 파전을 죽 찢어 입속에 날름 넣는다.

"얼른 나가서 소장한테 전화해봐."

눈썹을 찡그리며 일어나 알겠다고 말하고는 문을 열고 나간다. 문을 닫으며 보니 김씨는 이미 내 자리를 차지하고 앉아 사람들과 술잔을 나누고 있다. 입맛을 쩝쩝 다시며 주변을 둘러본다. 오른편에서 조금 떨어진 곳에 공중전화 부스가 보인다. 발을 끌며 그곳으로 미적미적 향한다. 왠지 모르게 발걸음이 무겁다.

수화음 소리는 삼초도 못가서 다급한 현장소장의 목소리로 변한다.

"서일국 씨? 이제야 통화가 되는군. 연락이 안 되면 어쩌나 했네. 내일 일 있으니까 아무 소리 말고 당장 나오게."

"상가 골조공사는 다음 주라고 하셨잖습니까?"

"그게, 일이 바뀌었어. 상가는 다음 일이야. 박물관장이 고분 배수로 공사가 급하다고 해서, 그래서 이리 급하게 연락한 거야. 아무튼 자세한 건 내일 나와서 말하세."

"예. 그렇게 하죠 뭐, 그럼."

수화기를 던지듯 내려놓고 오른손으로 얼굴을 마구 문지른다. 덕분에 한동안의 휴가는 맛도 보기 전에 날아갔다. 튕겨지듯 전화 부스에서 나와 다시 친구들이 있는 대포집 안으로 들어간다. 김씨가 입으로 사발을 가져가는 것이 보인다. 그것을 거칠게 빼앗아 들고 입 안으로 쏟아 붓는다.

"크아! 제길! 나 가야겠어. 내일부터 일이 있어."

빈 사발을 탁자 위에 소리 나게 내려놓고는 밖으로 나온다. 더운 날씨 때문에 술기 오른 얼굴이 더 뜨겁게 느껴진다. 이제 곧 장마라는데. 비 오기 전에 조금이라도 더 땅을 달구어 놓으려는 것 같다.

"어머나. 웬일이래유? 오늘 중에는 안 올 줄 알았더니."

집에 들어서자 여전히 펑퍼짐한 모습의 마누라가 기쁨 반, 의문 반의 모습으로 쳐다본다. 밤참을 먹고 있었는지 입술은 붉은 고추장으로 인해 벌겋게 변해 있다. 연신 입을 오물거리며 말을 한다.

"내일은 해가 서쪽에서 뜰랑가."

"시끄러. 그냥 그렇게 됐어. 내일 일 나가야 되니까. 일찍 잘 거야."

"이번 주는 쉰다고 안 했시유? 갑자기 뭔 일이래?"

"거, 시끄러! 그냥 그렇게 됐다니까."

마누라를 지나쳐 방으로 들어선다. 방에는 이미 이불이 깔려 있다. 옷을 다 벗어 버리고 팬티만 입은 채로 잠을 청한다.

사방이 깜깜하다. 그렇게 깜깜한데도 이상하게 내 몸은 뚜렷이 보인다. 아니, 내 몸만이 아니다. 멀리서 뭔가가 또 보인다. 그것이 있는 곳을 향해 걸어간다. 가까이 가니 거대한 붉은색 짐승이 보인다. 거대한 모습에 놀라 슬쩍 뒷걸음질치다가 그것이 가만히 있기에 조심스레 가까이 다가가 본다. 몸은 흰색 돌에 붉은 칠을 해놓은 것 같고 머리 한 가운데에는 쇠로 만들어진 듯한 뿔이 달려 있다. 돼지 같기도 하고, 곰 같기도 하고, 하지만 그것들과는 전혀 다른 동물이다. 마치 해태나 맥(貊) 같은 전설 속의 동물인 것 같기도 하고, 신수(神獸)인 것 같기도 하다. 이 무슨 해괴한 짐승이란 말인가. 좀 더 가까이 다가간다. 그 순간 두 눈에서 시퍼런 빛이 발사된다. 그리고 그 빛은 곧게 내 쪽을 향한다. 놀라서 뒤로 돌아 달음질치려 하는데 다리가 잘 움직이지 않는다. 등에서는 식은땀이 흥건히 배어 나온다. 괴수가 서서히 움직인다. 그 다리 쪽으로 눈이 간다. 다리 하나가 없다. 세 다리뿐임에도 너무나 빠르게 얼마 가지 못한 나를 향해 덮쳐온다. 온몸에 힘이 풀린다. 그와 동시에 거대한 앞발이 나의 가슴을 짓누른다. 짓눌린 상태로 바닥에 누워 이리저리 팔다리를 휘둘러보지만 아무 소용이 없다. 푸른빛. 붉은빛. 눈에서 두 가지 강렬한 빛이 교차하며 뿜어져 나온다. 그리고 그 빛은 내 얼굴을 향해 있다. 금방이라도 입을 벌려 거대한 돌이빨로 내 목을 뜯어낼 것 같다. 비명을 지르고 싶은데 목에서는 아무 소리도 나오지 않는다. 하나밖에 없는 뒷발로 굳게 땅을 짚은 채 양 앞발로 내 가슴을 점점 더 거세게 짓누른다. 이대로 나는 죽는 것인가.

"여보! 여보!"

부르는 소리에 눈을 뜬다. 여전히 깜깜하다. 하지만 아까와 같은 칠흑 같은 어둠은 아니다. 어슴푸레하게 사방이 보이는, 푸르스름한 어둠. 그 속에 둥그런 얼굴 하나가 떠 있다. 아내다.

"무슨 잠꼬대를 그리 심하게 한대유? 워메! 이 땀 좀 봐!"

꿈. 꿈이었다. 그럼에도 가슴에는 그 앞발이 눌렀을 때와 같은 통증이 남아있다. 아내의 두툼한 손이 이마에 달라붙은 머리카락을 걷어낸다.

"무슨 꿈을 꿨길래 이런데유? 사람 돌아가시겠네."

멍하니 아내를 바라본다. 둥근 얼굴. 턱까지 오는 푸석거리는 갈색 반 곱슬머리. 멍하니 바라보고 있자 아내는 다시 미간에 주름을 지으며 손을 들어 내 얼굴의 땀을 닦아낸다. 그 손을 슬며시 밀어낸다.

"아무 것도 아냐. 그냥 악몽을 꿔서 그래. 걱정 말고 자."

아내 반대편으로 돌아눕는다. 잠시 앉아 있던 아내가 다시 눕는 소리가 들린다. 이상한 꿈도 다 있다. 이렇게 꿈을 곱씹으며 어둠 속에서 눈만 뜨고 있다가 내일부터 일을 해야 한다는 생각에 억지로 잠을 청한다.

어느 틈엔가 잠들었었는지 눈을 뜨니 아침이다. 시계를 보니 짧은 바늘은 6에 가 있고, 긴 바늘은 그 옆을 살짝 지나쳐 있다. 여섯시 반이 지났다. 서둘러 어제 벗어놓은 옷을 걸쳐 입고 밖으로 나온다. 아내는 벌써 일어나 아침상을 차리고 있다. 나오자마자 밥상 앞에 앉아 마시듯 밥을 먹는다. 그리고 간다는 한마디만을 남겨 놓고 밖으로 나온다. 장마철임에도 날씨는 청명하다.

사무실에는 이미 함께 일할 아홉 명의 인부가 와 있다. 마지막으로 내가 들어오자 현장소장은 서둘러 작업장으로 가자고 한다. 가면서 이것저것 지시를 내리며 장마철이 다가오는데 5호분1과 6호분2의 배수로 공사가 제대로 안 되어서 국립공주박물관 김영배 관장과 문화재관리국 윤홍로 감독관이 급하게 연락을 한 것이라 설명한다. 다른 아홉 명도 갑자기 불려나온 것인지 다들 표정이 좋지 않다. 그들의 표정에 전염되었는지 작업장에 도착하여 하늘을 보니 아침과는 달리 어둡게 흐리다. 금방이라도 땅을 향해 무너져 내릴 듯 보인다.

어제와 마찬가지로 송산리 6호 고분군 주위에서 배수로 작업을 한다. 이곳은 일제 때 발굴된 백제 왕릉급 고분 몇 기가 흩어져 있는 지역이라고 한다. 백제 왕릉. 백제의 왕족은 왕릉에 묻혀 있다. 단지 그

뿐이다. 이미 한바탕 훑고 지나간 소나기로 땅이 질퍽거려 고분 주위는 금세 지저분해진다. 하늘은 여전히 흐리다. 그렇게 생각하는 사이 사람을 조롱하듯 비가 내리기 시작한다. 다행히 가랑비다. 사람들은 잠시 움찔한 듯 하늘을 바라보고서는 어느덧 별일 아니라는 식으로 다시 배수로에 신경을 쓴다.

비는 점점 굵어지더니 급기야 시야를 가릴 정도가 되었다. 그럼에도 현장소장은 철수명령을 내리지 않고 잠시 쉬었다 다시 하자고 말한다. 아무리 비가 퍼부어도 오늘의 작업량은 끝내야 한다고, 앞으로도 계속 비가 내릴 경우를 대비해서 매일 작업 진도를 맞춰놓았다고 한다. 6호분 내부를 장마 빗물로부터 지키기 위해서라고 한다.

임시천막 안에서 저 멀리 6호분을 지그시 바라본다. 6호분도 왕릉급 고분일지도 모른다. 이런 상념에 빠져 있는데 현장소장이 외치는 소리가 아련하게 들려온다.

"어이, 비가 좀 그쳤으니 다시 작업을 시작하지."

"예에. 알겠슴다!"

인부들은 피우던 담배를 땅바닥에 집어던지고는 발로 비벼대며 인상을 쓴다. 그러면서도 바로 작업장으로 향한다. 발이 푹푹 빠지는 진흙탕 속에서 고분 배수로를 만든다. 계속되는 장마로 인해 세상은 이미 진흙투성이다. 그 질퍽한 진흙에서 문득 꿈속의 동물을 떠올린다. 갑자기 등에서 식은땀이 배어나온다. 심장은 조금 전보다 빨리 뛴다. 그 생각을 떨치기 위해 더욱 일에 박차를 가한다. 하지만 그럴수록 그 동물의 이미지는 더 강하게 머릿속에 박힌다. 그때, 순간적으로 삽이 땅 밑으로 쑥 들어가 버린다. 힘을 주어서 들어가는 것과는 다른 느낌.

마치 땅 밑이 텅 빈 허공인 것 같다. 기묘한 느낌에 고개를 갸웃하면서
도 배수 작업을 계속 한다. 그런데 이번에는 땅 밑에 뭔가 단단한 것이
있는지 삽이 들어가지 않는다. 이상한 느낌에 고개를 숙여 땅을 보니
그쪽으로 물이 들어가는 모습이 보인다.

"이봐, 장씨! 여기 좀 와 봐! 뭔가 이상해!"

"뭔데 그럽니까?"

몇 번 같이 일한 적이 있는 장씨를 부른다. 그는 짜증스럽다는 듯한
목소리로 대답을 하고서는 털레털레 이쪽을 향해 걸어온다.

"아니, 이 아래 뭐가 있는 것 같아서."

"뭐가 있다고 그럽니까?"

"글쎄. 그건 모르겠지만 아무튼 뭔가 있는 듯해서 파보고 있는 중이
야."

"거 참. 싱겁긴. 알겠습니다. 일단 저도 파보죠 뭐. 까짓 것."

장씨도 삽을 잡고 땅을 파기 시작한다. 처음에는 마구 삽을 집어넣
더니 뭔가가 있는 듯한 느낌을 받았는지 점점 손놀림이 조심스러워진
다. 뭔가가 삽에 부딪친다. 장씨의 얼굴을 슬며시 본다. 그도 같은 느
낌을 받은 듯하다. 이곳은 고분들이 있는 지역이다. 정말 보물이 묻혀
있는 것인지도 모른다. 삽을 옆에다 두고 손으로 땅을 살살 벗겨본다.
그 단단한 것이 서서히 형체를 드러낸다.

"이건 뭐야? 벽돌인가? 이거 연꽃무늬 맞지?"

"이거 진짜 어떤 왕의 무덤 뭐 그런 거 아닐까요? 그럼 돈 좀 되려
나."

"무덤이라, 왠지 기분이 꺼림칙한데. 젠장. 으스스해지잖아."

장씨는 내 말엔 아랑곳하지 않고 흙을 파내는 데에만 열심이다. 어쩐지 다시금 그 동물의 모습이 떠오른다. 등골이 오싹해지는 꿈을 잊기 위해 머리를 흔들며 장씨와 함께 더 박차를 가하여 땅을 파낸다.

얼마나 팠을까. 연꽃무늬가 있는 벽돌이 하나둘 더 드러난다. 틀림없는 고분이다. 이 이상 우리 둘이 파내려 가서는 안 되겠다는 생각이 든다. 땅을 계속 파는 장씨를 말리고 현장소장이 있는 곳으로 뛰어간다.

"소장님. 땅속에 뭔가 있는데, 와서 좀 봐 주서야겠습니다."

이 말에 소장은 귀찮은 듯한 표정을 지으며 자리에서 천천히 일어나 우리가 파놓은 현장으로 다가간다. 하지만 그 표정은 이내 놀라움으로 변한다. 그는 우리에게 일단 모든 작업을 중단하라고 지시하고는 오토바이를 타고 서둘러 공주박물관으로 달려간다. 멍하니 그 뒷모습을 바라보던 우리는 일단 나머지 사람들에게 이 일을 알리고 임시천막 안으로 들어간다. 아무리 생각해도 오늘 작업은 여기서 끝날 것 같다는 생각이 들었다.

잠시 후, 소장의 오토바이가 돌아왔다. 그 뒤로는 한 대의 차도 함께였다. 그 속에서 공주박물관장이 나오더니 우리가 파놓은 벽돌을 찬찬히 살펴본다. 그리고는 다시 어디론가 사라진다. 우리는 이제 어떻게 해야 하냐고 물었지만 소장도 잘 모르겠다는 말만을 할 뿐이라 우리는 다시 오도카니 천막 안에 있을 수밖에 없다.

빗방울이 조금 가늘어진다. 어느새 박물관장과 또 다른 사람들이 몰려온다. 멍하니 그들의 이야기를 듣는다. 새로 온 사람들은 윤홍로 문화재 관리국 감독관, 공주사대(현 공주대학)의 안승주 교수와 공주

교대의 박용진 교수라고 한다. 송산리 6호분과 같은 왕릉급 고분임이 확실하다는 소리도 들린다. 이내 내가 삽으로 걸어낸 곳이 왕릉급 고분이라고 밝혀진다. 이러한 생각을 비집고 또다시 예의 그 동물이 들어온다. 내가 왕릉을 들춰낼 것을 이미 알고 꿈속에 들어왔던 것인가. 이것이 왕릉급 고분임이 밝혀진 이상 한동안 배수 작업은 못 할지도 모르겠다고 한다. 이에 모두 욕지거리를 하며 발걸음을 돌린다. 돌아서며 다시금 진흙탕 위로 비죽이 모습을 드러낸 고분을 한 번 더 쳐다본다. 백제 고분들이 있는 곳. 그곳에서 새로이 발굴된 왕릉. 어쩌면 난 내 먼 조상의 무덤을 들춰낸 것인지도 모른다. 고요히 잠들어 있던 무덤을 밖으로 억지로 끄집어낸 것인지도 모른다.

발굴현장에서는 일단 발굴을 하자는 의견과 상부에 먼저 보고를 하자는 의견이 대립하다가 결국 상부에 알렸다고 한다. 그리고 7월 7일 제19대 문화공보부(현 문화관광부) 장관인 윤주영의 주재 하에 공주의 새로운 고분에 대하여 대책회의가 열렸다. 6월 4일 부임한 윤 장관은, 업무 파악에 열심이던 중에 백제 왕릉급 고분 발굴이라는 큰 행운을 잡은 듯 흥분해서 토론을 주재했다는 말도 들렸다.

그러나 토론이 설왕설래 결론도 내지 못하고 장황히 길어지자, 당시 문화재관리국장 허련이 갑자기 자리에서 일어나 강력히 자기주장을 펼치면서 역사학의 권위자들을 차례로 추천하였다고 한다.

"제가 보기에 이는 아주 중요한 백제 왕릉급 처녀 고분으로 사료됩니다. 때문에 한국의 내로라하는 역사학의 최고 권위자로 조사단을 구성했으면 합니다. 단장에는 국립중앙박물관장 김원룡님을 모시고, 이호건, 지건길, 조유전, 손병헌 씨로 발굴단을 구성했으면 합니다."

이에 그대로 결정된 것은 사학자들의 의견보다는 고위직 공무원들의 입김이 훨씬 셌기 때문일 것이다. 이렇게 국립중앙박물관장 김원룡 박사를 단장으로 하는 발굴단이 급하게 편성되었다. 이 왕릉이 사마대왕, 백제 무령왕의 능이었다는 것은 좀 더 나중에 알게 된 사실이다.

　고구려군의 백제 침입이 너무나 빈번했다. 백제는 잘 막아내고 있
긴 했지만 이대로는 국가가 패망하지 않을 것이라고 장담할 수 없었
다. 이에 개로왕은 자신의 동생인 여곤을 백제의 분국인 왜로 보내 그
곳에서 구원군을 데려와야겠다고 생각했다. 하지만. 그는 슬며시 고
개를 왼쪽으로 돌려 가희의 얼굴을 쳐다보았다. 새까맣지만 두껍지도
얇지도 않은 숱 많은 머리와 초승달처럼 휘어진 눈썹. 그 아래로 두 눈
이 곱게 감겨 있었다. 눈을 감고 있으니 긴 속눈썹이 더욱 도드라져 보
였다. 이 속에는 분명 투명하게 빛나는 새까만 눈동자가 잠들어 있을
것이다. 하지만 그럼에도 간간히 차가운 기색을 보이는 눈동자였다.
가만히 오른손을 들어 제법 불러있는 가희의 배에 얹었다. 그녀는 잠
시 몸을 뒤척이는 듯하더니 다시금 고른 숨을 내쉬며 그대로 잠을 잤
다. 살며시 그 배를 쓰다듬었다. 얼마 안 있으면 곧 출산할 것이다. 다
른 누구의 아이도 아닌 나의 아이를. 더 이상 고민할 것은 없다고 생각

하며 개로왕은 다시 잠을 청했다.

날이 밝자마자 개로왕은 동생 여곤을 찾았다. 그리고 아직 침대에 누워있는 가회부인을 잠시 돌아보고는 곧바로 집무실을 향해 갔다. 여곤은 이미 부름을 받고 집무실에 와 있었다. 개로왕은 자리에 앉으며 여곤에게도 앉으라고 말했다. 곧이어 시종이 차를 들고 들어왔고 둘은 천천히 차를 마시기 시작했다. 집무실 안에서는 차를 마시는 소리만 고요히 들려올 뿐, 그 외에는 아무 소리도 나지 않았다. 둘은 서로를 쳐다보지도 않은 채 묵묵히 차만 마셨다. 이 깨지지 않을 듯한 고요함을 깬 것은 다섯 살 더 많은 형인 개로왕 쪽이었다.

"네가 왜국으로 가 줘야겠다."

또다시 침묵이 찾아왔다. 여곤은 가만히 차를 한 모금 마셨다. 그렇지만 그의 눈동자는 그냥 봐도 알 수 있을 정도로 흔들렸다. 입에 머금은 차를 마시고 나서 그는 천천히 입을 열었다.

"구원군 때문입니까?"

"그래. 지금 고구려군의 침입이 빈번한 것은 너도 잘 알고 있을 것이다. 지금은 어떻게 막고 있다고는 하지만 솔직히 언제 갑자기 백제란 나라가 사라질지 모르겠다. 그러니 한시라도 빨리 왜국으로 건너가 야마토의 왕 웅략(대장곡약건명:大長谷若建命)[3]을 만나 이곳 백제의 사정을 설명하고 구원군을 데려와야겠다."

"왜 제가 가야합니까?"

그리고는 또다시 침묵이 흘렀다. 달라진 것이 있다면 두 사람이 서로 눈을 마주보고 있다는 것이었다. 마치 눈으로 대화라도 하듯 그들은 그렇게 서로에게서 눈을 떼지 못했다.

"가희 때문입니까?"

여곤의 말에 개로왕의 눈동자가 흐릿하게 바뀌었다.

"내가 그렇게 옹졸하게만 보이더냐. 그저, 네가 적합하다고 생각했다. 너라면 능히 구원군을 데려올 수 있으리라 믿기 때문이다."

"…제가 형님의 뜻을 거스를 수는 없겠지요. 다만, 저에게 가희를 주실 수는 없으십니까? 그런 연후에 생각해 보겠습니다."[4]

이번에 눈동자가 심각히 흔들린 것은 개로왕 쪽이었다. 질투와 사랑, 근심, 이런 여러 감정들이 그를 강하게 흔들었다. 가희. 왕비인 해리화보다도 더 아끼는 여인. 진정 사랑한다고 말할 수 있는 여인이었다. 하지만 먼 곳을 향하고 있는 듯한 그녀의 눈과 간간히 개로왕을 향해 내비치는 차가운 눈동자. 그것은 다른 사람을 바라보는 눈이었다.

"가희와 함께라면, 가겠느냐?"

"예."

"조금만 시간을 주겠느냐? 가희의 말도 들어보고 싶구나."

"예. 기다리겠습니다."

이렇게 말하고 여곤은 남은 차를 단숨에 마시고는 고개를 숙여 예를 취하고 밖으로 나갔다. 집무실에 홀로 남은 개로왕은 가만히 찻잔을 잡고 탁자만을 바라보며 깊은 상념에 빠졌다. 하지만 이내 탁자를 강하게 딛고 일어서서는 굳게 앞만 바라보며 가희가 있는 침소로 걸어갔다.

방에 들어서자 언제 일어났는지 가희는 경대 앞에 앉아 머리를 매만지고 있었다. 그 왼쪽으로 열려 있는 창에서 가벼운 미풍이 불어와 금방이라도 먹물이 떨어져 내릴 듯한 그녀의 머리를 살며시 흔들었다.

멍하니 문 앞에 서서 그 모습을 바라보고 있는데 문득 그녀의 손이 멈추더니 천천히 고개를 돌리기 시작했다. 뒷모습에서 옆모습으로, 옆모습에서 다시 앞모습으로 그녀의 모습이 천천히 개로왕의 눈에 들어왔다. 아름다운, 그렇지만 여전히 한 구석에 차가움을 느끼게 하는 여인. 개로왕은 천천히 다가가 뒤에서 그녀의 목을 감싸 안았다. 가희는 조금도 움직이지 않은 채 인형처럼 가만히 그러한 모습을 지켜보았다.

"여곤과 함께 왜국에 가겠소?"

인형처럼 무표정한 얼굴이 조금씩 일그러졌다. 그리고 뺨에는 살짝 붉은 기운이 감돌았다. 그렇게 기묘한 표정을 한 채 아직 입술연지를 바르지 않아 그리 붉지 않은 입술을 열었다.

"왜 그리 말씀하시는지요. 그와의 인연은 제가 대왕마마의 처가 되면서 끝난 줄 아옵니다."

"여곤이, 여곤, 나의 동생이 아직도 그대를 원하고 있소."

이제는 붉은 기운이 감도는 정도가 아니라 완전히 붉게 물들어 버린 얼굴이 심하게 요동쳤다. 언제까지나 차가운 기운을 뿜을 듯한 눈에 눈물이 고이기 시작했다. 자신의 가문을 위해서, 백제 대왕과의 혼인을 위해서, 그녀의 가슴을 굳게 닫아건 지 오래였다. 하지만 아무리 닫아걸어도 빗물인 듯, 한숨인 듯 계속해서 그 틈새로 들어오는 사람의 기억을 막을 수는 없었다.

"그럼…. 보내주시겠습니까?"

개로왕의 손이 그녀의 목에서 팔뚝 언저리로 내려와 좀 더 세차게 안았다. 얼굴은 가희의 어깨에 파묻었다. 그 어깨 부분의 하얀 옷깃에 얼룩이 점점 크게 자라났다.

"보내 드리리다. 보내 드리리다. 더 이상 셋 다 괴로워하지 않게. 내 깨끗이 보내 드리리다. 대신 뱃속의 아기는, 아기는 반드시 되돌려 보내주시오. 그대와 나의 아기. 이 아기는 돌려주었으면 하오. 아니, 이 아이가 왕자라면 돌려보내주시오. 공주라면 당신이 키워도 좋소. 여곤이라면 아비 노릇도 잘할 테니."

"네⋯. 그렇게 하겠습니다."

이 말을 끝으로 더 이상 아무 말도 나오지 않았다. 침소에서는 그저 높고 낮은 두 개의 울음소리만 슬며시 열린 창문 밖으로 비어져 나올 뿐이었다. 그렇게 그 둘은 서로를 끌어안은 채 몇 시간이고 몇 시간이고 그대로 정지해 있었다. 시간도 상념도 그때만은 모두 정지되어 있는 것 같았다.

462년 5월 10일. 아리수에는 여느 때보다도 많은 사람들이 그들이 들고 온 짐들과 함께 북적대고 있었다. 여곤은 사람들을 통솔하며 그 모습을 찬찬히 둘러보았다. 이 짐들이 모두 배에 옮겨지고 뽑아놓은 사람들이 모두 저 거대한 배에 올라타면 이제 백제 땅과도 작별인 것이다. 부둣가 바닥에 놓여 있던 짐들이 하나둘 씩 줄어감에 여곤의 말수도 점점 줄어들었다. 그는 더 이상 아리수5 쪽을 보지 않고 고개를 돌렸다. 고개를 돌린 쪽에서 가희가 하늘빛 옷자락을 일렁이며 다가왔다. 여곤의 얼굴에 미소가 번졌다. 그러다가 그녀의 뒤에서 천천히 억지로 발을 떼어내듯 걸어오고 있는 개로왕의 모습을 보며 입꼬리를 다시 굳게 일자로 만들었다. 둘은 천천히 그의 앞으로 다가갔다.

"짐이 거의 다 실렸구나. 바람도 잔잔하니 출항하기에 더없이 좋은 날씨야."

개로왕의 말에 대답하는 이는 아무도 없었다. 그저 다들 고개를 돌려 이제 텅 비어버린 부둣가를 볼 뿐이었다.

"먼저 배에 오르겠습니다."

여곤은 이렇게 말하며 몸을 돌려 배 위로 올랐다. 그 뒷모습을 바라보던 개로왕의 입에 슬며시 미소가 걸쳐졌다. 하지만 미간의 주름은 여전히 퍼질 줄을 몰랐다.

"몸 조심히 잘 가시오."

가희의 양손을 개로왕의 손이 강하게 잡았다. 그녀는 아무 말도 하지 못한 채 연신 고개만 끄덕이고는 천천히 손을 빼내 뒤로 돌아 배에 올랐다.

'죄송합니다. 죄송합니다. 함께 한 세월 동안 당신을 마음에 담아두지 못해서 죄송합니다. 제 지아비이셨던 분. 부디 강녕하십시오.'

가희가 배에 타고 곧이어 출항을 알리는 북소리가 울렸고 깃발이 높게 펄럭였다. 여곤과 가희는 배의 후미에 서서 멀어져가는 백제 땅을 바라보았다. 눈은 흔들림 없이 육지를 향하면서 가희의 왼손은 이제 새로이 지아비 된 여곤의 손을 굳게 잡고 있었다. 그리고 오른손으로는 자신의 부른 배를 쓰다듬었다.

당시 한성에서 왜국에 이르는 길은 세 가지 방법이 있었다. 첫째는 아리수에서 배를 타고 미추홀로 가서 서해로 남하해 왜국으로 가는 뱃길이었고, 둘째로는 백제의 수도 한성에서 육지로 내려가 월내현[6]의 포구를 이용해 배로 왜국까지 가는 방법, 셋째는 근초고왕 때 가야로부터 빼앗은 임실, 남원 지역까지 남하하여 섬진강 줄기를 타고 하동에서 왜국으로 가는 뱃길이었다. 여곤은 아리수에서부터 배를 타고 서

해와 남해를 돌아 쓰시마와 이키섬[7]을 거쳐 왜국으로 가는 길을 택했다. 이렇게 가는 방법은 빠르게는 한 달에서 느리게는 두 달 가까이 시간이 걸려 육로를 통해 가는 것보다 10여 일 더 걸렸다. 하지만 여곤은 육로를 통해 섬진강이나 영암 방향으로 갈 때 혹시 있을지도 모르는 불의의 피습을 방지하고, 또한 임신 중인 가희를 편안하게 데리고 가기 위해 서해로 갔다가 남하하는 방법을 택했다. 이렇게 그들은 50여 명의 사람들을 대동하고 왜로 향했다.

여곤 일행은 한성을 출발한지 반나절 만에 굽이굽이 미추홀을 빠져 나왔다. 그리고 남쪽으로 방향을 돌려 연안을 따라 계속 내려갔다. 평소에는 북으로부터 불어오는 바람을 이용하여 나아갔지만, 역풍이 불거나 바람이 잔잔할 때는 노를 저어 전진했다. 배를 저어 가다가 날이 어두워지면 가까운 육지에 배를 대고는 밤을 보냈다. 서해를 돌아 남해에 들어서니 점점이 박힌 섬들 사이로 바다는 더욱 푸르게 보였다. 한성을 떠난 지 열이틀이 지나자, 드디어 배는 가야 땅 임나국의 하차리[8] 지역에 당도했다. 하차리 지역은 백제에서는 섭라국으로 부르던 곳으로 보석은 물론 철이 많이 나는 지역이었다. 때문에 백제는 물론 고구려와 신라, 심지어 왜국까지도 철을 구하기 위해 몰려들던 국제무역 항구였다.[9] 그들은 그곳에서 먹을 것과 마실 물을 보충하고, 선박을 수리하며 하루를 쉬었다. 시간은 빠르게 지나 벌써 5월 하순이었다. 하차리에서는 논에 볍씨를 뿌려대는 농부들의 바쁜 일손을 볼 수 있었다. 그렇게 쌓인 피로를 어느 정도 해소한 여곤 일행은 국제무역항구인 임나국을 거쳐 드디어 큰 바다라는 의미로 붙여진 한해(瀚海)[10]에 접어들었다.

큰 바다인 푸른 한해를 향해 바람을 이용하거나 노를 저어서 나아
갔다. 항해를 하는 도중에 하늘이 검게 변하면서 가끔 비를 내리기도
했다. 절기는 어느새 무더운 여름으로 변했고, 바다의 날씨는 예측하
기 어려운 변덕을 부리곤 했다. 그들은 심하지 않은 빗줄기는 그냥 맞
으면서 항해를 했지만, 빗줄기가 굵어지면 집같이 만들어진 선상 위의
선실로 뛰어 들어갔다. 그러나 다행스럽게도 아직은 큰 태풍이 부는
계절이 아니었기에 큰 어려움 없이 순조롭게 왜국을 향해 나아갈 수
있었다.

그렇게 한성을 떠난 지 18일 만에 여곤 일행은 쓰시마에 도착할 수
있었다. 쓰시마는 대마도(對馬島)라 불리는 곳으로 두 섬이 마주보는
형태를 취하고 있어 붙여진 섬 이름이었다. 이곳은 작지만 산세가 험
하고 쌀이나 보리를 재배할 전답이 거의 없었다. 섬 주민들은 바다에
서 해산물을 채취하여 이를 가야나 신라에 가서 쌀과 바꾸거나 철과
바꾸었다. 그들 종족은 대개가 선대로부터 가야나 신라 지역의 바닷가
로부터 이주해 온 사람들로 한반도 사람들과 혈연적으로는 같은 종족
이었다. 그런 연유로 이곳에서는 통역 없이 의사를 소통할 수 있었다.
그리고 한반도에서 왜국으로 갈 때나 반대로 왜국에서 한반도로 건너
갈 때는 이곳 쓰시마가 중간기지 역할을 하여 며칠씩 묵어가는 곳이기
도 했다. 여곤 일행도 이곳에서 며칠 쉬면서 배를 정비하고, 먹을 것과
마실 물을 구하기로 했다.

쓰시마에서 며칠을 쉬어가며 먹을 것과 마실 것을 마련한 일행은
다시 길을 서둘렀다. 이곳에서 마냥 시간을 보낼 처지가 아니었다. 지
금도 한성에서는 시시각각 위기가 닥쳐오고 있었고, 여곤도 그 사실을

잘 알고 있었다. 여곤 일행은 아침 일찍 초여름의 따사로운 햇살을 받으며 출발하였으나 오후부터는 가랑비가 뿌리기 시작했다. 그들은 비가 더욱 거세어지기 전에 정박할 곳을 찾아야 했다.

마침내 그들이 배를 댄 곳은 쓰시마에서 하루 꼬박 걸려 도착한 이키섬이었다. 비와 바람을 피해 하룻밤을 쉰 그들은 다시 길을 재촉했다. 그런데 출항하고 난 다음 갑작스런 문제가 터져 나왔다.

"마마! 곧 아기님이 태어나실 듯하옵니다!"

백제를 떠나온 지 22일째, 가희의 배가 점점 더 불러오는 듯하더니 이윽고 산통이 시작되었다. 유모인 연씨부인은 그녀의 손을 꼭 붙든 채 선실 밖을 향해 악을 쓰듯 소리를 질렀다.

"어서, 어서, 뭍으로 가야합니다! 산실을 준비하고! 서둘러야 합니다!"

"뭍은 아직 멀었는가? 백두수 선장! 어서 육지를 찾아주게!"

여곤은 초조한 듯 뱃사람들을 독촉했다. 이러한 상황 속에서 선장인 백두수는 이미 반쯤 정신이 나간 상태로 머리를 좌우로 마구 휘저으며 바다 위를 살폈다. 그의 기억대로라면 조만간 작은 바위섬이 보일 것이었다. 그렇게 찾은 지 반시간 정도의 시간이 흐른 뒤 드디어 땅덩어리의 형태가 눈에 들어왔다. 백두수는 선원들을 독려하며 뱃머리를 틀어 최대한 서둘러 눈앞에 보이는 섬을 향해 날듯이 노를 저어 나아갔다.

배가 뭍에 닿자마자 일행들은 산실이 될 만한 장소를 찾아 분주히 눈을 돌렸다. 다행히 배를 댄 바로 앞쪽에 너른 동굴이 보였다. 여곤은 장정들과 아낙들에게 어서 산실을 꾸미라고 지시했다. 이에 장정들은 동굴 뒤쪽에 펼쳐진 숲으로 들어가서 나뭇가지들을 모아왔고, 아낙들은 굴 안을 정리하고 가희가 누울 수 있게 바닥에 천을 깔았다. 그러는 사이 섬에 숨어있던 원주민들이 천천히 그들을 향해 다가왔다. 거대한 배와 의복. 그들의 눈에는 백제에서 온 이들이 신의 사자인 듯했다. 그들은 백제인들을 경외심이 가득 담긴 눈으로 가만히 쳐다보았다. 그 사이 장정들이 나뭇가지들을 가지고 왔고, 곧이어 여인들이 거기에 불을 붙여 뜨거운 물을 끓였다. 모든 준비가 끝나고 간신히 정신을 붙들고 있는 가희를 여곤이 안은 채 산실이 된 동굴로 들어갔다. 바로 뒤에는 연씨부인이 바짝 붙어 그들을 쫓았다. 가희를 눕히고 여곤은 밖으로 나왔다. 이제 자신이 할 수 있는 것은 단지 순산하기만을 바라는 것뿐이었다.

산실로 가희가 들어간 지 벌써 하루가 지났다. 시간이 갈수록 여곤의 가슴은 더욱 답답해졌다. 서서히 아침 해가 떠올랐고 분주히 물을 데우며 왔다 갔다 하던 아낙네들도 이제는 산실에서 나오지 않았다. 더 이상 참지 못하고 산실 앞쪽으로 몸을 돌릴 때 우렁찬 아이의 울음소리가 들려왔다. 아이의 울음소리가 어찌나 큰지 섬 전체에 울리는 듯했다. 백제인들의 주위에서 안절부절 못하며 서성이던 원주민들은 놀라서 땅에 엎드려 절을 하기까지 했다. 아침 해가 정확히 굴을 향해 비췄고 굴 안에서 천천히 연씨부인이 나왔다. 그 팔 안에는 새빨간 갓난아기가 아직까지 우렁차게 울어대며 안겨 있었다.

"아드님이십니다. 마마…."

연씨부인은 말을 하다 멈췄다. 지금까지 경황이 없어서 생각지 않고 있었지만 이 아기는 백제의 대왕님의 아기였다. 이를 알기에 여곤은 씁쓸한 미소를 지었다.

"부인은, 부인의 몸은 괜찮소?"

"예. 그저 지치셨을 뿐 별다른 이상은 없는 듯하옵니다."

"그렇소? 아기를 잘 부탁하오."

여곤은 둘을 지나쳐 산실로 들어갔다. 그리고는 온몸이 땀에 젖은 채 미소 짓고 있는 가희의 옆에 앉아 그녀의 손을 부둥켜 잡았다. 그 사이 연씨부인은 숲을 헤맨 장정들에게 연못이 있는 곳을 묻고는 동굴 위쪽으로 올라 계곡 근처에 있는 연못에 당도하여 아기를 씻겼다.

"제가 왕자님의 유모랍니다. 제가 계속 돌봐드릴 테니 걱정 마셔요. 제가 계속 곁에 있을 테니 걱정 마셔요."

연씨부인은 이렇게 말하며 어린 왕자를 정성스럽게 씻겼다.

연씨부인이 아기를 씻기고 돌아오기가 무섭게 안에서 두 사람을 부르는 소리가 들려왔다. 연씨부인이 동굴 안으로 들어서자 기운을 조금 차렸는지 가희가 여곤에게 기대 상체만 살짝 세운 채로 두 팔을 앞으로 내밀었다.

"내가, 한 번 안아보고 싶네."

연씨부인은 말없이 왕자를 그녀에게 건네주었다. 가희는 양손 가득 아기를 끌어안은 채 기쁨의 미소를 지으며 계속해서 뺨을 맞댔다. 그러기를 한참. 이윽고 그녀는 예의 차가운 눈매로 돌아와 왕자를 조용히 연씨부인에게 내밀었다.

"아이의 이름은 뭐라 하면 좋을까요."

연씨부인이 아기를 안아드는 것을 지켜보던 가희가 가만히 입을 열었다. 옆에서 말없이 그 모습을 바라보던 여곤은 그녀의 머리를 살짝 매만지고는 말했다.

"밖에서 사람들의 목소리가 들리지 않소? 섬에서 왕자가 태어났다는구려. 그러니 우리말로 사마[11]라 함이 어떻겠소?"

"사마. 섬에서 태어난 왕자인가요. 잘 어울리는 이름이네요. 대륙의 어느 한 귀퉁이에도 붙지 않고 홀로 굳건히 바다 한 가운데에 떠 있어야 하는 섬과 같은 의미이지요. 친어미 없이 홀로 살아가야 하는 아기에게 잘 어울리는 이름입니다. 고독한 섬, 사마. 차라리 공주로 태어났다면 이 어미와 함께 아스카로 갈 텐데."

잠시 정적이 흘렀다. 이미 해는 다 져버렸기에 굴 안에는 등불을 피워놓았고, 그 등불이 슬며시 불어 들어오는 바람에 일렁였다. 촛불이 일렁임에 얼굴에 생긴 그림자도 함께 일렁였기에 그들의 모든 것들이 흔들리는 듯 보였다.

"삼칠일. 삼칠일 날 삼신상(三神床)을 차려 삼신 할매께 기원하고 바로 백제로 돌려보내주십시오. 그것이 전 지아비와의 마지막 언약이었습니다."

'이것으로 저는 백제와의 인연을, 전 지아비와의 인연을 모두 잊겠습니다.'

이 말에 대답하는 이는 아무도 없었다. 나이어린 아낙네들은 어느덧 소리죽여 울기 시작했다. 연씨부인 역시 그저 등불에 반사되는 눈물을 눈에 머금은 채 가여운 아기의 얼굴만 보고 있었다. 다시 가희부인의 말이 이어졌다.

"유모. 유모는 얼마 전에 아기를 잃었다고 들었네. 부디 사마왕자 배불리 먹여 주고 부디 잘 보살펴 주게. 이제, 왕자의 어미는 유모인 연씨부인이네."

그러면서 고개를 숙였다. 연씨부인은 황망히 고개를 흔들며 무릎을 꿇었다.

"아닙니다. 어찌 미천한 여인네가 왕자님의 어미가 될 수 있습니까. 분명 다시 만날 날이 올 겁니다. 그때까지 쇤네가 잘 보살펴드릴 테니 약한 말씀 마옵시고 옥체 보존하셔야 합니다."

등불이 흔들렸다. 그 안의 모든 사람들의 눈동자도 덩달아 흔들렸다. 밖에서는 섬의 원주민들이 빛나는 굴 안의 사람들을 존경어린 눈빛으로 바라보고 서 있었다. 이후 이들은 이 동굴 안에서 백제의 왕비가 허리띠(오비)를 풀어 제치고, 왕자를 낳았다고 하여 그 동굴을 오비야우라 동굴이라고 불렀다.

날이 밝아 굴 앞에는 금줄이 쳐졌다. 새끼를 꼬아 사내아이가 태어났음을 알리는 고추를 끼우고, 병을 막아준다는 숯을 끼우고, 오래오래 살라는 의미에서 청솔가지를 끼웠다. 그동안 사람들은 구원군에 대한 것도 잊고 원주민들에게 이것저것 기술을 가르치며, 왕자의 탄생을 축하하며, 간만의 평화로움에 젖었다. 하지만 가희만은 그곳에 속해 있지 못했다. 그녀는 팽팽히 불어오는 젖의 고통을 참아내며, 스스로 또는 주변의 여시종들의 도움을 받아가며 젖을 짜냈다. 그 모습에 몇몇 이들이 왕자가 있는 동안만이라도 젖을 물리라고 간청했으나 그녀는 끝까지 젖을 물리지 않았다. 젖을 물리지 않았을 뿐만 아니라 왕자를 안으려고도, 보려고도 하지 않았다.

그러는 동안 어느덧 삼칠일이 되었다. 여인들은 진시(辰時)[12]부터 일어나서 흰 쌀밥을 짓고 바닷가에서 건져 올려 잘 건조시킨 미역으로 미역국을 끓였다. 남자들은 산에 가서 약수를 받아왔다. 그것들을 각각 세 그릇씩 차려서 삼신상 준비를 했다. 준비가 끝나자 연씨부인이 사마를 안고 상 앞으로 나왔다. 그리고 그 옆에는 여곤이 섰다. 가장 나이가 많은 선장 백두수가 축문을 읽고, 모든 이들이 무릎을 꿇고 앉아서 먼 길 떠나는 왕자의 운명을 축원했다. 하지만 그러는 중에도 끝내 가희의 모습은 나타나지 않았다.

모든 절차가 끝나고 동굴 앞의 금줄을 걷어냈다. 이제 왕자가 떠나야할 때였다.

"부디 왕자를 무사히 백제로 돌려보내주게."

여곤은 왕자를 안고 있는 연씨부인과 그들을 이곳까지 무사히 데리고 왔고, 이제는 왕자를 다시 백제로 돌려보낼 임무를 지고 있는 선장 백두수, 그리고 그 옆에 늘어선 몇 명의 사람들을 둘러보았다. 여곤은 하고픈 말을 어떻게 해야 할지 모르겠다는 듯 입을 몇 번 벌렸다 닫았다. 그러한 것은 다른 이들도 마찬가지인 듯 모두들 그저 연신 고개만 끄덕였다. 선장 백두수가 배에 오르고 뒤를 이어 연씨부인이 왕자를 안고 오르고, 그 뒤를 십여 명의 사람들이 짐을 가지고 따랐다. 배의 돛이 펴졌다. 배가 천천히 임시항구에서 미끄러져 나갔다. 그 순간 굴 밖으로 한 여인이 튕겨져 나오듯 나왔다. 새하얀 무명옷 한 장만 걸치고 긴 머리는 그대로 끌러놓은 채 휘날리며 가희가 뛰쳐나왔다. 배는 이미 섬을 벗어나고 있었다. 가희는 그대로 내달리다가 여곤이 있는 곳까지 다다라 쓰러지듯 주저앉았다. 여곤은 말없이 그러한 가희의 어깨에 손을 얹었다. 눈물에 얼룩진 그녀의 얼굴은 점점 작아지는 배의 후미에 닿아 있었다.

왜에서 배가 왔다. 단 한 척의 배가 아리수에 닿았다. 구원군이 배 한 척만을 끌고 올 리 없음에도 개로왕은 아리수로 내달렸다. 그간 그는 구원군보다도 다른 이를 더 강하게 기다렸다. 아리수가 서서히 보이고, 곧이어 단 한 대의 배가 정박해 있는 것이 보였다. 좀 더 다가가자 그 배 앞의 항구에 십여 명의 사람들이 서 있는 것이 보였다. 그들의 모습이 눈에 들어옴에 개로왕은 말고삐를 당겨 천천히 말의 속도를 줄여 그들의 앞으로 나아갔다. 뒤에는 왕을 호위하는 목협만치13와 조미걸취14, 두 장수가 왕의 속도에 맞춰 말을 몰고 있었다. 왕이 다가옴이 보이자 사람들은 일제히 무릎을 꿇고 머리를 숙였다. 개로왕은 말에서 내려 그들에게 가까이 다가갔다. 그들을 천천히 둘러보던 개로왕은 아기를 안고 있는 한 여인의 앞으로 갔다.

"이 아이인가."

"네."

여인은 고개를 그대로 숙인 채 손을 뻗어 왕의 앞으로 아기를 내밀었다. 개로왕은 가만히 그 아기를 받아 안고 얼굴을 들여다보았다. 자신의 아비임을 느끼고 있는 것인지 아기는 새까만 눈으로 개로왕의 얼굴을 응시할 뿐 울지도 움직이지도 않았다. 아기의 눈을 들여다보던 개로왕의 얼굴에 옅은 미소가 번졌다. 하지만 그 눈에는 어렴풋이 눈물이 감돌았다.

"이름은 무엇인가."

"사마, 사마왕자라고 하옵니다."

사마가 백제에 와서 개로왕에게 당당히 아들로 인정받고 여륭이란

섬에서 태어난 왕자

이름을 하사받아 북성(풍납토성)에서 지낸지도 어언 12년이 되었다. 그 사이 왜의 곤지왕이 된 여곤이 구원군을 백제에 보내줬기에 큰 위기를 모면할 수 있었고, 다시금 제법 평화스러운 분위기를 유지했다. 개로왕의 아들로서, 대백제의 왕자로서 여륭이라는 이름을 받았지만 유모를 비롯하여 그와 가까운 이들은 여전히 그를 사마왕자라 불렀기에 그 자신도 사마라는 이름이 익숙했다. 다섯 살이 되던 해부터 개로왕의 소개로 왕정 박사를 스승으로 모시게 되어 천자문에서부터 사서삼경(四書三經), 그리고 숱한 병법서들을 익히며 한 나라의 왕자로서 기틀을 착실히 잡아갔다. 그 옆에는 언제부터인지 해명이라는 서너 살 아래인 친구가 함께 했다. 자그마한 눈에 여자만큼이나 하얀 피부를 가진 그는 백제의 팔대 귀족 중 하나인 해씨 집안의 아들로서 일찍이 아버지와 함께 궁을 오가던 아이였다. 하지만 왕자들은 자신과 신분이 다르다 생각하며 쉽게 그에게 곁을 주지 않았고, 사마역시 다른 왕자들과 어울리지 못했기에 둘은 쉽게 친해지게 되었다. 둘은 함께 왕정 박사 밑에서 공부를 하고, 무예를 닦고, 또 때로는 함께 놀면서 같은 시간을 보냈다.

이렇게 자신보다 어리지만 마음이 맞는 지기와 함께 있어도 사마의 마음 한편은 언제나 쓸쓸했다. 그리고 나이를 먹음에 서서히 느끼게 된 왕비의 냉대와 사람들의 수군거림이 그의 가슴에 조금씩 스며들었다.

"유모, 어마마마는 어찌하여 저에게만 이리 차가우신 걸까요?"

착잡한 기분이 들 때면 언제나 친어머니 이상으로 따르는 유모의 무릎에 엎드려 몇 시간이고 울던 사마였다. 이제 조금은 나이가 들었다고 더 이상 무릎에 엎드리는 행동은 하지 않았으나 여전히 울적할 때에는 유모를 불렀다. 이제 나이 오십을 바라보는 유모 연씨부인은 옷을 짓고 있던 손을 멈추고 조용히 사마를 응시했다. 눈초리가 살짝 아래로 처진 그 눈에는 처음 사마를 받았을 때와 마찬가지로 가여운 것을 바라보는 빛이 서려 있었다. 아무 말 없는 유모에게 투정을 부리듯이 사마가 다시 말했다.

"이제 저도 마냥 어린애가 아닙니다. 주변 사람들의 이상한 분위기 정도는 느낄 수 있습니다. 말해주세요. 왜 저에게만 사람들이 이상한 시선을 보내는지!"

"그, 아무 것도 아닙니다. 그저, 그저 왕비마마는 왕자님을 강하게 키우기 위해."

"아닙니다! 아니라고요! 이제 저도 어린아이가 아니란 말입니다! 그동안 그저 그렇게, 언제나 똑같은 유모의 말을 믿었습니다. 하지만 다릅니다. 다른 왕자들을 대하는 어마마마의 눈빛과 절 대하는 어마마마의 눈빛이요!"

연씨부인은 그런 그의 머리를 두 손으로 감싸 잡고 가슴에 끌어안았다. 자신의 젖을 먹여 이때껏 키운 왕자마마였다. 가만히 가만히 사마의 머리를 쓰다듬으며 입을 열었다.

"왕자님의 친어머니는 왜국에 계십니다."

6월초, 밤에는 아직 서늘한 기운이 남아 있었다. 그 서늘한 바람이 열어놓은 창을 통해 방안을 맴돌았고, 그 속에 반딧불이 한 마리가 따라 들어왔다. 연씨부인의 이야기를 따라 맴돌듯 반딧불은 연녹색의 빛을 허공에 그리며 천천히 방 안을 맴돌았다.

"언젠가는 왜로 가십시오. 왜로 가서서 어머니를 꼭 한 번 뵈셔요."

이 말을 끝으로 유모는 눈을 훔치며 가지고 온 옷감을 들고 밖으로 나갔다. 열두 살, 아직 어린 사마는 친어머니를 닮은 새까만 눈으로 그저 하염없이 창밖만 멍하니 바라보았다.

다음 날도 또 그 다음 날도 사마는 도무지 무예에도 학문에도 집중을 할 수가 없었다. 해명의 장난에도 별 반응을 보이지 않았다. 보다 못한 왕정 박사는 그날의 수업을 중지하고 해명을 먼저 집으로 보내고는 사마와 마주 앉아 입을 열었다.

"요즘 뭔가 다른 생각에 빠지신 듯합니다. 이렇게 무예와 학문을 소홀히 하셔서 어찌 큰 인물이 되겠사옵니까."

사마는 아무 말 없이 눈을 탁자에 고정시키고 있을 뿐이었다. 아무 말이 없음에 왕정 박사는 한 번 깊은 한숨을 내쉬고는 이어서 말했다.

"왕자마마, 시야를 더 크게 가지십시오. 지금은 제왕이 되기 위한 초석을 다지실 때이옵니다. 다른 사심에 사로잡히셔서는 아니 되옵니다."

"어차피."

탁자 위에 올려진 사마의 손이 강하게 쥐어지더니 이내 거칠게 떨리기 시작했다. 고개를 든 그의 눈이 새빨갛게 달아올라 있음이 왕정 박사에게도 선명히 보였다. 그 속에 투명한 물이 한가득 고여 있었으나 뺨을 타고 흘러내리지는 않았다. 입술을 깨문 채 최대한 그 물을 눈에 가두고 있었다.

"전 왕이 될 수 없습니다. 제 어머니는 해리화 왕비님이 아니니까요."

왕정 박사의 눈이 미묘하게 흔들렸다. 하지만 언제 그랬냐는 듯 강한 눈빛으로 사마의 얼굴을 쏘아보았다.

"백제 안에서만 머무르실 겁니까? 제왕은 백제에서만 찾을 수 있는 것이 아닙니다. 더 넓은 세상을 보십시오. 어리광은 그만두시지요."

그리고는 몸을 일으켜 자신의 집무실로 들어가 버렸다. 더 넓은 세상. 사마는 그 말을 머리에 되뇌어 보았다. 하지만 아직 어린 그는 넓은 세상보다는 친어미가 보고 싶다는 것이 더 간절했다. 유모가 있기는 하였지만 그래도 친어미라는 명칭의 유혹은 너무 강렬했다. 사마는 그대로 몸을 일으켰다. 머릿속이 빙글거렸다. 허공에 떠 있는 듯한 멍한 느낌을 한 채 대왕의 처소로 향했다. 조금이라도 더 친어머니를 알고 싶었다.

정신을 차렸을 때는 이미 개로왕의 처소 앞이었다. 요즈음 개로왕은 바둑에 깊이 몰두해 있었다. 국사를 처리할 때, 백성들의 상소를 들을 때 등 뭔가 깊이 생각할 것이 있을 때에는 언제나 바둑을 두었다. 아직 고구려와 커다란 전면전은 일어나지 않았지만 계속해서 침략의 기회를 노리는 고구려 때문에 큰 골치를 앓고 있는지 바둑을 두는 횟수가 더 늘어났다. 처소 앞에는 대왕을 보좌하는 시종 둘이 서 있었다. 그들은 사마를 알아보고는 물었다.

"대왕마마를 알현하러 오셨습니까? 안에 아뢸까요?"

사마는 잠시 말없이 그들의 얼굴을 바라보았다. 그리고 다시 처소 안쪽을 바라보았다. 등불에 비춰 희미한 사람의 그림자가 장지문에 비쳤다.

"그렇게 해 주게."

곧이어 시종 한 명이 안으로 들어갔다가 다시 나와서는 사마를 안으로 데리고 들어갔다. 예상대로 개로왕은 바둑을 두고 있었다. 하지만 상대가 없는 것을 보니 혼자서 그동안 두었던 바둑을 복기하며 되풀이해 보고 있는 듯했다. 개로왕이 사마에게 가까이 오라고 하자 시종은 조용히 뒷걸음질로 물러났다. 사마는 천천히 대왕의 앞으로 나아갔다.

"소자 아바마마께 인사 올립니다."

"그래, 그래, 무슨 연유로 아비를 찾았는고?"

개로왕이 전보다 주름이 깊게 팬 얼굴에 미소를 지으며 사마를 바라보았다. 이러한 아비의 모습에 눈물이 날 것 같음을 간신히 참으며 개로왕의 맞은편에 앉았다. 개로왕은 앞에 놓인 바둑판을 옆으로 밀며 좀 더 가까이 사마의 곁으로 다가섰다.

"무슨 일이 있느냐? 왜 그리 얼굴이 어두운 것이냐?"

개로왕은 사마의 양손을 부여잡으며 얼굴을 바짝 가까이 대었다. 이에 더 이상 참지 못하고 사마가 서럽게 울기 시작했다. 당황한 개로왕은 둥글게 커진 눈을 한 채 멍하니 왕자의 얼굴을 쳐다보았다.

"어마마마가, 어마마마가 어떤 분인지 궁금합니다. 어마마마의 얼굴을 뵙고 싶습니다."

순간 모든 것이 멈춰버린 듯한 분위기가 방안을 메웠다. 개로왕은 미동도 않고 커다래진 눈만 부릅뜨고 있었다. 그러나 곧 손을 들어 아들의 등을 감쌌다.

"누구에게서 들었느냐."

사마는 아무 말도 못한 채 훌쩍임에 몸만 들썩였다.

"유모인 것이냐? 음. 네가 뭔가를 물어볼 상대는 유모밖에 없겠지."

낮은 목소리로 개로왕은 이야기를 시작했다. 자신이 처음 백제로 돌아왔을 때의, 그 당시의 자신과 자신의 아우와 그리고 한 여인에 대한 이야기를 천천히 시작했다.

나는 아바마마가 위독하시다는 외삼촌 여도와 동생 여곤의 전갈에 백제로 돌아왔다. 돌아오면서 정실부인인 해리화와의 사이에 태어난 첫 왕자 흥에게 왜왕의 자리를 물려주었다. 그때가 무더웠던 455년의 여름이었다. 백제로 돌아왔을 때 뵌 아바마마의 모습은 전과는 달리 많이 작아져 있었다. 아바마마의 손짓에 가까이 다가가니 내 손을 굳게 잡으시며 백제를 잘 부탁한다고 하셨다. 뼈만 앙상하게 남은 손이 이상하게 굳건하게 느껴졌다. 그 말을 하고는 아바마마는 다시 정신을 잃으셨다. 이에 큰 소리로 사람을 부르자. 시종들과 함께 그녀가 들어왔다. 가희가.

"아바마마께서 언제부터 병상에 누워계셨느냐?"

"한, 석 달쯤 되었을 겁니다."

건장하게 변한 동생 여곤에게 아버님의 일을 물었다. 하지만 몇 십 년 동안 변한 건 외모뿐인지 여전히 말수가 적은 녀석은 이 말만 하고 입을 다물었다. 다시 아바마마 쪽을 바라보았다. 시종들과 함께 그 아름다운 여인이 아버님의 이마에 물수건을 얹고 있었다. 눈동자 색깔과 잘 어울리는 검은 머리는 느슨하게 반만 동여매서 푸른색 비단옷 위에 길게 늘어졌다. 그와 대조되는 하얀 얼굴은 걱정에 일그러져 더욱 처연한 빛을 드리웠다. 그럼에도 묘하게 다부져 보이는 인상이었다.

"저 여인은 누구냐. 시종 같지는 않구나."

"가희라고 하옵니다."

"그래."

가희는 전씨 가문[15]의 자제로 어린 시절부터 아바마마의 눈에 띄어 자주 궁에 드나들었다고 했다. 아바마마는 그녀를 친딸만큼이나 어여삐 여겨 궁에서 학문을 배우도록 특별히 배려해주셨다고 했다. 그리고 그러했기에 동생인 여곤과는 어려서부터 함께 지내온 지기라고 했다.

그 순간 계속해서 그녀를 바라본 것이 정말 첫눈에 반해서였는지 아니면 그저 신비로워서였는지는 알 수 없다. 훗날 가희와의 혼인을 결심하게 된 데에는 동생과의 경쟁심이라는 것도 한몫 했었던 것 같다. 지금 회상해 보면.

그해 9월, 아바마마께서 왕족과 좌평을 비롯한 몇몇 고위 귀족들을 부르셨다. 그 속에는 재증걸루와 고이만년, 진수류도 서 있었다. 그때 아바마마께서 말씀하셨다.

"짐의 목숨이 이제 얼마 남지 않았음을 안다. 떠나는 것은 두렵지 않으나, 장차 우리 백제의 사직이 걱정스럽다. 짐이 왕족과 신료들을 모두 불러 모은 것은 그에 대한 우려 때문이다. 짐은 태자를 중심으로 왕족들과 신하들이 서로 갈등하고 있음을 알고 있다."

아바마마는 목이 잠기는지 잠시 말을 놓으셨다. 그리고 다시 한 번 주변의 모든 사람들에게 일일이 눈길을 주셨다. 모두는 죽음의 문턱에 선 대왕과 눈을 마주치자, 안타까운 마음이 들었는지 고개를 푹 숙였다. 그때 다시 아바마마께서 말을 이으셨다.

"짐이 그대들에게 다시 한 번 다짐을 받고 싶은 내용이 있다. 짐이 죽은 후 일 년 동안은 절대 서로 싸우지 말라. 어떤 일이 있어도 대립하지 말지어다. 짐이 걱정하는 것은 백제의 내분이 고구려에 알려지는 것이다. 그렇게 된다면 고구려는 반드시 이 기회를 이용할 것이다. 그들이 이 틈을 타 전면적인 공격을 한다면 우리는 도저히 막아낼 수 없을 것이다. 만일 우리 백제가 단결하지 않고 두 세력으로 갈라진다면."

아바마마의 말이 다시 끊겼다. 사람들은 아바마마께서 말하려는 의도를 알고 있었다. 난 재중걸루와 고이만년의 두 눈을 쳐다보았다. 두 사람도 나의 눈을 마주보았다.

"다시 한 번 말한다. 짐이 죽고 난 후 일 년 동안은 절대로 반목하지 마라. 대신 고구려의 동태를 살피는 데 최선을 다하라! 고구려 국경에 어떠한 낌새라도 보인다면 즉시 신라와 왜국에 구원군을 요청해 대치해야 한다. 우리 백제 힘만으로는 안 된다. 여기 모인 모두가 백제 사직들을 지켜야 한다. 다들 알겠느냐?"

"예, 아바마마. 명심하겠나이다."

"예, 대왕마마 그리 받들겠나이다."

이후 오랜 투병의 시간도 허무하게 결국 아버님은 붕어하셨고, 그 시호는 함자의 비(毗) 자를 따 비유왕(毗有王)으로 정해졌다. 그리고 내가 그 뒤를 이어 대백제의 제21대 대왕이 되었다. 그 후 오래전 예상했던 대로 재중걸루와 고이만년, 그리고 진수류의 역모 사건이 터져 나왔고, 이를 해결하고 왕권을 강하게 하느라 바쁜 나날을 보내 그녀에 대한 기억은 잊혀졌다. 그렇게 시간은 흘러 점차 백세는 서서히 안정을 찾아갔다. 내 명에 따라 바쁘게 움직이던 여곤도 점차 다시 왕궁에 있는 시간이 길어졌다. 그리고 여곤이 궁에 있음에 다시 그녀가 내 앞에 나타났다.

그녀는 나를 대할 때 분명 웃고 있었다. 하지만 그 눈은 언제나 묘한 차가움을 담고 있었고, 그것이 오히려 나를 자극했다. 나에게 차가웠던 그녀가 동생 앞에서는 언제 그랬느냐는 식으로 환하게 웃으며 찬기운이라고는 전혀 없는 모습으로 변하는 것을 의식한 후에는 더욱 괴로웠다. 형제 사이에 나타나는 미묘한 경쟁심이 그리 만든 것은 아닐까.

처음에는 이성적으로 왕비를 배려하고 동생을 생각했다. 그리고 지금은 다른 여인을 취할 때가 아니라고 생각했다. 하지만 감정을 숨기려 할수록 눈은 그 둘을 쫓았고 결국 전가희에게, 그 다음으로는 궁 안 전역에, 그리고 마지막으로 그녀의 집안에까지 내 감정의 행로가 알려졌다. 그리고 그들은 왕의 동생이 아닌 대왕과의 관계를 더욱 원했다. 가희의 완강한 거부는 그리 오래 갈 수 없었다.

458년, 결국 가희는 나의 두 번째 처가 되었다. 하지만 결국 마지막까지 난 그녀의 마음을 완전히 지배할 수 없었고 오히려 해리화와 함께 동생마저도 나로부터 멀어지게 만들었을 뿐이었다.

사마가 눈을 떴을 때는 이미 오시(午時)16가 훨씬 지난 시각이었다. 처소에는 이미 개로왕도 없었고, 사마 혼자 왕의 침상 위에 누워 있었다. 그는 다시금 어젯밤 잠들기 전까지 들은 아버지의 이야기를 곱씹었다. 어느덧 다른 이와 떠나버린 어머니에 대한 원망이 잦아들었다. 어젯밤과는 달리 밝게 갠 얼굴로 왕정 박사를 찾아갔다. 해명은 이미 왕정 박사와 함께 논어 공부를 하고 있었다. 그는 밝아진 얼굴로 걸어오는 지기를 보며 해맑게 웃고는 책을 집어던지고 달려왔다. 그러한 둘을 왕정 박사는 따뜻한 시선으로 지켜보았다.

궁 안에서는 시종들의 입에서부터 사마의 친어미에 대한 소문이 흘러나갔다. 그리고 이는 결국 왕비인 해리화의 귀에까지 들어갔다.

"그년이야! 그년밖에 없어. 궁 안에서 사마의 출생에 대해 상세히 알고 있는 건 유모인 연씨밖에 없어!"

해리화의 얼굴이 붉게 물들었다. 입가는 거칠게 떨렸고 주먹을 너무 세게 쥐어 손톱에 손바닥이 패였다. 곧바로 시종장을 불러 연씨부인을 잡아들이라 명했다. 달도 구름에 가려져 제 빛을 다 드러내지 못한 밤, 다섯 명의 궁녀가 연씨부인의 처소로 들이쳤다. 가만히 앉아 수를 놓고 있던 그녀는 비명을 지를 새도 없이 흰 천에 의해 입이 틀어막혔다. 그리고 손발마저 묶인 채로 거대한 자루에 싸여 중궁전까지 끌려갔다.

자루의 주둥이가 벌어졌다. 갑자기 등불 앞으로 나왔기에 연씨부인은 급하게 눈을 감았다. 천천히 눈을 뜨자 방 안의 정경이 보였다. 사군자가 그려져 있는 거대한 병풍, 짙은 녹색에 금빛 실로 수놓아진 침구, 그 위에 자주 본 여인이 앉아 있었다. 이 대백제의 어머니, 왕비 해리화였다. 놀란 연씨부인은 황급히 머리를 숙였다.

"입을 봉한 천과 밧줄을 풀어줘라."

해리화의 명령에 시종들이 그녀를 묶고 있는 끈들을 거칠게 끌렀다. 그 순간에도 연씨부인은 감히 고개를 들지 못한 채 심하게 온몸을 떨고 있었다. 이미 얼굴은 새하얗게 변해버린 지 오래였다.

"왕궁에 재미있는 소문이 돌던데. 혹 들었느냐?"

연씨부인은 마구 몸을 떨면서도 가까스로 고개를 좌우로 휘저었다.

"사마왕자가 대왕마마를 찾아가 친어미에 대해 물었다고 하더구나."

급하게 연씨부인의 고개가 들렸다. 치켜뜬 눈은 너무나 크게 벌어져서 검은자 아래로 흰자가 뚜렷이 드러났다. 그러한 그녀의 눈에 비친 중전의 모습은 금방이라도 자신을 저승으로 데리고 갈 사자같이 느껴졌다.

"누가 왕자에게 어미에 대해 언급했을까 하여 생각해보니, 당시의 일을 알고 있는 사람 중에 궁 안에 거처하는 자는 너밖에 없더구나."

해리화는 몸을 일으키더니 천천히 부들부들 떨고 있는 여인의 앞으로 바짝 다가섰다. 그리고는 몸을 낮춰 두 눈을 꼿꼿이 맞췄다. 이제 연씨부인의 얼굴은 하얗다 못해 거의 파란색을 띠었고 입술은 금세 다 말라 깊게 주름이 패여 금방이라도 갈라질 듯 보였다.

"전, 전, 왕자님이 너무 힘들어 하셔서. 그저."

말이 채 끝나기도 전에 왼쪽 뺨에 강한 충격이 전해졌다. 그녀는 그대로 바닥으로 넘어졌다. 통증은 금세 뜨거운 열로 바뀌어 얼굴 전체를 달아오르게 만들었다.

"광에 가둬라. 내 명이 있기 전까지는 물 한 모금 주지 말거라!"

"대부인마마[17]! 살려주십시오! 살려주십시오!"

"목소리가 밖에 새어나가지 않게 다시 입을 틀어막아라. 손발도 묶고."

연씨부인은 다시 입을 틀어 막히고 손발이 묶인 채 어두운 광 안으로 끌려 들어갔다. 질질 기어 문 가까이 가보았지만 문은 곧바로 굳게 닫혔고 밖에서는 자물쇠의 철컹거리는 소리가 들렸다. 이제 오십 줄의 나이. 충격과 공포, 그리고 굶주림은 노쇠한 몸을 깊이 좀먹어 들어 고통은 채 보름이 되지 않아 사라졌다.

한편 사마는 유모가 이틀, 사흘이 되어도 보이지 않자 점점 불안해지기 시작했다. 그래서 학습이 끝나면 그전처럼 해명과 놀러 다니지도 않고 곧바로 궁 안을 돌며 유모를 찾으러 다녔다. 그러나 어디에서도 그녀의 모습은 나타나지 않았고, 그 누구도 그녀의 행방을 말해주지 않았다. 일주일 후, 슬픔과 걱정에 그는 방에 틀어박혀 나오지 않았다. 해명이, 왕정 박사가, 그 다음은 개로왕이 계속하여 그를 찾았지만 나오지 않았고, 음식도 제대로 넘기지 않았다. 보다 못한 개로왕이 사람들을 시켜 그녀를 찾았지만 찾았을 때에는 이미 이 세상 사람이 아니었다.

"당신 짓이오?"

"그렇다면 어쩌시렵니까. 궁 안에 유언비어를 퍼뜨렸기에 그만한 죗값을 치렀을 뿐입니다."

개로왕의 얼굴이 일그러졌다. 그렇게 한동안 뚫어지게 해리화를 노려보았다.

"제게 죄를 물으시려는지요?"

쌍꺼풀 없는 눈이 슬며시 작게 다물어지며 조소를 머금었다. 이 모습에 개로왕은 아무 말도 못한 채 뒤돌아 사마의 처소로 향했다. 그는 여전히 방에 틀어박혀서 아무 것도 하지 않고 있었다.

"미안하다. 륭아. 유모는 멀리, 멀리 갔단다. 이 아비가 대왕이면서도 힘이 부족해서 널 너무 힘들게 만드는구나.”

개로왕은 사마를 끌어안았다. 멍하니 허공만 응시하던 사마의 눈에서 눈물이 떨어져 내렸다. 그러한 두 사람 앞으로 왕비 해리화가 걸어나왔다.

“연씨가 허황된 말을 궁에 뿌리더구나. 그래서 내 멀리 보냈다. 혹여 너도 그 말에 현혹되었다면 어서 정신을 차리거라! 네 어미는 나 하나다.”

이렇게 말하고는 다시 몸을 돌려 밖으로 나갔다. 해리화는 미간에 두 줄의 주름을 만들며 입술을 앙다물었다. 눈은 누군가를 노려보듯 부릅떴지만 어느덧 그 속에는 눈물이 고이더니 그것이 줄기를 만들며 뺨을 타고 흘러내렸다.

‘네가 원하던 원치 않던 네 어미는 나 하나다. 그런 정조 없는 천한 계집이 백제 대왕의 아이를 낳을 리 없단 말이다.’

사마는 자신을 부둥켜안은 개로왕의 어깨에 가만히 손을 올렸다. 개로왕이 고개를 들어 보니 그는 어느덧 희미하게 미소 짓고 있었다. 그 모습은 더 이상 어린아이를 떠올리게 하지 않았다.

‘내가 더 강해져야 한다. 내가 더 강해져야 주변 사람들과 한 나라를 지킬 수 있다. 더 넓은 세상으로 가야 한다. 내 주위 사람이 행복하게 살 수 있는 나라를 만들기 위해. 더 넓은 세상을 보고 많은 경험을 해야 한다.’

제 2 장 **분국 나니와의 후왕**

사마는 뭔가에 홀린 듯이 학문과 무예에 전념했다. 일 년 전에 비해 말수도 많이 적어졌고 눈빛도 많이 변했다. 이제 겨우 열세 살의 나이임에도 그는 어린아이답지 않은 기운으로 뭇 어른들을 압도했다. 해명은 갑작스레 변해버린 지기를 보며 당황했지만 그가 변한 사정을 소문을 들어서나마 알고 있었기에 그저 조용히 변한 지기와 함께할 뿐이었다. 그러는 사이 또다시 고구려 군사들의 침입 기미가 나타났다. 정찰병들의 말에 의하면 고구려 군사들로 보이는 이들이 번번이 북한산 주변과 아리수 근처에 나타난다고 했다. 이에 다시금 병력을 정비하고 방어체제에 몰두하였지만 이대로 전쟁이 시작된다면 분명 수적으로 밀릴 게 분명했다. 귀족들은 회의를 열어 왜에 구원군을 요청하러 갈 것과 신라와의 관계를 더욱 돈독히 할 것을 개로왕에게 진언했고 개로왕은 고민에 빠졌다.

그날도 한숨을 쉬며 도림과 바둑을 두고 있었다. 도림의 의견을 받아들여 수년 전부터 시작한 도성 개축과 보수는 성벽 쌓기와 함께 제법 진척되었다. 날씨가 쌀쌀해지는 듯하더니 어느새 겨울이 다가왔다. 그리고 이에 따라 점점 더 밤바람이 서늘해졌다. 그래서인지 개로왕은 왠지 모를 한기를 느꼈다. 이에 홑옷 하나를 더 어깨에 두르고 다시 앉아 다음 수를 생각했다. 그때 밖에서 처소를 지키는 시종의 목소리가 들려왔다.

"대왕마마, 사마왕자께서 뵙기를 청하십니다."

"들라하라. 바둑은 나중에 둬야겠소."

그러면서 개로왕은 바둑판을 옆으로 치웠다. 곁에서 바둑 두는 것을 바라보던 왕정 박사는 한 나라를 다스리는 왕의 모습이라기보다는 아비에 가까운 그 모습에 미소를 지으며 몸을 일으켰다.

"부자가 정을 나누는 자리에 제가 있어서 좋을 것이 없겠지요. 전 이만 물러가겠습니다."

"소인도 물러가겠습니다."

왕정 박사와 도림이 문 앞으로 걸어갔을 때 때마침 문이 열리며 시종과 사마가 모습을 나타냈다.

"아, 왕정 박사님도 계셨군요. 마침 잘 되었습니다. 아버님께 긴히 드릴 말씀이 있어 찾아왔는데. 박사님께도 의논드리고 싶은 일이었으니 같이 자리하시지요."

사마는 웃으며 왕정 박사에게 말하고 도림 쪽을 한 번 쳐다보았다. 그렇지만 그 입은 언제 웃었냐는 듯 굳게 다물어져 있었다. 도림은 그러한 왕자의 시선을 느끼면서도 입가에 미소를 지우지 않은 채 한 번 고개를 숙이고는 밖으로 나갔다. 사마는 나가는 도림의 뒷모습을 눈으로 쫓다가 이내 왕정 박사에게 앉자는 눈짓을 보냈다. 이에 왕정 박사는 얼굴을 살짝 굳히고는 다시 제자리로 돌아왔다. 사마는 그 옆에 자리하며 먼저 개로왕께 예를 갖췄다.

"대왕마마, 옥체 강녕하시옵니까?"

"그래, 앉아라. 의논하고 싶은 것이 무엇이냐."

"절 왜로 보내주십시오."

갑작스런 말에 모두 입을 다물었다. 개로왕은 멍하니 사마의 얼굴만 바라볼 뿐이었다. 이러한 개로왕을 가만히 바라보던 왕정 박사는 한숨을 한 번 내쉬고 입을 열었다.

"구원군 때문이냐? 어머니 때문이냐?"

사마는 차가움이 감도는 검은 눈동자로 왕정 박사를 똑바로 쳐다보았다. 그의 눈동자는 한 치의 흔들림도 없이 앞을 향했다.

"첫 번째는 구원군 때문이며, 두 번째는 더 넓은 곳을 직접 보고 싶기 때문입니다."

"넌 아직 성년도 되지 않았다. 그러한 국정 문제는 좀 더 나중에 생각해도 될 것이야. 윤허할 수 없다."

개로왕은 단호한 어투로 사마의 말을 되받았다. 그런 그의 손이 심하게 떨리고 있었다. 사마는 천천히 고개를 돌려 그러한 개로왕을 바라보았다. 이에 눈을 피한 건 개로왕 쪽이었다.

"아바마마께서 염려 하시는 바 소자 모르는 것은 아니옵니다. 하지만 이곳에서 지금 제가 무엇을 할 수 있는지요. 그저 다른 왕족들의 아래에서 조용히 묻혀 지낼 바에야 스스로 더 먼 곳을 향해 가보고 싶사옵니다. 더 먼 곳을 둘러보고 와서 스스로 설 힘을 키우고 싶사옵니다.

지금 이 왕궁에 제가 설 곳은 없습니다. 그건 아바마마께서도 잘 알고 계시지 않사옵니까."

이 말에 개로왕은 아무 말도 할 수 없었다. 왕궁에서는 왕비의 아들이 아닌 사마를 겉으로 드러내놓고 무시하지는 않았으나 인정하지 않음은 분명했다. 그리고 언제까지 자신이 돌볼 수도 없는 노릇이었다. 혹여 자신이 죽기라도 한다면 왕비인 해리화 또한 사마를 어떻게 대할지 장담할 수 없었다. 이러한 여러 생각이 물밀듯이 머릿속으로 흘러들었다.

"보내주시지요."

왕정 박사의 말이었다. 개로왕은 모든 상념에서 잠시 빠져나와 그를 바라보았고, 이에 말이 계속 이어졌다.

"왕자님의 능력이시라면 분명 왜국에서도 잘 지내실 수 있을 겁니다. 아니, 오히려 이곳에 있는 것보다 더 뛰어난 능력을 발휘하실지도 모르지요."

사마의 재능을 모르는 바는 아니었다. 하지만 그럼에도 바로 보내겠다는 대답이 나오지 않은 것은 가희와의 사이에서 낳은 사마를 위험한 곳에 보내는 것이 염려되었기 때문이며 혹여 그곳에서 사마가 돌아오려 하지 않는다면 정녕 가희와의 인연이 끝나는 것이기 때문이었다. 개로왕은 고개를 숙였다. 그리고는 눈을 감고 깊이 상념에 빠졌다. 그의 심정이 어떠할지를 헤아려 왕정 박사와 사마도 입을 다물었다. 처소 안에는 세 사람의 조심스런 숨소리만이 옅게 울렸다. 이윽고 결심을 했는지 개로왕이 고개를 들었다. 굳게 다물려 열리지 않을 것 같던 입이 열렸다.

"알겠다. 네 뜻이 정 그러하다면 그리 하도록 해라."

사마의 입에서 안도의 한숨이 터져 나왔고, 굳어 있던 왕정 박사의 표정도 수그러들었다.

"감사합니다. 아바마마."

"허나, 아직 성년식도 치루지 못하고 떠난다는 것이 마음에 걸리는 구나. 한 가정을 이루게 된다면 좀 더 강한 책임의식을 가질 수 있을 테지. 내 조속히 네게 어울릴 만한 처자를 알아보겠다. 그러니 혼인을 하여 당당히 성년으로서 인정을 받은 뒤 떠나도록 하라."

"그것은 아바마마의 뜻에 맡기겠사옵니다. 제가 드리려 했던 말은 이게 다이옵니다. 밤도 늦었으니 이만 돌아가도록 하겠사옵니다."

일어나서 걸어 나가는 사마의 어깨가 평소보다 더 우람해 보였다. 아직 개로왕의 가슴팍 정도밖에 오지 않는 키임에도 어깨는 이미 장성한 성인의 어깨가 되어 있는 듯했다. 왕정 박사까지 무르고 나서 일찍 잠을 청했다. 밖에서 강한 바람이 휘몰아치고 있는지 바람소리가 문풍지를 뚫고 들어와 개로왕의 잠을 방해했다. 어둠 속에서 가만히 천장을 응시하는 눈에 기어이 눈물이 고였다. 눈물은 관자놀이를 향해 천천히 흘러내렸다.

다음 날부터 사마의 비를 찾는다는 이야기가 왕궁은 물론 백제 전역에 퍼져나갔다. 왕은 왕족인 부여씨를 비롯하여 진씨, 해씨, 사씨, 연씨, 협씨, 골씨, 백씨, 목씨, 이렇게 8대 성씨 귀족18 가문에 알려 사마의 비를 찾았다. 하지만 어디서도 선뜻 자신의 여식을 이야기하는 자가 없었다. 자신의 여식을 사마와 함께 머나먼 왜로 보내기 싫었기에 그러했고, 입 밖에 내지는 않지만 사마가 정비인 해리화와 대왕의 사이에서 난 자식이 아님을 알기에 그러했다. 해씨 집안이 아닌 다른 귀족들은 해리화의 눈치를 보느라 더욱 자신의 여식을 보내려 들지 않았다. 이러한 상황이 벌써 이 주째 이어졌기에 개로왕은 하는 수 없이 해리화를 찾았다.

"선뜻 왕자비로 나서는 이가 아무도 없구려."

"오랜만에 찾아와서 하시는 말씀이 겨우 그것인가요?"

탁자 맞은편에 앉아 있던 해리화가 몸을 일으켰다. 그리고는 창가로 가 문을 열고는 한숨을 내쉬었다. 어느덧 공기가 많이 차가워져 입에서부터 하얀 입김이 새어져 나왔다. 반듯한 이마에 둥글게 솟아나온 코, 그 아래 자리한 붉고 자그마한 입술. 그녀의 옆모습이 차가운 공기 속에 더 분명히 떠올랐다. 해리화는 다시 고개를 돌려 개로왕을 바라보았다. 미간에 슬며시 드러나는 두 개의 주름은 분명 개로왕에 의해 생겨났다. 그러한 얼굴을 가만히 쳐다보던 개로왕은 다시 고개를 돌려 텅 빈 의자 쪽으로 시선을 보냈다.

"고구려의 남하정책이 갈수록 심해지고 있소. 조속히 태자에게 구원군을 보내라 하지 않으면 위험할 것이오."

"태자란 명칭을 참으로 오랜만에 듣는 것 같군요. 홍이를 잊고 계신 줄 알았습니다."

시선을 다시 해리화 쪽으로 돌렸다. 웃는 그녀의 얼굴이 오히려 개로왕의 가슴을 찔렀다.

"분국인 왜의 나니와에서 태자 홍을 불러들이고 대신 사마왕자를 보내려고 하오."

"잘됐군요. 그럼 어서 보내시지요."

"그전에 혼인을 시키고 싶소."

"그러시던지요."

해리화의 시선이 다시 창밖을 향했다. 그러나 큰아들 흥이 백제로 온다니 반갑기도 했기에 표정이 살짝 풀렸다. 창밖 오른편에 세워진 단풍나무는 어느새 잎이 다 떨어져 앙상한 모습만이 남아 있었다. 멀리 보이는 산도 빛깔이 다 바래어 황량함만을 줄 뿐이었다. 그녀의 입에서 다시금 하얀 입김이 뿜어져 나왔다.

"귀족들이 다들 여식을 내놓기를 꺼려하오. 알고 있지 않소? 짐은, 해씨 문중에서 여식을 추천했음 하오."

북서풍 한 줄기가 방 안으로 밀려들어왔다. 틀어 올리고 있는 머리 아래에 남은 몇 가닥의 머리카락이 바람에 흔들리며 해리화의 목덜미를 어루만졌다. 눈동자는 그대로 창밖을 향하고 있을 뿐 미동도 없었다. 개로왕은 일어나서 그녀의 뒤에 가만히 섰다. 하지만 시선은 그녀가 아닌 갈색과 짙은 녹색이 뒤섞여 있는 산을 향했다.

"당신도 사마를 보기 괴로울 것 아니오."

해리화의 어깨가 잠시 위로 올라갔다 제자리로 돌아왔다. 그녀의 어깨에 개로왕의 손이 올라왔다. 잠시 그대로 있는 듯하였으나 해리화는 곧 몸을 돌려 손에서 빠져나와 자신이 앉았던 의자 뒤에 섰다.

"알겠습니다. 알아보지요."

마지막까지 그녀의 눈은 개로왕을 보지 않았다. 가희가 오고 나서부터 그랬던 것처럼.

그녀는 이제 해씨 문중에서 사마의 비를 내게 되면 더욱 권력이 커질 것이라 예상했다. 그러하기에 흔쾌히 알아보기로 했다. 하지만 그보다도 사마를 왜국으로 보내고 대신 큰아들 홍이를 백제로 오게 한다는 소식에 마음이 더 쏠린 것이 사실이었다.

　다음 날 해리화는 해씨 문중의 사람들을 부르라고 명했고 그 이튿날이 되어서 해씨 문중의 모든 가주(家主)들이 해리화의 침소로 모여들었다. 그리고는 그들에게 여식이 있는지, 몇 살이나 되었는지를 물어보고 내일까지 여식이 있는 자는 한 명이라도 추천서를 올리라고 명했다. 아울러 그만한 사례는 톡톡히 할 것이라는 말도 잊지 않았다. 해씨 문중의 사람들은 떨떠름한 표정으로 자신의 집으로 돌아왔다. 그 안에는 우두성 성주인 해광(解光)과 그의 형인 해성(解星)도 있었다.

　"에잇, 어째서 우리 해씨 가문에서 그런 왕자의 비를 간택해야 합니까?"

　동생인 해광이 입을 열었다. 두 사람은 대부인인 해리화를 알현하고 자신들이 거처하는 우두성으로 돌아가는 길이었다. 해지기 전에 서둘러 성에 도착하기 위해 한마디 말없이 말을 몰던 두 사람이었지만, 점점 성이 가까워짐에 서서히 말의 속도를 줄이고는 나란히 걷기 시작했다. 그리고 얼마 되지 않아 해광이 입을 연 것이다. 해는 서쪽으로 지면서 온 세상을 붉게 채색했다. 둘의 얼굴도 그런 태양빛에 의해 옅은 붉은빛을 띠고 있었다. 양 옆으로 넓게 논이 펼쳐진 길을 따라 천천히 말을 몰았다. 슬쩍슬쩍 형인 해성의 옆얼굴을 살피던 해광은 그가 아무 말이 없기에 다시 입을 열었다.

　"정말 너무하는 것 아닙니까? 우리 가문이 보통 가문입니까? 천신 해모수의 자손이고 소서노, 온조, 비류와 함께 백제를 세우는데 온 힘을 기울인 해부루(解扶婁)님이 우리의 조상이신데 우리의 여식이 왜

적장자도 아닌 왕자의 비로 가야 한단 말입니까?"

이러한 동생의 말에도 해성은 굳게 입을 다문 채 앞만 보고 말을 몰 뿐이었다. 이러한 형을 보던 해광은 인상을 쓰며 자신의 머리를 거칠게 긁다가 목소리를 낮춰 또다시 말을 꺼냈다.

"뭐, 저야 아들놈 셋밖에 없으니 상관없지만. 형님은 어쩌시렵니까? 자녀 넷 중 셋이 여식이니."

그리고 다시 형의 눈치를 살폈다. 하지만 굳게 다문 입을 풀 것 같지 않아 입맛을 한 번 다시며 앞으로 시선을 돌리는 순간 저음의 목소리가 해광의 왼쪽 귀에 흘러들었다.

"여식들의 의견을 들어보고 결정해야지. 반드시 추천서를 올려야 한다니 한 여식이라도 올려야겠지."

이렇게 말하고 해광이 대답할 틈도 없이 갑작스레 빠르게 말을 몰았다. 이제 우두성의 성문이 바로 눈앞에 보이기 시작했다. 이에 해광도 서둘러 말을 몰아 해성의 뒤를 바짝 쫓았다. 해는 거의 다 저물어 옅은 빛만이 산 너머로 보일 뿐이었고, 동쪽에서는 점점이 별들이 보이기 시작했다. 해성은 해광의 인사에도 대답하지 않은 채 곧장 집으로 향했다.

"아버님, 늦으셨습니다."

문을 열고 안으로 들어서자 마루 위에 서 있는 막내딸의 모습이 바로 보였다. 그녀는 자줏빛의 천을 목깃과 소매에 덧댄 연분홍의 화사한 옷을 입고 마루 위에 서 있었다.

"바람이 차다. 왜 나와 있느냐."

그녀는 이 말에 아무런 대답도 않고 그저 어린아이다운 순진무구한 모습으로 웃을 뿐이었다. 아직 젖살이 남아 있는 그녀의 둥근 뺨 위로 보조개 두 개가 깊이 팼다. 해성은 막내딸의 모습이 자못 사랑스럽다는 듯 안아 들어 올리며 안채로 들어섰다. 안채에는 부인과 두 딸, 그리고 하나뿐인 아들까지 모두 모여 있었다.

"이제 오십니까. 대부인께서 어인 일로 부르셨던 것이옵니까?"

부인의 질문에 해성은 웃고 있던 입을 굳게 다물고는 안고 있던 막내딸을 내려놨다. 그리고는 부인의 옆으로 가 앉았다. 하지만 그는 앉고 나서도 입을 열 생각을 하지 않았다. 그러한 모습을 가만히 지켜보던 부인이 입을 열었다.

"사마왕자님의 비를 뽑는 문제와 연관이 있는지요?"

해성이 묵묵히 고개를 끄덕였다.

"그래서 어찌 하시기로 하셨습니까?"

깊이 한숨을 한 번 내쉰 해성은 고개를 들어 자식들을 둘러보고는 여식들 중에 적어도 한 명은 추천서를 올려야 한다고 말했다. 이에 부인과 세 명의 자식들은 어두워진 안색으로 입을 일자로 다물었으나 단 한 아이만은 눈을 빛내며 자신의 아버지를 똑바로 바라봤다.

"저를 왕자비로 추천해주십시오."

입을 연 자식은 아까 아버지의 팔에 안겨 들어온 아직 작디작은 막내딸이었다. 하지만 곧게 앞을 향한 그녀의 두 눈이 지금 이 말이 단순한 아이의 호기심이 아님을 말해주었다.

"무슨 소리냐? 넌 아직 열두 살밖에 되지 않았다. 아직 혼인은 이를 뿐더러 머나먼 왜국에서 생활하기에는 부족한 나이야!"

유독 막내딸을 아끼는 해성의 말이었다. 그는 미간을 잔뜩 찌푸리며 언성을 높였다. 이러한 아비의 모습에도 막내딸은 미소를 잃지 않고 말을 이었다.

"사마왕자님도 열세 살의 나이라 들었습니다. 비록 제가 한 살 어리다고는 하나 저 역시 능히 왜에 가서 좋은 아내로서 생활할 수 있을 것이라 믿습니다. 그리고 해명 오라버니께 들어서 왕자님의 모습 또한 범상치 않다는 것을 알고 있사옵니다."

이러한 말에도 가족들은 선뜻 허락의 말을 할 수 없었다. 그녀의 언니들은 차라리 자신이 추천을 받겠다며 막내의 뜻을 굽히려고 했다. 이러한 말들을 뚫고 다시금 그녀의 말이 이어졌다.

"괜히 이러는 것이 아닙니다. 간밤에 소녀가 꿈을 꾸었습니다. 꿈에 작은 두 개의 물줄기가 바다로 흘러들어가 많은 물방울들을 머금고 머금어 이윽고 거대해져서는 하나로 합쳐져 이 백제 땅을 뒤덮었습니다. 하지만 이내 그 물 속에서 거대한 태양이 떠올랐고 백제 땅 전역을 황금빛으로 뒤덮었습니다. 이에 물은 백제의 온갖 더러움과 함께 증발하고 태양빛에 물든 금빛 왕국이 거대한 위용을 자랑했습니다. 저는 이 꿈이 분명 저와 사마왕자님의 미래를 예견하는 것이라 생각합니다. 그러하기에 오늘 분명 아버님이 어떠한 명을 받고 돌아오실 거라 생각하여 마루에서 기다리고 있었던 것입니다."

모든 반대의 말들이 일순 수그러들었다. 그도 그럴 것이 지금까지 막내의 예견은 거의 틀린 적이 없었기 때문이다. 어릴 적부터 총명함이 남달랐고, 더욱이 그녀의 꿈은 대부분 거의 절대적인 앞날을 예견했다. 결국 가족들은 그녀를 설득하기를 포기했고, 다음 날 해성은 막내딸의 이름을 추천서에 올렸다. 부디 그녀가 아닌 다른 이가 간택되기를 바라며, 그녀의 꿈이 이번만은 틀리기를 아니, 다른 어떤 것을 예견한 것이기를 바라며.

채 오십 명도 되지 않는 명단이 왕과 귀족들 앞으로 전달되었고, 이들 중 열 명의 여식을 왕자비의 최종 후보 명단으로 정했다. 그리고 이들 열 명은 궁으로 불러들여 당사자인 사마와 함께 직접 보고 간택하기로 정했다. 그로부터 일주일 후, 열 명의 처자가 궁으로 들어왔다. 하지만 이들의 복색은 그다지 화사하지 않았다. 그리고 그 복색만큼이나 표정들 또한 밝지 못했다. 하지만 그 중 또렷한 눈망울을 하고 궁 안을 둘러보는 이가 있었으니, 아버지께 직접 자신을 추천서에 올려달라고 한 해성의 막내딸이었다. 곧이어 안으로 들라는 시종의 말이 들려왔고, 열 명의 처자들은 조심조심 문 안으로 들어섰다. 그 행렬의 마지막을 가장 어린 해성의 막내딸이 장식했다.

안으로 들어서서 보니 단 위에 왕이 자리했고, 그 왼편에 중전 해리화가, 그리고 그 오른편에 사마가 자리했다. 그리고 그 아래에 여섯 명의 좌평들이 왼편과 오른편에 각각 세 명씩 선 채 왕자비 후보들을 바라보았다. 열 명의 후보들은 그들에게 예를 취하며 작게 절을 했고 고개를 숙인 채 슬쩍슬쩍 자신의 지아비가 될지도 모르는 사마를 쳐다보았다. 검은 가죽신발, 그 위로 보이는 하늘색의 비단 바지자락, 그 위로 짙은 자주색의 상의가 드리워 있었다. 짙은 자주색 상의의 옷깃에는 금빛의 옷감을 덧댔고 그 옷감에는 용무늬 문양이 새겨져 있었다. 그리고 그 옷 위로 보이는 그리 희지도 검지도 않은 피부색을 가진 얼굴. 그 속에는 새까만 눈썹과 그에 어울리는 검은 눈동자, 그리고 적당히 솟은 콧날과 살짝 아래로 쳐지는 입꼬리를 가진 옅은 붉은빛의 입술이 자리 잡고 있었다. 사마의 모습을 조금씩 훔쳐보던 처자들은 자신들의 본분도 잊은 채 얼굴을 붉혔다. 그러한 처자들 중 해성의 막내딸만이 다른 처자들보다 고개를 조금 더 든 채 사마를 똑바로 직시했다. 사마 역시 자신을 계속해서 바라보는 시선을 느끼고는 그녀를 바라보았다.

"자, 제일 앞의 처자들부터 자신의 이름과 가문, 나이를 밝히도록 하시오."

시종장의 말에 가장 먼저 방에 들어온 개나리 빛의 옷을 입은 키가 6척 정도 되어 보이는 여자가 막 입을 벌린 찰나, 사마가 천천히 일어서서 걸어 나오며 입을 열었다.

"아니오. 소개는 필요 없을 듯합니다."

그는 이렇게 말하며 조금도 한눈을 팔지 않고 제일 마지막에 서 있는 해성의 막내딸의 앞으로 갔다. 그녀의 고개는 이제 앞을 향해 꼿꼿이 서 있었다. 앳된 얼굴과는 다르게 어쩐지 성숙함을 느끼게 하는 옅은 갈색의 눈동자가 사마의 눈과 맞닿았다. 그 눈을 똑바로 쳐다보며 다가오던 사마는 정확히 그녀의 앞에 멈추어 섰다.

"당신은 다른 이들과 조금 다른 듯합니다. 어찌하여 왕자비로 추천되었소?"

"이상한 말씀을 하시는군요. 왕자비를 간택하는 자리에 왕자비가 되러 온 것이 아니면 무엇이겠사옵니까?"

그녀의 속 쌍꺼풀진 눈이 반달처럼 휘어졌다. 입이 살짝 열리며 가지런한 이가 드러났다. 그 모습에 사마도 약간의 미소를 머금었다.

"아바마마. 저는 이 처자를 제 비로 맞이하고 싶습니다."

"그래. 네 뜻이 그러하다면 그리하도록 하라."

양 옆에 도열한 귀족들 사이에서 불만 섞인 소리가 조그맣게 흘러나왔지만 사마는 그러한 것에는 신경을 쓰지도 않은 채 다시 이제 왕자비가 될 그 처자를 보며 물었다.

"그래. 당신의 이름이 무엇이오."

"해정설이라 하옵니다."

일주일 후, 둘의 결혼식이 서둘러 진행되었다. 초겨울임에도 봄날마냥 푸근한 날씨였다. 붉은 비단에 금색 실로 수를 놓고, 머리 위에는 빛나는 금동관을 쓴 둘의 모습은 보는 이로 하여금 찬탄을 불러일으키게 했다. 급히 진행된 결혼식임에도 그 모습은 아주 오래 전부터 준비한 듯 완벽해 보였다. 두 사람이 맞절을 하고 서로 마주보고 서는 순간, 따스한 날씨와는 어울리지 않게 하늘에서 첫눈이 내리기 시작했다. 새하얀 눈송이는 따스한 공기 속을 조용히 떠다니며 내려앉았고 그 사이에서 마주보고 있는 두 사람의 눈은 떨어질 줄 몰랐다. 첫눈에 조금씩 소란을 피우던 사람들도 곧 이야기를 멈추고 두 사람의 결혼식을 홀린 듯 바라보았다.

결혼식이 끝나고 둘은 자신들을 위해 갖춰놓은 방 안으로 들어섰다. 한과와 약식, 곶감, 그리고 몇 가지 견과류가 상 위에 준비되었다. 그리고 둘이 성년이 되었다고는 하나 아직 어린 나이기에 술 대신 감주가 가득 들은 자기로 만든 주전자와 잔 두 개가 준비되었다. 그 뒤쪽으로는 둘을 위한 붉은 비단으로 만들어진 침구가 가지런히 깔려 있었다. 둘은 가만히 침구에 걸터앉아 상 위에 준비되어 있는 것들을 조금씩 집어먹었다. 마냥 당돌하기만 할 것 같은 정설의 두 뺨도 옅게 붉어져 있었다. 그러한 그녀의 모습을 곁눈질로 살펴보던 사마가 천장으로 시선을 보내며 입을 열었다.

"어째서 내 아내가 되기로 한 것입니까?"

갑작스레 말이 튀어나와 놀랐는지 그녀는 손에 쥐고 있던 호두알 몇 개를 떨어뜨리며 사마 쪽으로 시선을 줬다. 하지만 사마와 시선이 엇갈림에 얼굴을 더욱 붉히며 다시 밑으로 고개를 숙이고는 자신의 발을 움직거렸다.

"꿈을 꿨습니다. 두 개의 작은 천이 바다로 갔다가 다시 백제로 와서, 그 속에서 눈부신 태양이 떠오르는 꿈을요. 그게 우리 둘의 인연을 말해주는 것이라 생각했고요."

이 말에 사마가 웃음을 터뜨렸다.

"겨우 꿈 하나 때문에 내 비가 되기로 결정한 것입니까?"

정설은 사마 쪽으로 고개를 돌리고 볼을 부풀리며 인상을 살짝 썼다. 그리고는 뾰로통한 어조로 답을 했다.

"겨우 꿈 하나라니요. 제 꿈이 틀린 적은 거의 없사옵니다."

사마는 알겠다는 듯이 고개를 끄덕이면서도 쉽게 웃음을 거두지 못했다. 이 모습에 정말 화가 난 듯 정설은 고개를 다시 앞으로 돌리고는 한과 하나를 집어 입 안에 넣고 오물거렸다. 조금 웃음이 수그러든 사마가 감주를 한 모금 마시고는 다시 입을 열었다.

"하지만 역시 꿈만으로 저와 왜로 가는 것은 너무나 큰 모험 같습니다."

그렇게 말하는 사마의 눈동자가 더욱 검게 변했다. 그의 손에 들린

잔속의 감주가 살짝 물결쳤다.

"꿈만은 아닌 듯합니다. 왕자님에 대한 소문도 들었고, 사촌인 해명 오라버니께도 많은 이야기를 들었습니다."

"그랬습니까. 나에 대한 소문을 들었다면 더 피해가려 해야 정상이 아닌지요?"

"그럴지도 모르지요. 적장자도 아니면서 무슨 욕심이 그리 많은지 학문과 무예에 미친 듯이 골몰해 있다고들 하니까요."

"예?"

잔에 가 있던 사마의 시선이 정설의 얼굴로 옮겨졌고, 그 시선을 보내는 눈은 둥그렇게 변해 있었다. 정설은 양 뺨에 보조개를 깊게 패며 재미있다는 듯 킥킥대더니 혀를 조금 빼 보였다. 그러한 모습에 사마도 장난기가 발동하여 웃으면서 정설을 간질이기 시작했다. 두 사람은 오누이처럼 침대 위를 굴러가며 장난을 쳤다. 한참을 웃으며 뒹굴던 두 사람은 드디어 힘이 드는지 천장을 보고 나란히 누워서 웃음만 흘렸다. 한참을 숨을 몰아쉬던 정설이 다시 입을 열었다.

"그러한 왕자님이시기에, 분명 더 큰 곳으로 가서 큰일을 할 것이라 생각했습니다."

정설의 시선이 사마에게로 향했다. 사마 역시 고개를 돌려 그런 그녀를 쳐다보았다. 그렇게 둘은 이런저런 이야기를 주고받다가 자신들도 모르게 잠이 들었다. 서로를 꼭 끌어안고서.

다음 날 아침부터 개로왕이 사마를 찾았다. 사마는 서둘러 세안을 끝내고 의관을 정제하고는 왕이 계시는 집무실로 찾아갔다. 그곳에는 왕정 박사와 개로왕이 앉아 있었다.

"아바마마를 뵈옵니다. 그간 강녕하셨는지요."

사마가 인사를 하자 개로왕은 왕정 박사와의 이야기를 멈추고 이쪽으로 와서 앉으라는 손짓을 했다. 그리고 사마가 자신의 옆에 놓인 의자에 앉자 다시 이야기를 시작했다.

"네가 구원군을 불러오겠다고 하지 않았느냐?"

"예, 그랬습니다."

"그래. 구원군을 불러오는데 얼마 정도의 기간을 생각하고 있느냐."

"세 달. 길어야 네 달을 생각하고 있사옵니다. 왜왕으로 계신 태자 형님은 말씀하시면 바로 구원군을 보내줄 것이라 생각하고 있사옵고, 다른 왕들을 찾아다니며 사정을 이야기 하는데 한 달, 혹은 두 달 정도 소요되지 않을까 사료되옵니다."

"그래."

잠시 침묵이 이어졌다. 개로왕은 아무 말도 없이 가만히 탁자 위를 내려다보았다. 그러한 개로왕의 고개가 도무지 올라올 생각을 하지 않자 왕정 박사가 입을 열었다.

"지금 계속해서 고구려가 남하정책을 펴고 있는 것을 아실 겁니다. 우리에게는 현재 구원군이 한시라도 급한 상황입니다. 언제 어느 순간 그들이 전면적인 공격을 감행해 올지 알 수 없으니 말입니다."

사마는 고개를 끄덕이고는 왕정 박사를 똑바로 바라보았다.

"왕자님께서 왜왕으로 계신 흥 태자님 대신, 왜의 백제 분국 나니와에 남아 그곳을 돌보며 다른 왜왕들도 구원군을 보내도록 힘을 써주셨으면 합니다."

사마는 바로 결정을 내릴 수 없었다. 자신은 그저 좀 더 넓은 세상을 돌아보고 구원군을 데리고 돌아와 백제의 군사들과 함께 싸울 생각이었기 때문이다. 하지만 왜의 한 지역을 다스리는 것도 그만큼 의미 있는 일이었기에 바로 결정을 내릴 수 없었다.

"거련[19]이라는 녀석이 계속해서 남으로 내려오려 드니, 전쟁은 피할 수 없을 것이다."

그대로 굳은 듯 있던 개로왕의 입이 열렸다. 하지만 시선은 여전히 탁자 위에 있었다.

"흥을 이곳으로 오게 하려면 그의 자리를 대신할 사람을 보내야 할 터인데, 그렇다고 그 자리를 왕족 자제종친도 아닌 사람에게 줄 수는 없다. 게다가 때마침 너도 왜로 나가보고 싶어 하니 너에게 맡기려는 것이다. 아직 어린 네가 전쟁에 휘말리는 것은 보고 싶지 않구나. 차라리 왜가 나을지도 모르지. 가거라. 가서, 네 친어미도 찾아봐야지."

이번에는 '친어미'라는 단어가 사마의 마음을 흔들었다. 꼭 한 번 친어머니를 찾아뵈라던 어린 시절 유모의 말도 머릿속에 떠올랐다.

"왕자님. 가십시오. 가서 더 넓은 세상을 보십시오."

왕정 박사는 이렇게 말하며 목판 조각을 엮어놓은 것을 내밀었다. 그 속에는 왜왕 흥에게 전하는 왕의 칙명이 적혀 있었다.

"이것을 흥 태자님께 전해주십시오. 그리고 왕자님은 그곳에서 사람들을 다스리는 법을 배우시고 다른 왕들에게 구원군을 요청해주십시오."

사마는 그 서찰을 집어 들었다. 그리고는 알겠다는 듯 고개를 끄덕였다. 그런 그의 눈에 희미하게 눈물이 어렸다.

"최대한 빨리 출항 날을 정하도록 하겠다. 출항 날이 정해지면 기별

할 터이니, 이만 물러가거라."

　개로왕은 여전히 고개를 탁자 위에 고정시킨 채 말했다. 사마는 이러한 개로왕을 한 번 돌아보고는 고개를 숙여 예를 갖추고 밖으로 나갔다. 이제 집무실에는 왕정 박사와 개로왕만이 남았다. 왕정 박사는 여전히 고개를 들지 않는 개로왕을 씁쓸한 시선으로 지켜보았다.

　'잘 한 것이겠지. 잘 한 것이야. 저 아이에게는 그래도 어미가 있는 왜가 나을지도 모른다. 잘 한 것이겠지. 가희.'

　출항 날짜는 12월 초하루로 정해졌다. 개로왕은 선원들과 철을 다룰 줄 아는 기술자들, 그리고 아낙 몇 명과 군사 몇 명을 추려 함께 배에 오르도록 했다. 그리고 곡식과 물, 생필품과 닭이나 돼지 같은 동물들도 한 쌍씩 싣도록 했다. 아리수는 그 옛날 가희와 여곤이 왜로 떠났던 때처럼 사람들로 북적거렸다. 그리고 그 당시와 마찬가지로 선장 역시 여러 번 왜를 왕래한 적이 있는 백두수가 맡게 되었다. 백두수 역시 십삼 년 전의 일을 생각하며 흥분해서는 열심히 몸을 놀렸다. 그 속에서 개로왕과 또 한 남자, 정설의 아버지 해성만이 침묵을 지키고 있었다. 둘의 표정은 항구의 짐이 점점 사라질수록 어두워졌다. 개로왕의 눈에는 배를 향하고 서 있는 사마와 정설의 모습이 마치 가희와 여곤처럼도 보였고 오래전 435년 왜국으로 향하던 자신처럼도 느껴졌다. 그도 왜국으로 건너가기 직전에 첫 부인인 해리화를 만났었다. 당시의 해리화를 생각하다 현재의 해리화를 떠올리니 자신도 모르게 입가에 씁쓸한 미소가 지어졌다.

　사마의 손을 꼭 잡고 가만히 배를 바라보던 정설은 자신을 부르는 소리를 듣고 뒤를 돌아보았다. 그곳에는 아버지와 언니 둘, 그리고 한 살 위의 오빠가 서 있었다. 그리고 정설의 사촌오빠이자 사마와 함께 공부하며 추억을 나눈 해명도 그 옆에서 눈물을 글썽이며 서 있었다. 정설의 시선을 쫓던 사마는 가서 인사를 하고 오라는 의미로 잡았던 손을 놓고는 그 손을 살짝 앞으로 밀었다. 미소로 말을 대신하고 정설은 가족이 있는 쪽을 향해 잰 걸음으로 걸어갔다. 자신들에게 다가오는 정설을 보고 큰언니와 작은언니, 그리고 오라버니와 해명이 다가와 그녀를 둘러쌓다. 해성은 아무 말 없이 그러한 그들의 모습을 지켜보았다.

"잘 가렴."

"몸조심해."

각자 작별 인사를 하는 그들의 눈에는 눈물이 고여 있었다. 정설의 눈에도 눈물이 고였다. 하지만 그녀는 이를 꾹 물고 눈물을 참으며 최대한 밝게 웃으려 애썼다.

정설과 가족들의 작별 모습을 바라보고 있는 사마의 곁으로 정설과 작별인사를 하던 해명이 다가왔다.

"정말 떠나는 것이군요."

그런 그의 눈에는 오랜 지기를 보낸다는 슬픔과 아쉬움이 가득 담겨 있었다.

"해명이구나. 그래. 이제 왜로 가야지."

"부디 몸조심하시고, 사촌동생 정설을 잘 보살펴주시고, 그리고, 그리고 언젠가 반드시 다시 백제로 돌아오십시오. 그때까지 전 이곳에서 힘을 키워두고 있겠습니다. 왕자님."

눈물이 그렁그렁한 눈으로 이리 말하며 밝게 웃는 지기의 손을 강

하게 붙잡았다. 그러한 사마의 눈에도 지금까지의 추억과 함께 눈물이
어렸다.

　남매들과 해후를 나누고 있는 정설의 눈에 아직도 가만히 서 있는
아버지의 모습이 들어왔다. 그녀는 다른 남매들의 손을 한 번씩 꼭 쥐
었다 놓고는 아버지가 있는 쪽으로 몸을 돌렸다. 그때도 해성은 아무
말 없이 조용히 사랑하는 막내딸을 지켜만 보았다. 정설은 이러한 아
버지를 보며 밝게 웃고는 팔을 벌려 그의 품에 안겼다. 웃고는 있었지
만 이미 그녀의 눈은 붉게 물들어 있었다. 그리고 그것은 해성도 마찬
가지였다. 그는 큰 손으로 그녀의 머리를 여러 번 쓰다듬었다.

　"어머니는, 안 나오셨네요."

　"네가 떠나는 것을 차마 못 보겠다고 하더구나."

　결국 정설의 눈에서 눈물이 몇 방울 흘렀다. 그녀는 그러한 것을 감
추기 위해 더욱 아버지의 품에 얼굴을 묻었다. 그런 딸을 강하게 한 번
끌어안고는 입을 열었다.

　"짐이 다 실렸구나. 이제 가 보거라. 네 지아비가 이쪽을 바라보고
있구나."

　이 소리에 뒤를 돌아보니 이쪽을 바라보며 씁쓸히 웃고 있는 사마
가 보였다. 그러한 사마 옆에는 자신의 아버지의 표정과 거의 흡사한
표정을 짓고 있는 개로왕이 그의 어깨를 짚고 있었다. 정설은 고개를
한 번 끄덕이고는 다시 아버지를 향해 웃어 보이고 뒤돌아 자신의 지
아비가 있는 곳으로 걸어갔다. 그리고는 다시는 뒤를 돌아보지 않고
앞만을 향한 채 배에 올랐다. 배에 타고나서야 두 사람은 함께 떠나는
다른 이들과 다같이 백제 땅을 바라보았다. 항구에는 아직도 개로왕과

왕정 박사, 그리고 해성과 해명, 정설의 남매들이 서 있었다. 그들을 바라보는 정설의 눈에서 눈물이 마구 쏟아져 내렸다. 이러한 정설을 두 팔 가득 안고, 사마도 조용히 눈물을 흘렸다. 다신 보지 못할지도 모르는 아버지의 모습을 두 눈에 열심히 새기면서.

출항 후 십여 일 동안은 바람도, 파도도 잔잔하여 마치 그들 부부가 왜로 떠나는 것을 반기듯 보였다. 하지만 이키섬을 지난 후부터 갑작스레 비바람이 몰아치기 시작했다. 파도는 배를 집어삼킬 듯 거대하게 위로 솟구쳤고 하늘은 대낮인데도 검은 구름들로 가득해 해가 비치지 않아 한밤중처럼 깜깜했다. 그리고 차디찬 겨울비는 쉴 새 없이 쏟아져서 배마저 바다와 하나로 만들려는 듯했다. 더 이상 폭풍우를 뚫고 항해하는 것은 무리라 생각한 사마는 선장 백두수에게 근처에 섬을 찾아 서둘러 배를 정박시키라고 지시했다. 말이 나오기 전부터 섬을 찾아 이리저리 고개를 돌리던 백두수의 마음이 더 급해졌다. 정말 이대로라면 배가 가라앉아버릴지도 몰랐다. 그렇게 되면 왕자님과 어머님이 해후할 수 없게 된다는 생각도 들었다. 정신이 나간 듯 노를 저어가며 항해한 지 한 시간여가 지나서, 어둠 속에서 희미하게 섬의 형태가 보였다.

"섬이다! 섬이 나타났다. 뱃머리를 돌려라!"

기쁨에 찬 백두수의 목소리가 울려 퍼졌다. 사람들은 비에 젖는 것도 아랑곳하지 않고 배 위로 나와 섬을 직접 눈으로 확인하며 얼싸안았다. 배는 빗속을 뚫고 앞으로 나가 겨우겨우 작은 섬에 당도했다. 항구로 적절한 곳을 찾아 배를 대는데 어쩐지 와본 것 같은 기묘한 느낌이 백두수에게 전달되었다. 그리고 배를 대자 신기하게도 하늘이 맑게 개이며 해가 드러났다. 이에 섬의 곳곳이 눈에 들어왔다.

"왕자님! 사마왕자님!"

백두수는 비에 젖은 얼굴에 웃음을 가득 띠며 사마를 찾았다.

"무슨 일인가?"

빗물에 몸을 떨고 있는 정설의 어깨를 감싸 안은 채 사마가 백두수 앞으로 걸어 나왔다. 사마를 본 백두수의 눈에 기어이 눈물이 나기 시작했다.

"왕자님! 이곳입니다! 이곳이, 이곳이 바로 왕자님이 태어나신 각라도[20]입니다!"

구름이 완전히 걷히며 눈부신 태양이 그 모습을 완연히 드러냈다. 물기를 머금은 섬의 숲들이 햇빛에 빛났다. 이러한 모습을 사마는 조용히 둘러보았다. 이 모습을 옆에서 지켜보던 백두수가 다시 입을 열었다.

"저 앞에 보이는 동굴에서 왕자님이 태어나셨습니다. 왕자님이 태어나신 곳에 잠시라도 발을 디뎌보시는 것이 어떤지요. 배도 살펴봐야 하니 그만한 시간은 될 것입니다."

한시라도 빨리 나니와[21]로 가서 왜왕으로 있는 형님 홍에게 구원군을 요청해야 한다는 생각에 잠시 머뭇거리던 사마는 배의 내부를 한 번 살펴보고는 고개를 끄덕이고 백두수의 뒤를 따라갔다. 정설은 지아비의 추억에 혹여 자신이 방해가 될까하여 배에 남기로 했다. 사마와 백두수, 그리고 두 명의 장정은 배에서 내려 사마가 태어난 굴을 향해 걸었다. 이미 십삼 년이 흘렀음에도 백두수는 이 섬의 동굴이, 숲이, 그 모든 것이 바로 어제 왔던 양 눈에 익었다.

'동굴 뒤로는 숲이 넓게 펼쳐져 있고 그 안에 계곡이 있다. 그리고 그 옆쪽의 연못에서 연씨부인이 아기 왕자님을 씻겼지.'

백두수의 발걸음이 빨라졌다. 이에 맞춰 사마와 두 장정의 걸음도 빨라졌다. 동굴을 바로 앞에 두고 백두수의 몸이 멈춰 섰다. 그러한 그의 얼굴은 흥분으로 빨갛게 물들어 있었다.

굴 앞에 서서 보니 그곳에는 옛날 그대로 금줄이 쳐져 있었다. 사마는 이곳이 자신이 태어난 곳이라는 감회에 젖어 손을 뻗어 금줄에 살며시 댔다.

"오비야우라에서 뭐하는 것이요? 거기는 신성한 장소요! 외지인들이 함부로 손을 대서는 안 된단 말이오!"

갑작스레 뒤에서 큰 소리가 들려왔다. 장정 둘은 왕자를 보호할 생각에 그간 배운 대로 거의 무의식중에 허리에 찬 칼에 손을 대었고, 백두수는 사마의 앞을 막아섰다. 하지만 사마만은 고요한 표정으로 천천히 고개를 돌려 소리를 낸 사람 쪽을 쳐다보았다. 소리를 낸 사람은 무명으로 얼기설기 만든 옷을 대강 걸쳐 입은 백발이 성성한 노인이었다. 노인의 목에는 작은 구리조각을 끈으로 묶어 만든 목걸이가 걸려 있었다. 그의 의복에서 그가 백제인들보다 떨어지는 문명을 가진 사람임이 느껴졌다. 그 노인은 두 장정이 칼 손잡이에 손을 갖다 댔음에도 개의치 않고 사마왕자일행 쪽으로 다가왔다. 그의 부릅뜬 눈에는 노기가 어려 있었다. 그가 노인임을 안 장정 둘은 칼을 빼야할까 고민하는 듯 잠시 주춤거리다가 이내 왕자를 곁눈질로 힐끗 보고는 천천히 칼을 빼냈다. 하지만 그들의 칼은 반도 뽑히기 전에 사마의 두 손에 의해 멈춰졌다. 사마는 장정들보다 앞으로 나와 서서 그 노인을 바라보았다.

"죄송하오. 이곳이 신성시되는 장소인지 몰랐소."

노인은 그 말에 조용히 사마의 눈을 쳐다보았다. 그 눈에서 서서히 노기가 풀림이 느껴졌다.

"이 섬의 원주민인 듯한데, 이곳이 어째서 신성시되는지 알려주시겠소?"

가만히 사마의 눈을 들여다보던 원주민 노인의 입이 열렸다. 그 입 속에서 사마가 태어난 당시의 일들이, 마치 신화속의 이야기인 양 흘러나왔다. 하지만 그들이 백제인들을 하늘에서 온 사자들이라 믿는 것만 빼고는 사마가 태어난 정황이 그대로 드러났다. 사마의 눈이 붉게 달아올랐다. 뒤에서 지켜보던 백두수는 이미 눈물을 흘리고 있었고, 아무것도 모르는 두 장정들 역시 이 이야기에 감흥을 받아 눈시울을 붉혔다. 이야기를 끝낸 원주민 노인은 이들의 반응에 당황한 듯 눈을 크게 뜨며 그들을 둘러보았다. 뺨을 타고 흐르던 눈물을 오른손으로 거칠게 훔치며 백두수가 말했다.

"지금 노인장의 앞에 계신 분이, 이분이 바로 그때의 아기님이시오. 사마왕자님이시오. 대백제의 왕자님이시오!"

노인의 눈이 점점 커지더니 갑작스레 뒤로 돌아 숲 쪽으로 뛰어 들어갔다. 그러더니 얼마 안 있어 삼십여 명쯤 되어 보이는 원주민들이 노인의 뒤를 따라 달려 나왔다. 놀란 두 장정은 다시 칼에 손을 대었지만, 금세 그 손은 다시 제자리로 돌아왔다. 뛰어나온 원주민들이 일제히 땅에 머리를 박고 절을 하기 시작했기 때문이다. 그들은 모두 무명 옷을 얼기설기 입고 있었고, 간간히 구리로 만든 장신구를 가지고 있는 이들도 보였다. 절을 하는 일들의 사이로 아까의 그 노인이 앞으로 나왔다.

"인사가 늦었습니다. 저는 이곳의 촌장으로 지내고 있는 아라히코(阿羅比子)라고 합니다. 옷차림을 보고 구다라(백제)에서 오신 분들일지도 모른다고 생각은 하였으나, 왕자님이실 줄은 꿈에도 몰랐사옵니다. 왕자님을 이리 직접 뵈니 크나큰 영광이옵니다. 왕자님을 몰라 뵈어 죄송합니다. 저희 모두는 당시 구다라에서 오신 사자님들께 큰 은혜를 입어 이렇게 다른 주민들보다 나은 문화를 가지고 살아갈 수 있었습니다. 그 은혜는 말로 다 헤아릴 수 없습니다."

노인의 말이 끝나자 사람들이 엎드린 채 일제히 하늘에서 오신 분들이란 말과 감사하다는 말을 마구 해댔다. 이 말이 조금 수그러들 때를 기다렸다가 다시 노인이 입을 열었다.

"저희들은 지금껏 왕자님이 태어나신 날을 신성시하여 매년 음력 6월 초하루에 이 금줄이 쳐진 오비야우라 동굴 앞에서 마츠리(축제)를 벌이옵니다. 이 땅에 다시 왕자님께서 찾아와주신 것은 크나큰 복이라 생각합니다. 부디 저희들의 대접을 받으시고 편히 있다 가십시오."

이들의 모습을 본 사마는 가슴이 복받쳐 오름에 한동안 말을 잇지 못했다. 이들의 환대가 갸륵하기에 한동안 머물러 이들에게 좀 더 백제의 나은 문화를 알려주고 싶은 마음도 굴뚝같았으나 현 백제의 상황이 급박했기에 정중히 이를 물리칠 수밖에 없었다. 노인은 마지막까지 아쉬운 표정을 금치 못하고 사마 일행이 떠나는 배가 시야에서 사라질 때까지 계속해서 그들의 배가 있던 항구에 서 있었다. 그리고는 귀한 분을 알현하고 그냥 보내는 아쉬움을 배가 시야에서 완전히 사라질 때까지 손을 흔드는 것으로 표시했다.

다시금 뱃길을 서둘러 그들은 드디어 나니와의 항구에 배를 정박했다. 백제의 기를 달고 들어오는 배가 항구에 보임에 사람들이 몰려들었고, 관리들은 황급히 백제분국의 홍왕에게 이 사실을 알렸다. 사마 일행이 배에서 내리자 몰려온 관리들은 그들의 신분을 알고 깊이 고개를 숙이며 절을 하고는 홍왕이 거처하는 성으로 그들을 안내했다. 성 안의 집무실에는 이미 홍왕이 그들이 오는 것을 보고 받고 옥좌에 앉아 있었다.

"먼 길을 오느라 수고했다."

이렇게 말하고 홍왕은 자리에서 일어나 사마가 서 있는 곳으로 천천히 걸어 나왔다. 그리고는 가만히 사마의 손을 부여잡았다.

"네가 사마왕자 륭이구나. 그래, 이렇게 얼굴을 보는 것은 처음이지만 한눈에 알아볼 수 있겠구나. 얼굴은 아바마마를 쏙 빼닮았고 풍기는 자태는 아스카의 숙모님을 빼다 박았구나."

홍왕의 말에 사마는 그저 조용히 미소 지을 수밖에 없었다. 사마가 태어나기도 전에 왜에 와 있던 홍왕은 그간의 사정에 대해서는 큰 감흥이 없는지 그저 사마를 자신의 이복동생으로서 반가워할 뿐이었다.

홍왕의 시선이 다시 사마의 옆에 있는 해정설에게 머물렀다. 이에 해정설은 살포시 고개를 숙여 보였다. 이를 본 사마가 입을 열었다.

"제 처인 해정설이라고 하옵니다."

"그래? 벌써 혼인을 했단 말이냐? 아직 어린 나이에 혼인을 함이 놀랍기는 하지만 참으로 잘 어울리는 한 쌍 같구나. 하하하."

홍왕은 이렇게 말하며 크게 웃었다. 그리고는 사마 일행을 돌아보고는 웃음을 멈추고 다시 말을 이었다.

"자, 먼 길을 오느라 피곤할 테니 오늘은 일찍 들어가 쉬도록 해라. 네 일행들의 침소 또한 다 준비해 두었으니 염려치 말고."

"감사하옵니다. 허나 긴히 형님께 드릴 말씀이 있사오니 조금만 시간을 내 주시지 않겠사옵니까?"

이 말에 홍왕은 뭔가 심각한 것이 있음을 알아차렸는지 그러겠다고 말하고는 시종들에게 일러 다른 일행들을 각자의 방으로 안내하라고 지시하고는 사마를 데리고 자신의 침소로 향했다. 침소에 들어선 홍왕은 시종에게 차를 가져오라고 말하고는 차와 다기가 들어오자 이를 직접 우려내어 사마에게 권하고는 자신도 한 잔 따라 마시면서 이야기를 시작했다.

"그래, 아바마마께서 아직 어린 너를 이리 왜로 보내실 정도라면 뭔가 일이 있는 거겠지."

사마가 고개를 끄덕이는 것을 보고는 다시 입을 열었다.

"고구려의 거련 때문이냐?"

"이미 알고 계셨사옵니까?"

"대륙을 왕래하는 사신들을 통해 대강은 들었다."

연녹색의 액체가 다시 홍왕의 입속으로 흘러들었다. 사마도 이를 한 모금 마시고는 자신의 품속에 넣어둔 왕의 칙서를 홍왕에게 건넸다. 이를 받아든 홍왕은 지체 없이 눈으로 읽어 내려갔다. 이윽고 다 읽은 듯 홍왕은 이를 내려놓고는 고개를 숙여 양손으로 머리를 감싸고 잠시 침묵을 지켰다. 하지만 이내 눈을 빛내며 사마를 쳐다보았다. 마치 사마의 모든 것을 간파해 보겠다는 듯 빛나던 눈이 일순 살며시 휘어지며 예의 웃는 얼굴로 돌아오더니 입을 열었다.

"아바마마의 뜻은 잘 알았다. 아바마마께서 너를 믿듯이 나도 너를 믿어보마. 아바마마께서 인정할 정도의 자질이라면 충분히 믿을 만할 것이라 생각한다."

"감사하옵니다. 아바마마와 형님마마의 기대에 어긋나지 않게 출타하신 동안 나니와를 잘 다스려 보겠나이다."

홍왕은 막내 동생이 귀엽다는 듯 빙그레 웃으며 사마를 바라보았다. 찻잔이 그의 손짓에 따라 허공에서 한 바퀴 돌았다.

"둘만 있는 자리에선 그냥 형님이라고 하거라. 아직 어린 녀석이 너무 애늙은이 같구나."

이렇게 말하며 크게 웃는 홍왕을 바라보는 사마의 얼굴이 붉게 달아올랐다. 하지만 궁에서는 느껴보지 못했던 형제의 정에 뭔지 모를 따뜻함을 느낀 사마는 그 싫지 않은 느낌에 슬쩍 미소 지었다.

"자, 이만 가서 자거라. 긴 여행길에 지친 너를 이리 붙잡아두는 것도 좋지 않겠지. 내 내일 바로 구원병을 알아보고 일주일 안에 떠날 것이다. 그동안 넌 내 옆에 붙어 실무를 배우도록 하여라."

"예, 형님마마. 아니, 큰형님."

사마는 이렇게 대답하고 쑥스러운 듯 어색하게 웃고는 자리에서 일어나 예를 갖추고 물러나왔다.

밖으로 나온 사마의 뺨에 바람 한 줄기가 스쳤다. 하지만 그 바람은 백제의 바람과는 달리 그리 차갑지 않았다. 그제야 왠지 왜국에 온 실감이 났다. 그리고 아버님에 대한 걱정이 불현듯 들었다. 하지만 곧 고개를 흔들어 그 생각을 떨쳐버리고는 해정설이 홀로 있을 침소로 발길을 돌렸다.

'일주일, 일주일 안에 형님이 가신다. 구원병을 이끌고 두 달이 채 지나기 전에 백제로 가신다. 그러니 아버님은 반드시 무사하실 것이다.'

방에 돌아와 보니 해정설은 침대에 걸터앉아 열어둔 창밖을 보고 있었다.

"바람이 차지 않습니까?"

사마는 겉옷을 벗으며 이야기를 꺼냈다. 해정설은 그대로 계속 창밖으로 눈을 향한 채 입을 열었다.

"백제의 바람보다는 차지 않습니다."

그녀의 목소리에 물기가 가득 머금어져 있었다. 사마는 조용히 그녀의 뒤로 가서 어깨를 감싸 안았다. 둘은 잠들 때까지 그대로 창밖을 보았다.

다음 날 아침, 궁 안이 소란스러움에 사마는 잠이 깨었다. 아직 졸음이 가시지 않은 눈을 비비며 옆을 보니 해정설은 이 소란 속에서도 곤히 잠들어 있었다. 그런 그녀의 눈가가 아직도 빨갰다. 사마는 웃는 낯으로 정설의 머리를 한 번 쓰다듬어주고는 밖으로 나왔다. 밖에서는 여러 사람들이 급히 움직이고 있었다. 사마는 자신의 앞을 지나가고 있는 시종을 붙잡고 지금 왕이 어디 계신지를 물었다. 시종은 조금은 깔보는 듯한 말투로 현재 집무실에서 대신들과 알현중이시라고 말하고는 총총히 제 갈 길로 가버렸다. 그 뒷모습을 굳은 얼굴로 잠시 지켜보던 사마는 왕의 집무실이 있는 곳으로 발길을 돌렸다.

집무실에서는 여러 신하들과 흥왕이 이른 아침부터 의견을 주고받고 있었다.

"마마, 아직 성인도 안 된 왕자님이 나니와를 통솔하신다니요. 이는 안 될 말씀입니다."

"그렇사옵니다. 분국이 자리를 잡은 지 꽤 시간이 흘렀다고는 하나 그렇다고 아예 분쟁이 없는 것도 아닌데 이런 때 백제로 가신다니요."

이미 자신이 백제에 가는 이유와 당분간만 동생인 사마가 나니와를 통솔할 것이라고 충분히 설명한 홍왕은 그럼에도 계속되는 신하들의 반대 의견에 머리를 감싸 안은 채 인상을 구기고 말없이 상념에 잠겨 있었다. 그러한 시점에 문이 열리고 사마가 들어섰다. 일순 반대를 부르짖던 신하들의 목소리가 잠잠해졌다. 어리다고는 하나 백제의 왕자이기에 함부로 그 앞에서 불만을 토로할 수는 없는 일이었다. 하지만 이미 백제의 궁에서 자신을 멸시하는 눈길을 충분히 받아봤던 사마는 분국의 신하들이 자신을 어찌 생각하는지 충분히 느낄 수 있었다. 그럼에도 주눅 들지 않고 발을 강하게 내딛으며 홍왕의 앞으로 나아갔다.

"백제의 왕자 여륭, 백제 분국의 왕께 인사 올립니다."

그때까지 깊게 상념에 빠져 있었기에 주위가 고요해진 것도 눈치 채지 못했던 홍왕은 아직 변성기가 지나지 않아 앳된, 그렇지만 묘한 울림을 가진 목소리에 눈을 떴다.

"아아, 사마로구나. 이쪽으로, 내 옆으로 오거라."

홍왕은 홀로 떨어져 있던 전쟁터에 아군이 온 듯 반색을 하며 사마를 불러 자신의 옆에 서게 했다. 옆에 선 사마는 강인함을 간직한 검은 눈동자로 신하들을 한 명씩 훑어보았다. 그들 대부분은 상대가 어린 소년임에도 그 눈빛을 피하며 고개를 아래로 숙였다. 그렇지만 몇몇 이들은 자신의 입지를 뺏길 수 없다는 듯이 그 눈빛을 맞받았다. 이러한 순간 다시 흥왕의 목소리가 흘러나왔다.

"사마야, 내 아바마마의 친서를 받고 그에 따라 너에게 이 나니와를 맡기려 하는데 반대하는 이들이 꽤 많구나. 너는 어찌 생각하느냐? 너의 소견을 듣고 싶구나."

이렇게 묻는 흥왕의 목소리에는 장난기와 더불어 어린 동생을 시험해 봐야겠다는 느낌도 묻어나왔다. 이를 느낀 사마는 다시 한 번 신하들을 둘러보며 입을 열었다.

"제가 이 자리에 온 것은 백제를 대신하여 아바마마의 명을 받았기 때문입니다. 이러한 저를 물리친다는 것은 백제에 대한 불충이 될 것이 자명한데 감히 누가 반대의 목소리를 낸다는 말입니까?"

그의 목소리는 장난기 어린 것 같았지만 듣는 이의 심장을 도려낼 듯 차갑게도 느껴졌다. 사마는 자신의 눈을 피하지 않은 대신들을 한 번 더 바라보며 다시 입을 열었다.

"혹여 마마께서 없는 틈을 타 저를 내치고 이 나니와에 군림하고 싶다는 뜻을 가진 불온한 자가 있지는 않겠지요."

이에 신하들은 더 이상 답변할 말이 없다는 듯 모두 고개를 숙였고 오직 흥왕만이 꼿꼿하게 고개를 들어 대견하다는 눈빛을 사마에게 보냈다.

"자, 그렇다면 나는 지금부터 병사들을 추려 사흘 뒤인 새해 초사흗날 백제로 떠나도록 하겠다. 여기에 이견이 있는 자가 있는가?"

"부디 마마의 뜻대로 하옵소서."

모든 신하들은 이렇게 입을 모아 한 소리로 말하고는 좀 더 깊게 고개를 숙였다. 홍왕은 흡족한 미소를 지으며 사마를 바라보았고, 사마 역시 미소를 띤 채 그런 형님을 쳐다보았다.

이후 홍왕은 훈련장으로 직접 나가 병사들을 하나하나 둘러보았고 그 옆에는 언제나 사마가 함께했다. 사마는 홍왕이 병사들을 다루는 모습, 그리고 신하들을 대하는 모습을 하나하나 눈에 새겼다. 이렇게 낮 동안 쉴 새 없이 움직인다는 것이 아직 어린 사마에게는 힘든 일이 었기에 침소에 들어오자마자 잠드는 경우가 많았다. 해정설은 서운한 마음이 전혀 없지는 않았지만 지금은 자신이 투정을 부릴 때가 아니라 생각하였다. 그러하기에 자수를 두며 마음을 가라앉혔고, 사마가 돌아 와 바로 잠들면 겉옷을 벗겨주고 이불을 덮어주며 잠든 사마라도 곁에 있어 기쁘다는 듯 그 얼굴을 조용히 바라보았다. 그렇게 시간이 지나 며 불평을 토로하던 신하들도 사마의 언변에 호되게 당하고, 그의 능 력을 직접 맛보며 점차 그를 나니와의 잠시 동안의 왕으로나마 인정하 게 되었다.

사마가 대강이나마 나니와의 정세를 알게 되었을 즈음, 구원병 역 시 충분히 모아지고 홍왕이 떠나기로 한 새해 초사흗날이 되었다. 나 루에는 수십 척의 커다란 범선이 준비되었고, 일꾼들은 쉴 새 없이 구 원병들이 모두 먹을 만큼의 식량과 그들이 쓸 무기를 배에 옮겨 실었 다. 그러한 그를 마중하기 위해 각 신료들과 가족, 그리고 사마와 해정 설이 나루터로 나왔다. 먼 곳을 응시하는 듯한 눈으로 바다 저편을 바 라보던 홍왕은 자신의 부인과 열 살배기 아들을 한 번 끌어안고는 사 마를 향해 웃어 보였다. 그리고 나서 각 신료들을 쳐다보며 커다란 목 소리로 말을 했다.

"내가 떠나고, 앞으로 사마가 임시로 나니와를 다스리게 될 것이다. 임시라고는 하나 왕명 없이 나라를 다스린다면 아래 사람들이 옳게 따르지 않을 수도 있다 생각하여, 내 사마에게 무라는 이름을 주려 한다. 내가 떠나고, 곧 준비를 서둘러 새로운 왕의 즉위식을 거행하도록 하라."

홍왕의 아내인 목혜련(木惠蓮)의 얼굴이 살짝 어둡게 변했으나, 지금은 어떻게 나설 수 없다는 것을 알기에 입을 다물었고, 다른 신료들은 당황한 표정이었으나 지엄한 왕명인지라 그러하겠다고 대답을 했다. 이들을 모두 한 번씩 살펴본 홍왕은 곧바로 뒤로 돌아 배 위로 올라가 버렸다. 곧이어 출항을 알리는 북소리가 나니와 항구를 가득 매웠고 배는 천천히 물 위를 미끄러져 나아갔다. 홍왕과 함께 구원군 5천 명이 백제로 향하는 순간이었다. 홍왕은 마지막까지 배 위로 모습을 드러내지 않았다. 그럼에도 모든 사람들은 마지막까지 배의 고물22을 바라보았다. 그러한 그들의 얼굴에는 모두 홍왕에 대한 염려의 빛이 가득했다. 단 한 명, 목혜련만은 염려보다 더욱 어두운 낯빛으로 미간에 주름을 만들며 고물보다 더 먼 곳을 보는 듯 바다를 향해 시선을 던졌다.

왜왕 홍이 백제로 떠나고 얼마 되지 않아 사마는 나니와에서 새해 보름을 맞이하게 되었다. 이 보름날 행사는 나니와로서도 사마에게 있어서도 큰 의미를 가졌다. 왜냐하면 왜왕 홍이 말한 즉위식 준비가 모두 끝나 새해 보름이 되는 바로 이날, 드디어 사마가 백제의 후왕(侯王)이요, 나니와 지역을 다스리는 왜왕 무(倭王 武)로서 즉위하게 되었기 때문이다.

즉위식은 성대하게 진행되었다. 넓은 훈련장에는 각 신료들이 자신들의 신분에 맞춰 열을 지어 섰고, 그 가운데 단상까지 곧게 이어진 길을 이제 왜왕 무라는 칭호를 갖게 된 사마가 걸어갔다. 단상에 오르자 양 옆에서 흥겨운 풍악이 울렸고, 그 사이로 전조인(典曹人)23 직책에 있는 장정(張正)이 취임사를 읊었다. 왜왕 무가 백제의 후왕들이 사용하는 관을 쓰고 옆을 바라보자 마찬가지로 금동으로 만든 관을 쓰고 자주색으로 만들어진 왕비복을 입은 해정설이 다가와 곁에 섰다. 그리고 두 사람은 뒤로 돌아 이제 자신들의 신료가 된 이들을 바라보았다. 모든 이들은 경하 드린다는 말을 외치며 땅위에 엎드려 큰절을 했다. 이러한 이들 사이에 단 한 명, 슬픈 표정으로 이 모습을 바라보는 이가 있었다. 홍왕의 부인인 목혜련이었다. 그녀는 대목악군24 출신으로, 명문거족으로 유명한 목협만치 장군과는 먼 친척 관계였다. 나니와의 왕비였던 그녀는 아직 뭐가 뭔지 잘 모르겠다는 표정을 하고 있는 어린 태자를 안고, 살짝 끝이 올라갔지만 커서 그리 날카로워 보이지 않는 눈에 슬픔을 가득 담고 즉위식 광경을 바라보았다.

'당분간만이다. 당분간만이야. 마마가 돌아오시면 다시 모두 원래의 자리로 돌아갈 거다. 그런데 어째서 슬픈 기분이 드는 것이냐!'

그녀는 이렇게 마음을 다잡으며 품에 안은 태자를 더 깊이 끌어안았다. 하지만 계속해서 뭔지 모를 불안감이 드는 것은 어쩔 수 없었다.

즉위식이 끝나자 본격적으로 무왕의 나니와 업무가 시작되었다. 홍왕에게서 얼마만큼 일을 배우기는 하였으나, 그 짧은 기간에 완벽히 나니와의 사정을 알 수는 없었기에 무왕의 복잡함은 더했다. 그러하기에 그는 최대한 대신들의 능력을 빨리 파악하고 그들에게 적합한, 자신보다 그들이 더욱 자세히 알고 있을 법한 나니와의 문제를 맡겼다. 그리고 주변 정세를 파악하는데 진력을 다했으며 백성들이 임시이긴 하지만 새로운 왕이 있는 이 나라에 잘 적응해 이주하지 않도록 하기 위해 노력했다. 그리고 그러는 틈틈이 지아비 홀로 백제로 간 슬픔을 맛보고 있는 왕비를 위로하고 나이어린 형님의 자식을 친동생인양 돌봐주었다. 이러한 것은 봄이 되어 사람들의 생에 가장 중요한 농사가 시작되고, 그 작물들이 제법 자랄 때까지 계속되었다.

어느덧 6월도 끝자락에 치닫고 있었다. 해는 제법 길어졌고 공기 또한 꽤나 달구어졌다. 안정을 되찾아가는 나니와를 보며 흐뭇한 미소를 띠고 있는 무왕의 뒤에 정설이 다가왔다.

"무얼 보고 계십니까?"

"예. 내가 다스리는 땅을 보고 있소. 잠시이긴 하지만 스스로 한 나라를 안정시키고 있다고 생각하니 왠지 모르게 뿌듯하군요."

그러한 무왕을 정설은 뒤에서 끌어안으며 속삭였다.

"이곳에 만족하지 마십시오. 우리는 백제로 돌아갈 것입니다."

"예. 알고 있습니다. 형님이 오시면 우린 돌아가야지요."

무왕이 씁쓸히 웃었다. 그러나 정설은 웃지도 슬퍼하지도 않는 무표정한 얼굴로 가만히 있을 뿐이었다.

"이제 어마마마를 뵈러 가실 때가 온 것 같습니다."

일순 무왕의 동작이 정지되었다. 그동안 나니와를 안정시켜야 한다는 생각에 너무 깊이 빠져 있어 잊고 있던 상념들이 순식간에 그를 덮쳤기 때문이다. 그러한 것을 아는지 무왕을 안고 있는 정설의 손에 좀더 힘이 들어갔다.

"지금이 어마마마를 뵐 때입니다."

"꿈을, 꿈을 꾼 것입니까? 하하. 그래. 그대의 꿈은 잘 맞는다고 했었지요?"

허탈하게 웃던 무왕이 뒤로 빙글 몸을 돌리며 아직 무왕의 몸에 팔을 감고 있는 정설을 끌어안았다. 그런 그의 눈에 다시금 생기가 돌았다.

"지금 당장 신료들에게 말하고 갈 채비를 하겠습니다. 꽤 걸어야 할 테니, 혼자면 모를까 당신도 함께 가야하니 단단히 준비를 해야 될 것 같습니다."

정설은 둥그런 눈으로 아무 말 없이 무왕을 올려다보았다. 자신에게 함께 가자고 할 거라고는 전혀 생각지 않은 듯했다. 이제껏 자신보다는 나라의 일을 우선시 하여 처리하던 무왕이었기에 더욱 그러했다. 이에 무왕은 미안한 듯 미소 지으며 다시 말을 이었다.

"내 처를 어머니께 소개시켜 드리지 않으면 누구에게 소개시키겠습니까?"

정설의 몸을 강하게 감싸고 있던 무왕의 손이 풀어졌다.

"집무실로 가야겠습니다. 신료들에게 말하고 올 테니 짐 좀 꾸려 놔 주십시오."

무왕은 이렇게 말하고 침소에서 나와 집무실로 향했다. 그리고는 집무실 앞에 서 있는 시종에게 급히 대신들을 소집하라고 일렀다.

시종이 뛰어간 지 이각(二刻) 정도의 시간이 지나자 모든 대신들이 집무실에 모였다. 먼저 온 이들은 왕의 명이 떨어질 때까지 조용히 고개를 숙이고 서 있었고, 뒤늦게 온 이들은 서둘러 자신들의 위치로 가서 섰다. 모두 모인 것을 확인한 무왕이 입을 열었다.

"내 오늘 경들을 부른 것은 다름이 아니오라 이제 이 나라의 야마토 왕은 물론 아스카의 곤지왕을 만나 임시이긴 하나 새로이 이 분국의 왕이 되었다는 것을 알림과 동시에 백제에 보낼 구원병을 요청할까 해서요."

왕의 말에 오른편, 왕과 가장 가까운 쪽에 서 있던 비서실장 격의 장도인수(杖刀人首)[25] 직책의 여철(餘哲)이 굳게 닫혔던 입을 열었다.

"알겠사옵니다. 마마. 비록 아직 전쟁이 일어났다는 이야기는 들려오지 않는다 하나, 고구려의 움직임이 계속 심상치 않사옵니다. 하루빨리 모국인 백제를 위해 구원군을 보내야 할 것이옵니다."

"경들이 조속히 야마토 왕과 아스카의 곤지왕, 그리고 히노구니[26]의 분국 왕들에게 백제에 구원병을 보내 달라 사절단들을 파견하겠나이다."

이는 장도인수의 맞은편에 있던 전조인 장정의 말이었다. 이 말에 다른 이들도 그렇게 하겠다는 대답을 외쳤다. 하지만 무왕은 고개를 한 번 가로로 흔들고는 말했다.

"아니오. 다른 왕들을 만나는 것은 나 스스로 하고 싶소."

이 말에 대신들은 모두 놀라 고개를 들고 예도 잊은 채 왕의 얼굴을 똑바로 보았다. 그런 그의 얼굴에서 농을 하는 기색은 전혀 보이지 않았다. 당황한 대신들의 말이 마구 쏟아져 나왔다.

"아니 될 말씀이십니다. 백제 분국의 왕이라고는 하나 어찌 왕이 직접 다른 왕을 만나러 간다는 말씀이십니까?"

"나라 안에 왕이 없다니요. 이게 어디 될 법한 말이옵니까?"

"다른 왕들을 만나고 돌아오는 길이 그리 짧지만은 않을 것입니다. 그 기간 동안 왕이 없는 나라가 어찌 존속될 수 있겠사옵니까?"

이러한 말들을 가만히 듣고 있던 무왕의 입이 드디어 떨어졌다.

"나는 그대들을 믿소."

순식간에 집무실 안이 조용해졌다. 그 고요를 뚫고 다시 무왕의 말이 이어졌다.

"그리고 형님마마의 아들인 조카를 믿고, 형수님을 믿소. 이분들은 능히 내가 없는 얼마 간 나니와를 잘 이끌어 가실 것이라 생각하오."

이 말에 대신들은 뚜렷이 뭐라 반박하지도 못한 채 자신들끼리 웅성대기 시작했다. 이런 작은 소란을 뚫고 전조인 장정의 목소리가 다시 이어졌다.

"조용히들 하시오! 어느 안전이라고 입을 함부로 놀리고 계신 거요! 마마, 마마의 뜻은 잘 알겠사옵니다. 지금 나니와가 많이 안정되어 있으니 왕비님과 어리시긴 허나 홍왕마마의 아드님 역시 나라를 돌봐주실 수는 있을 것이라 사료되긴 하옵니다. 그리고 정설왕비님 역시 비범한 능력을 가지고 계시니 마마께서 없는 동안에도 큰 문제는 생기지 않을지도 모르지요."

조리 있는 말에 무왕은 흡족한 표정을 지었다. 하지만 이내 다시 표정을 고치고 입을 열었다.

"그래요. 대신도 그리 생각할 줄 알았소. 허나 정설왕비는 짐과 함께 갈 생각이오."

이 말에 그나마 조금 잠잠해졌던 집무실 안이 다시 술렁였다. 정설의 능력이 범상치 않다고는 하나 이는 어디까지나 생각이 깊고 행동거지가 바름을 이야기하는 것이지 무술 실력이나 체력은 아니었다. 오히려 또래의 여자들보다 체력이 낮다고 봐야 옳을 것이었다. 그러한 여자아이를, 그것도 열세 살밖에 되지 않은 여자아이를 여행길에 함께 데려간다는 데에는 다들 경악할 수밖에 없었다.

"마마! 무슨 말씀이신지요? 왕비님께서 견디실 수 있을 거라 생각하시는 것인지요!"

"걱정 마시오. 왕비는 바로 옆의 아스카 지역의 곤지왕이 계신 곳까지만 함께 갈 생각이오. 곤지왕께서는 아바마마의 동생이시니 왕비와 몇몇 수행원만 남더라도 큰 별고는 없을 것이오."

"그렇지만 마마. 아무리 그렇다 하여도 이건."

"우리 부부는 나니와에 와서 국정에만 신경 쓴 나머지 둘만의 시간을 크게 가지지 못했소. 그러니 함께 가려는 것이오."

대신들은 더 이상 왕의 고집을 꺾을 수 없다고 생각하고는 입을 다물었다. 그러나 여전히 그들의 표정은 좋지 못했다. 무왕은 그러한 그들을 아랑곳하지 않고 말을 이었다.

"너무 심려치 마시오. 이주 정도면 모든 일을 끝마치고 올 수 있을 것이오. 형수님과 조카에게는 내가 직접 이야기할 터이니 경들은 바로 내일 떠날 수 있도록 호위 무사들을 뽑고 타고 갈 말과 그 외에 도움이 될 만한 이들을 추려주시오."

"부디 뜻대로 하시옵소서."

"그럼 경들만 믿겠소. 이만 다들 물러나시오."

대신들은 머리를 한 번 조아리고는 다들 천천히 밖으로 나갔다. 그러한 그들의 입에서 작게 한숨이 터져 나왔다. 그들의 머리는 왕을 최대한 잘 모실 수 있는 인물을 뽑는 것과 앞으로의 국정에 대한 생각으로 터질 듯했다.

집무실에 홀로 남은 무왕은 좀처럼 몸을 일으킬 수 없었다. 대신들이 모두 물러가고 나자 이제 곧 어마마마를 만나 뵐 수 있다는 사실이 다시금 가슴속 가득 밀려왔기 때문이다. 그는 두 손으로 얼굴을 감싸고 목을 한껏 뒤로 젖혔다.

"어마마마."

한참을 홀로 뛰는 가슴을 진정시키던 무왕은 더 이상 늦은 시간에 형수님을 찾아뵙는 것은 실례라 생각하고는 서둘러 형수님과 조카가 있는 곳을 향했다. 마침 형수님과 조카는 저녁을 먹고 담소를 나누고 있었다. 그들은 무왕이 왔다는 말을 듣고 시종에게 뫼시라 이르고는 자리에서 일어나 고개를 숙였다.

"마마, 어인일이신지요?"

"두 분께 긴히 드릴 말씀이 있어 찾아왔습니다. 형수님, 고개를 드시지요. 너도 제자리에 앉거라."

경쾌한 무왕의 말에 둘은 고개를 들었다. 그리고는 무왕이 탁자 한편에 앉는 것을 보고는 자신들도 다시 제자리에 앉았다. 곧이어 무왕이 다시 입을 열었다.

"제가 이 시간에 이리 찾아온 것은 다름이 아니오라 이제 슬슬 삼촌인 아스카의 곤지왕과 야마토 왕을 찾아가서 인사를 드려야 할 것 같다고 생각했기 때문입니다."

이 말에 찻잔을 들어 입술에 가져가던 형수의 손이 멈췄다. 그리고는 천천히 다시 찻잔을 탁자에 내려놓더니 말했다.

"그렇다면 그 일을 제 아들에게 맡기고 싶다는 말씀이십니까?"

형수는 아직 열한 살밖에 되지 않은 아들이 걱정스럽다는 듯 그쪽을 슬며시 보았다. 조카는 그저 눈을 둥글게 뜨고 자신의 어미와 무왕을 번갈아 쳐다볼 뿐이었다. 이에 무왕은 빙긋이 미소 지으며 다시 말했다.

"아닙니다. 뭔가 오해를 하신 것 같군요. 저는 직접 왜왕들을 만나볼 생각입니다. 제가 부탁드리고 싶은 것은 제가 없는 동안 이 나니와를 두 분이 이끌어주셨음 하는 것입니다."

이제야 형수는 굳은 얼굴을 풀며 같이 미소 지었다. 하지만 그렇다고 얼굴에 나타났던 근심이 완전히 사라진 것은 아니었다.

"그러십니까. 하지만 저희의 능력으로 이 나니와를 잘 통솔할 수 있을지 불안하옵니다."

"하하하. 어인 겸손의 말이십니까? 전 두 분의 능력이라면 제가 없는 동안에도 충분히 나니와를 평화롭게 유지시키실 수 있으리라 믿습니다. 그리고 언젠가는 조카가 왕의 자리에 올라야 하니 지금부터라도 조금씩 능력을 배양시켜두는 것도 좋겠지요."

마지막 말에 형수의 표정이 눈에 띄게 밝아졌다. 그리고 그 얼굴에는 자식에 대한 뿌듯함마저 배어 있었다. 무왕은 그러한 형수의 표정을 보면서 자신의 어마마마를 생각했다. 자신과 헤어질 때 과연 어마마마는 어떠한 표정을 했을까 하는 궁금증이 강하게 머리를 울려오자 더 이상 자신을 추스를 수 있을 것 같지 않았다. 이에 무왕은 당분간 잘 부탁한다는 말과 함께 이만 쉬시라는 말을 하며 자리에서 물러났다.

침소로 돌아왔을 때는 이미 정설이 짐을 꾸린 꾸러미를 탁자 위에 올려놓고 난 뒤였다. 정설은 침대에 얌전히 앉아서 들어오는 무왕을 바라보았다.

"이제 오십니까?"

"예. 짐은 벌써 다 챙기신 겁니까?"

"예. 옷가지 몇 벌과 갈아 신을 신 하나, 그리고 마마의 칼과 그 외 세면품 등을 챙겨보았습니다. 더 필요하신 게 있으신지요?"

이리 말하고 아직 어린 티 가시지 않은 얼굴로 웃는 해정설의 뺨을 한 번 꼬집으며 무왕도 빙긋이 웃었다.

"아닙니다. 그대가 충분히 잘 꾸렸을 거라 생각합니다."

"마마의 옷가지는 몇 벌 더 챙겼습니다. 분명 아스카27에 가셔서 곤지왕을 만나시고는 저를 그곳에 두고 야마토 왕을 만나러 가시겠지요?"

"정확히 꿰뚫어 보시는군요."

이렇게 말을 맺고 둘은 서로를 바라보며 아이들답게 소리 높여 웃었다. 둘은 오랜만에 둘만의 포근한 시간을 가졌다. 함께 차를 마시고 백제를 떠나올 당시의 이야기를 하며 밤이 깊어지는지 모르고 시간을 보냈다. 이러한 둘 사이는 부부라기보다는 오누이 같은, 아니 오누이보다도 더욱 가깝게 보였다. 백제를 떠나오며 이제 확실히 의지할 수 있는 사람은 둘 뿐이라는 생각이 더욱 그들을 그렇게 만들었다. 무왕은 그런 정설에게 팔베개를 해주며 함께 잠들었다.

다음 날 부스럭거리는 소리에 눈을 뜬 정설의 앞에 이미 일어나서 의관을 정제한 무왕의 뒷모습이 보였다. 정설은 몸을 일으켜 등 뒤까지 늘어져 있는 무왕의 검은 머리를 살짝 잡아 올렸다.

"아, 깨셨습니까?"

무왕은 갑작스레 자신의 머리가 들림에 살짝 당황하여 눈을 크게 뜨고 고개를 틀어 뒤를 바라보았다. 그런 무왕을 향해 정설은 미소 지으며 말했다.

"그대로 있으세요. 머리를 손질해 드리겠습니다."

정설은 그렇게 말하고 침구 옆에 있는 빗을 집어 들었다. 무왕은 그러한 정설이 쉽게 머리를 빗길 수 있도록 침대에 몸을 앉혔다. 빗이 검은 머리를 천천히 빗어 내렸다. 빗이 지나감에 머리는 직선으로 강이 흐르듯 곱게 등으로 떨어졌다. 그 검은 강물 같은 머리를 귀 위쪽에서 반 정도 잡아 다시 물을 역류시키듯 위로 빗질했다. 정수리 부분에서 손을 멈춰 머리카락을 둥글게 말고는 녹색의 옥이 달린 장신구로 단단히 고정시켰다. 그리고는 남은 머리를 다시금 빗어 내렸다.

"다 됐습니다."

정설이 빗을 제자리에 놓자 무왕은 몸을 일으키고는 뒤로 돌아 웃으며 말했다.

"고맙소. 어마마마를 만나는 날이라고 신경 써 주시는 게지요? 정말 고맙소. 나는 먼저 나가 함께 갈 사람들을 살펴볼 테니, 그대도 서둘러 준비하고 나오시오."

문을 열고 무왕이 밖으로 나오자 시종 한 명이 머리를 조아리며 말했다.

"떠나실 채비가 되셨는지요. 모두 훈련장에서 기다리고 있사옵니다."

무왕이 머리를 한 번 끄덕이자 시종은 조용히 앞서 걸어가기 시작했다. 그 뒤를 따라 훈련장으로 가니 이미 대신들과 형수님, 그리고 어린 조카가 나와 있었고, 그 뒤쪽으로 자신과 왕비를 수행할 사람들이 말고삐를 잡고 열을 지어 서 있었다. 맨 앞줄과 두 번째 줄의 열 명은 무사인 듯 모두 갑옷에 칼과 활을 차고 있었고 그 뒤쪽으로 서 있는 이십 명은 각자 자신의 직무에 맞게 의료용 함, 요리기구 등을 들고 있었다. 그리고 그 뒤의 다섯 명은 짐을 부리는 사람들인 듯했다. 말들은 튼튼한 근육과 좋은 털 빛깔을 가지고 있는 적토마들이었다. 그 반대편에는 작은 가마 하나가 놓여 있었고 그 앞뒤로 두 명씩의 사람들이 서 있었다. 무왕은 그들을 한 명 한 명 바라보며 준비 상태를 확인했다. 다른 대신들은 조용히 그러한 무왕을 바라보았다. 그렇게 무왕이 꼼꼼히 그들을 확인함이 거의 끝날 때쯤 정설이 등장했다. 그녀는 조금은 활동하기 쉽게 평소의 차림보다 가벼운 옷을 입은 채 머리를 전부 머리위로 틀어 올리고 있었다. 그러한 그녀에게서는 어린 소녀에게서 느껴지는 귀여움과 기품이 동시에 느껴졌다. 그 모습을 확인한 무왕은 걸어 나와 일행들 앞에 섰고 정설은 그러한 무왕의 옆까지 걸어와 멈춰 섰다. 정설이 옆에 멈춰선 것을 본 무왕이 입을 열었다.

"떠날 준비를 이렇게 잘 처리해줘서 고맙소. 우리가 가장 먼저 향할 아스카 지역은 그리 멀지 않으니 오늘 안에는 도착할 수 있을 거요. 이제껏 준비해 준 대신들의 노고를 치하하는 바이며 앞으로 함께 할 이들은 부디 우리를 도와 차질 없이 모든 일을 해결하길 바라는 바이오."

무왕의 말이 끝나자 모두 땅에 엎드려 절을 하며 예를 갖추었다. 무왕은 해정설의 손을 잡고 가마가 있는 곳으로 가서 그녀를 태웠다. 그리고는 말들 중 가장 튼튼해 보이는 녀석을 하나 골라 그 위에 올라탔다. 이에 다른 무장들도 하나씩 말을 골라 올랐고, 그 뒤로 이십오 명의 사람들이 열을 맞춰 섰다.

"짐이 없는 동안 나니와를 잘 부탁하오."

무왕은 이 말을 끝으로 말을 몰아 나니와 궁궐을 나서 성문을 향해 나아갔고, 그 뒤를 정설이 탄 가마가 뒤따랐다. 왕과 왕비의 옆으로 열 명의 무사들이 오른편, 왼편으로 나뉘어 걸었고 그 뒤를 나머지 사람들이 따랐다. 7월 1일, 이렇게 그들은 나니와를 떠나 아스카를 향해 나아갔다. 해는 강렬히 그들을 비췄으나 간간이 불어오는 미풍이 땀을 식혀줘서 그리 무덥게 느껴지지는 않았다. 길옆의 논에서는 초록색 벼 잎들이 서로 경쟁하듯 하늘을 향해 자라나 미풍에 흔들렸다. 하늘은 높고 푸르게 펼쳐져 간간이 조각구름이 지나갈 뿐이었다. 그러한 가운데 아스카를 향하는 행렬은 강인해 보였고, 고귀해 보였으며, 자못 아름답게도 보였다. 그 옆을 지나가는 이들은 모두 고개를 숙였으며 아이들도 장난질을 멈추고 그 광경을 경이롭게 바라보았다.

그들의 행렬이 아스카에 닿은 것은 해가 뉘엿뉘엿 서쪽으로 거의 다 져서 붉은 광채로 온 하늘을 뒤덮을 때였다. 문지기들은 멀리서 다가오는 행렬을 보고 성 안에 알렸고, 왜왕 곤지는 아직 그들이 누구인지 파악할 수 없었으나 행렬의 규모로 보아 예사 인물은 아닐 것이라 생각하여 대신들을 불러 집무실에 자리했다. 그리고 자신을 측근에서 보좌하는 장도인수에게 성문으로 나가 그들을 맞이하라고 일렀다. 이에 문서를 담당하는 전조인도 뒤따라 성문으로 나왔고, 거의 같은 시각에 무왕의 일행도 성문에 당도했다.

"어서 오십시오. 누구신지는 모르겠으나, 이 땅에는 어인 일로 오신 것인지요?"

전조인은 최대한 예를 갖춰 몸을 수그리며 물었다. 이에 무왕도 말에서 내려오며 입을 열었다. 무왕이 말에서 내림에 다른 무장들도 모두 말에서 내려 말고삐를 잡고 섰다.

"저는 나니와에 있는 백제 분국에서 온 무왕이라고 하옵니다. 새로이 분국의 왕이 되었다는 사실을 이제 정식으로 알리고 긴히 드릴 말씀이 있어서 이리 찾아왔습니다."

"잘 알겠습니다. 지금 곤지왕께서 기다리고 계시니 함께 자리하시지요."

전조인은 이리 말하고 한 문지기에게 왕께 가서 미리 알리라고 전하고는 천천히 그들 일행을 안내했다. 정설은 가마에서 내려 무왕의 옆에 나란히 서서 걸었고, 나머지 사람들이 이를 따랐다.

집무실에 들어가자 이미 소식을 전해 들었기에 여러 대신들이 양옆에 자리하고 서 있었다. 그러한 가운데 왜왕 곤지가 옥좌에서 일어서며 이들을 맞았다.

"어서 오시오. 분국의 무왕께서 이리 직접 찾아주니 송구하기 그지없구려. 난 아스카 분국에서 곤지왕이라 불리는 여곤이라 하오이다."

이 말에 무왕이 예를 갖추며 대답했다.

"아니옵니다. 더 일찍 찾아뵈었어야 하는 것을 늦어서 송구할 뿐입니다. 저는 나니와 분국의 임시 왕으로서 왜왕 무라는 칭호를 받은 백제의 막내 왕자인 여륭이라고 하옵니다. 어릴 적부터 함께 한 이들은 절 사마라고 부르지요."

무왕은 그가 어마마마의 지아비라는 사실을 이미 알고 있었기에 이렇게 자신의 본 이름을 넣어 인사를 올렸다. 그러자 곤지왕의 눈썹이 잠시 살짝 올라갔다가 다시 본래의 자리로 돌아왔다. 순간의 일이었지만 무왕은 이를 놓치지 않았다.

"그렇군. 사마라고 한단 말이지요. 밤이 깊었습니다. 그러니 다른 이들은 물리고 둘이 대화하는 것이 어떠하겠소?"

"뜻대로 하시옵소서. 하나 제 처와는 함께 자리하고 싶습니다."

무왕은 지금 곤지왕이 어찌하여 자리를 물리는지 알아차리고 이리 말했다. 곤지왕 또한 그러한 무왕의 의중을 알아채고는 그렇게 하라고 말하고는 전조인에게 다른 일행들을 침소로 안내하라고 일렀다. 그리고 다른 대신들에게는 이만 물러가고 다음 날 자리를 함께 하자고 말했다. 이에 결국 집무실에는 곤지왕과 무왕, 정설과 두 명의 호위무사만이 남게 되었다.

곤지왕은 자리에서 일어서서는 자신을 따라오라고 한 뒤 앞장서 걷기 시작했다. 이미 사방은 어두워졌고 하늘에는 살짝 귀퉁이가 패인 둥근 달이 떠 있었다. 그 속에서 미미한 꽃향기가 흘러나왔다. 무왕은 몽환적인 분위기에 취해 서 있는지 떠 있는지 감도 잡지 못한 채 묵묵히 걷는 곤지왕의 뒤를 따라갔다. 정설은 그러한 지아비의 굳은 얼굴을 보며 슬며시 미소 지으며 따라갔다. 어느덧 방 앞에 다다라서 들어가기 전, 곤지왕은 문 앞에 서 있던 시종에게 가서 왕비에게 사마왕자가 왔다는 말을 전하라 하고는 무왕을 보며 안으로 들라고 이야기 했다. 무왕은 호위 무사들에게 밖에서 기다리라 말하고는 정설과 안으로 들었다.

침실 안에는 금색 비단으로 만들어진 침구가 한 쪽에 놓여 있었고 그 옆쪽으로 적갈색의 함이 보였다. 그리고 그 앞쪽으로 탁자가 놓여져 있었는데, 걸상이 두 개밖에 없었기에 곤지왕은 남은 시종에게 가서 걸상 두 개를 가져오라고 지시했다. 걸상이 들어오고 셋은 모두 자리에 앉았다. 하지만 아무도 먼저 입을 열지 않았다. 모두는 그저 빈 의자를 힐끗힐끗 쳐다보며 그 걸상에 앉을 주인공이 어서 들어오기를 기다릴 뿐이었다.

"왕비님이 오셨습니다."

"어서 드시라 하라."

곤지왕의 말이 끝나기가 무섭게 세 사람은 누가 먼저랄 것도 없이 자리에서 일어났다. 문이 열리고 왕비가 꼿꼿이 서 있는 모습이 눈에 들어왔다. 하지만 그녀는 그대로 선 채 움직이지 못했다. 그런 그녀의 눈은 이미 발갛게 물들어 있었고 몸은 미약하게 떨리고 있었다. 한동안 그대로 서 있던 왕비는 천천히 발을 떼며 안으로 들어와 똑바로 무왕을 향해 걸었다. 그리고 무왕 앞에 다다르자 결국 눈물을 참지 못하고 마구 눈물을 흘리며 그를 끌어안았다. 친어머니가 있다는 사실을 알고 난 후부터 계속해서 그리워했던 그녀의 품안에 바로 그가 있었다. 원망과 그리움, 서러움으로 뒤섞인 세월이 무왕의 눈을 통해 흘렀다. 그는 터져 나오려는 울음소리를 목구멍으로 삼키며 자신의 어머니를 꼭 끌어안았다. 이 모습을 지켜보는 정설은 미소를 짓고는 있었지만 조금씩 눈물을 찍어내었고, 곤지왕은 특유의 그 무표정에 눈시울만 살짝 붉힌 채 가만히 그들을 지켜보았다.

"정말, 사마냐? 내 아들. 내 아들이냐? 미안하다. 미안해. 이 어미가 아무것도, 아무것도 해주지 못하고 그렇게 보내서. 미안하구나."

가희부인의 울음소리와 긴긴 세월 가슴에 품어왔던 말들이 침소 가득 터져 나왔다. 그들은 그렇게 한동안 모자의 상봉을 조용히 지켜보았다. 한참을 아들을 꼭 껴안고 있던 가희부인은 웬만큼 눈물이 수그러들었는지 사마의 어깨에 묻고 있던 얼굴을 들었다. 그녀의 얼굴은 눈물로 인해 붉은 기운을 드러내고 있었지만 그 눈빛만은 어느새 예의 조금은 차가워 보이는 차분한 모습으로 되돌아와 있었다. 사마 역시 가희부인을 안고 있던 손을 풀어 눈물을 닦고는 다부진 얼굴을 보이려 노력했다. 가희부인은 그런 아들의 머리를 살짝 쓰다듬으며 미소 짓고는 말했다.

"그래, 어서 오너라. 이렇게 잘 자라줘서 고맙구나."

"아닙니다. 아닙니다, 어마마마. 이렇게 뵙게 되어 정말이지. 흐흑."

사마는 또다시 눈물이 나오려는 것을 이를 악물며 참았고, 이에 말을 끝까지 잇지 못했다. 더 이상 어머니를 계속 바라보면 눈물을 참지 못할 듯하여 고개를 돌리자 아직도 눈시울을 붉히고 서 있는 정설의 모습이 보였다. 사마는 그쪽을 향해 다가가 정설의 등을 살짝 짚으며 말했다.

"어마마마께 꼭 소개시켜 드리고 싶었습니다. 제 아내인 해정설이라고 하옵니다."

이에 사마를 향해 있던 가희부인의 눈동자가 정설 쪽으로 향했다. 새까맣고 깊은 눈동자에 둘이 모자 관계임을 강하게 느끼며 정설은 고개 숙여 예를 갖추고는 말했다.

"해정설이라 하옵니다."

그녀를 찬찬히 살펴보던 가희부인은 고개를 끄덕이고는 웃으며 그녀의 앞으로 다가섰다.

"그래요. 앞으로도 사마를 잘 부탁합니다."

"자, 남은 말은 자리에 앉아서 하시지요."

그때까지 묵묵히 지켜보기만 하던 곤지왕이 입을 열었다. 이에 다른 이들 모두 무안한 듯한 미소를 머금고는 선선히 자신들의 자리에 앉았다. 자리에 앉아서도 두 모자의 눈빛은 계속해서 마주쳤고 그 눈속에는 눈물이 가득 채워져 있었다. 사마와 가희부인은 그 눈빛의 얽힘만으로도 그간의 그리움이 사라지는 듯했다.

"나니와의 왕께서 단지 친어머니를 만나는 것만으로 직접 이곳을 찾아왔다고는 생각되지 않소. 뭔가 다른 큰일이 있는 거겠지요."

다시금 곤지왕의 말이 나오고 나서야 그 눈빛은 떨어졌다. 무왕은 다시 차분한 눈빛을 되찾고는 입을 열었다.

"예, 실은 지금 고구려가 계속 남하정책을 펼침에 더 이상 전쟁을 피함이 불가할 것 같아 제가 이리 오게 되었습니다."

"역시 구원군 때문입니까?"

"예, 마마께서도 그 옛날 구원군을 백제로 데려가기 위하여 이곳에 오셨다고 들었습니다. 부디 힘이 되어 주십시오."

"알겠소. 이는 내일 다 같이 다시 한 번 더 신료들과 말하도록 하지요. 오늘은 이만 침소에 드시지요. 밤이 깊었습니다."

이렇게 말하며 곤지왕은 자리에서 일어섰고 그가 일어섬에 다른 이들도 모두 일어섰다.

"그럼, 내일 다시 뵙겠습니다. 어마마마."

고개를 끄덕이는 가희부인을 뒤로하고 사마와 정설은 시종을 따라 자신들이 묵을 침소로 향했다. 그 뒤를 호위무사 둘이 따랐고 곤지왕과 왕비는 뒤에서 그러한 그들을 지켜봤다. 그들의 모습이 완전히 보이지 않을 때까지 서 있던 두 사람 중 곤지왕이 먼저 입을 열었다.

"부인도 이만 침소로 드시지요. 여름이라 하나 밤은 아직 쌀쌀합니다."

그러한 곤지왕의 품에 살며시 머리를 기대며 가희부인이 입을 열었다.

"오늘은 이곳에 있어도 되겠는지요. 혼자서는 도무지 잠을 이룰 수 없을 듯하옵니다."

곤지왕은 대답 대신 그러한 왕비의 어깨를 감쌌고 둘은 침소 안으로 들어갔다.

다음 날 집무실에는 다시 모든 신료들이 모였다. 어제와 다른 것이 있다면 단상 위에 곤지왕과 함께 무왕도 자리하고 있다는 것이었다. 곤지왕은 무왕에게 현 백제의 사정과 이곳에 온 이유를 대신들에게도 설명해달라고 지시했고 이에 무왕이 먼저 이야기를 시작했다.

"제가 이곳에 온 것은 우리의 본국인 백제가 현재 북쪽 고구려의 침략에 시달리고 있기 때문입니다. 고구려의 침략이 너무나 빈번하기에 곧 있으면 큰 전쟁이 시작될 듯합니다. 하지만 현 백제 병사들만으로는 확실한 승리를 장담할 수 없습니다. 그러하기에 왜의 구원병을 요청하기 위해 제가 온 것입니다."

대신들의 사이에서 조금씩 소란스러운 목소리가 울려 퍼졌다. 분명 분국에 있는 그들의 입장으로서 본국이 무너진다면 큰 낭패를 볼 것임이 자명했기 때문이다. 그러하기에 그들은 모두 하루빨리 구원군을 보내야 한다는 생각에는 동조했으나 어떻게 대규모의 구원군을 모집할지에 대해서는 의견이 분분했던 것이다. 이러한 사이를 뚫고 다시 무왕의 목소리가 이어졌다.

"지금 일단 나니와에서는 제 형님이시자 대왕마마의 태자이신 왜왕 흥께서 먼저 구원군을 이끌고 백제로 떠나셨습니다. 그렇지만 여전히 안심을 해도 좋은 상황은 아니라 사료됩니다. 전 일찍이 왜의 구원병을 백제로 보내주신 곤지왕께서 더 큰 힘으로 본국을 도와주셨으면 합니다."

이 말에 계속 묵묵히 듣고만 있던 곤지왕이 드디어 입을 열었다.

"나는 직접 여기 있는 무왕과 함께 야마토로 가서 야마토 대왕이신 웅략님을 만나 뵙고 구원군을 청하려 하네."

"마마, 현재는 예전과 달리 마마 말고도 다른 후왕들이 자신들의 입지를 가지고 왜에 거주하고 있사옵니다. 이러한 일은 왕 혼자서 정하고 구원군을 보낼 문제가 아니라고 사료되옵니다."

"그래. 이는 나도 충분히 알고 있는 사실이네. 그래서 나는 다른 신료들에게 각각 왜국의 열도 내 유력 지방 왕들을 찾아가 백제 구원을 위한 친서를 전할 생각이네. 이 사실을 야마토 대왕께도 미리 알려 도움을 받을 생각이고."

더 이상 신료들은 아무 말도 하지 않았다. 이미 곤지왕에게는 그가 없는 동안 충분히 아스카 지역을 돌볼 수 있는 태자와 아들이 있었고, 왕비인 가희부인 역시 그 총명함이 이미 이 야마토 지역 전역에 널리 알려진 상태였다. 신료들로부터 아무 말이 없자 곤지왕은 고개를 한 번 끄덕이고는 신하 중 네 명을 추려 내일 오전 친서를 받자마자 백제 구원병을 보내줄 수 있는 친 백제계 왜왕들이 있는 곳으로 출발하라고 이르고는 다들 물러가라 했다.

다음 날 아침 곤지왕은 직접 적은 친서를 신하들에게 전하고는 무왕을 찾았다. 무왕은 벌써 일어나 정설과 어머니와 후원을 산책하고 있었다.

"이리 태평하게 있어도 되는 것이냐."

곤지왕은 후원에 들어서며 두 여인과 웃으며 담소를 나누고 있는 사마에게 말을 건넸다. 사마는 그 소리에도 당황한 빛 하나 띠지 않고 웃으며 답했다.

"예, 마마 오셨습니까. 어차피 오늘 여러 신하들을 보냈다면 그들도 당도하는 시간이 있을 것이요, 우리의 출발은 내일쯤 되지 않겠습니까. 그러한즉 벌써부터 불안해서 무엇 하겠사옵니까."

곤지왕은 그러한 사마의 재치와 배포에 살짝 입꼬리를 올리며 흐뭇한 표정을 지었다. 비록 자신의 조카로 친자식이 아니라 해도 그 탄생을 옆에서 지켜본 입장인 만큼 사마에게 애정이 생기는 것을 곤지왕 자신도 느끼고 있었다.[28]

"그래. 네 말이 옳다. 오늘은 푹 쉬면서 사람들과 회포를 풀도록 하거라."

"예, 감사합니다. 마마."

이렇게 다들 즐거운 시간을 보내고 있을 때 한 여인이 나타났다. 희다 못해 투명한 느낌까지 주는 피부에 갈색이 감도는 머리카락의 반을 곱게 땋아 위로 틀어 올리고 나머지는 정갈하게 빗어 내린 여인이었다. 가회부인이 기품과 차분함을 지닌 아름다움을 가졌다면 이 여인은 보는 즉시 이성을 반하게 할 만한 고혹적인 아름다움을 지니고 있었다.

"아, 가라코(加羅子). 산책 나온 것이오?"

"예, 마마. 산책도 하고 싶었지요. 허나 마마를 뵙고 싶어 이리 나왔습니다."

이렇게 말하며 가라코는 곤지왕의 옆으로 가서 팔짱을 끼었다. 자신의 어머니가 아닌 다른 여인이 곤지왕에게 가까이 다가가는 것에 사마의 표정은 살짝 굳어졌으나 정작 당사자인 가회부인은 조용히 미소 짓는 얼굴로 그 모습을 바라볼 뿐이었다. 곤지왕은 이런 가회부인을 보고는 쓸쓸한 미소를 한 번 짓더니 가라코의 머리를 살짝 쓰다듬어주었다. 이에 만족한 듯 그녀는 고개를 들고 다시 입을 열었다.

"마마께서 직접 야마토 대왕이신 웅략님을 뵈러 간다고 들었습니다. 그동안 저 홀로 외로이 어찌 지내라 그러시는 겁니까?"

살짝 콧소리가 담긴 목소리가 흘러나왔다. 곤지왕은 자신보다 한참이나 어린 두 번째 부인의 애교가 싫지는 않은 듯 누그러진 목소리로 답했다.

"여기에는 둘째인 말다가 있고 셋째와 넷째도 있지 않소. 내가 없는 동안 이 아이들이 왕의 노릇을 잘 할 터인데 무슨 걱정이오."

"그런 말이 아니잖사옵니까. 자식이 왕의 노릇은 할 수 있겠지만 지아비의 노릇은 할 수 없지 않습니까? 형님도 뭐라고 말 좀 해보셔요."

이 말에 가회부인은 더욱 짙은 미소를 보여주며 말을 했다. 그 모습이 마치 친동생을 어르는 언니 같았다.

"큰일을 하러 가는 것을 어찌하란 말인가. 며칠 못 보게 되면 마마께서 더욱 아우를 그리워할 터이니 그것으로 위안을 삼게나."

이 말이 무척이나 마음에 든 듯 가라코는 활짝 웃으며 연신 고개를 끄덕였다. 사마와 정설은 이러한 이들의 모습을 조용히 지켜보았다.

어느덧 점심을 먹을 때가 되었다. 이에 이들은 모두 흩어져 각자 자신의 처소로 가서 음식을 먹었다. 하지만 사마는 도무지 음식의 맛이 느껴지지 않았다. 조금 전에 본 가라코와 곤지왕, 그리고 어머니의 모습이 계속 마음에 걸린 것이다. 어머니는 진정으로 사랑하는 사람과 길을 떠나신 것이라 들었다. 비록 그 여행길이 자의보다는 타의가 강했긴 했지만 진정 사랑하는 두 분이 함께 하게 된 것이니 이해하고 축복해줘야 한다고 유모가 말했었다. 하지만 그렇게 사랑하는 둘 사이에 왜 어째서 또 다른 여인이 끼어야 한다는 말인가. 물론 왕이 여러 여인을 비로 둘 수 있는 것은 알지만 자신의 친어머니가 그러한 상황에 있는 것은 어찌되었건 기분이 좋지 않았다. 가라코의 대담한 애정표현이 이러한 감정을 더욱 부채질했다.

음식을 절반이나 남기고 자리에서 일어서려는데 정설의 목소리가 들렸다.

"어마마마께 가시려는 겁니까?"

"예. 가서 아까 본 여인에 대해서도, 어마마마의 심정에 대해서도 묻고 싶습니다."

"아직 음식이 들어온 지 일각(15분)도 지나지 않았습니다. 조금 마음을 가라앉히시고 저와 함께 가시지요. 저도 어마마마의 말씀을 들어보고 싶사옵니다."

정설의 차분한 눈동자가 와 닿자 사마의 마음도 조금은 진정되는 듯했다. 이에 고개를 끄덕이고는 다시 자리에 앉아 몇 숟갈 음식을 더 떴다.

음식을 가져왔던 궁녀들이 다시 들어와 빈 식기를 치우고 나서 둘은 자리에서 일어섰다. 마음을 달래며 천천히 걸어 가희부인의 침소 앞에 섰다. 시종이 무왕 내외가 들었다는 말을 알렸고 여전히 차분한 목소리가 안으로 들라고 전했다. 안으로 들어서자 가희부인은 막 식사를 마쳤는지 궁녀 둘이 그녀의 상을 치우고 있었다. 궁녀가 빈 식기를 들고 나가고 셋은 이제 아무것도 놓여있지 않은 탁자를 사이에 두고 앉았다. 사마는 어찌 이야기를 시작해야할지 고민하고 있을 때 가희부인의 입이 먼저 열렸다.

"무엇을 묻고 싶은 게냐?"

이미 사마의 마음을 다 꿰뚫고 있는 듯한 그녀의 목소리에 사마는 더 이상 고심하지 않고 자신의 궁금증을 모두 털어놓았다.

"아까 본 마마의 두 번째 부인이라는 가라코님에 대해 알고 싶습니다. 제가 듣기로는 마마와 어마마마께서는 진정 사랑하시어 저를 가지신 몸임에도 불구하고 이곳으로 오게 되었다고 들었습니다. 그런데 어찌하여 다른 여인이 마마의 곁에서 총애를 받고 있단 말입니까?"

"가라코는 이곳의 호족으로 오랫동안 권세를 누려왔던 호족집안의 딸이란다. 아버지의 이름은 야마토노 다이이치(倭 第一)라고 하지. 처음 우리가 이곳에 왔을 때 우리의 세력은 너무나 미미했단다. 우리는 이곳에서 강한 입지를 가진 사람들과 힘을 규합할 필요가 있었어. 그렇기에 이 결혼을 추진한 거란다. 나도 왕비이기 이전에 여인이기에 속

마음이 전혀 아리지 않은 것은 아니지만 어쩔 수 없이 동의해주었지. 그래야만 아무도 없는 이곳 왜국에서 우리 세력을 갖출 수 있었으니.”

"힘과 권력 때문에 혼인을 한다니요. 물론 그것도 하나의 방편이기는 하겠으나, 그렇지만 외척의 힘을 이용하는 것이 아니더라도 자신의 힘이 있으면 천천히 라도 입지를 굳힐 수 있는 것이 아닌지요. 소자는 아직 어려서인지 잘 모르겠습니다.”

아무리 영특하고 총명하다고는 하나 아직 무왕은 열네 살의 소년에 불과했다. 그리고 지금까지 친어머니가 자신과 떨어져 있는 것이 자신의 사랑을 지키기 위해서라고 믿으며 그러한 어머니를 이해하고 숭고하게 바라보려 했던 무왕이었기에 더욱이 이해가 잘 가지 않았다. 그러한 아들이 귀엽다는 듯 살짝 눈웃음을 지으며 가희부인이 다시 말을 이었다.

"아무리 능력이 있는 사람이라도 주변에 그를 적으로 삼는 이가 많다면 언젠가는 권모술수에 빠져 그 능력을 발휘하기도 전에 사라져버리는 것이 정치의 세계란다. 그러하기에 역대 왕들의 주위에는 굳게 믿을 만한 신료와 지기가 있었던 것이지. 우리도, 그리고 야마토노 다이이치도 마찬가지였단다. 야마토노 다이이치의 아내인 진도미는 그 옛날 비유왕 시절 권력다툼에서 패해 왜로 쫓겨나온 진한류의 딸이란다. 그러하기에 그녀는 백제인들을 무척이나 증오하며 처음에는 자신의 딸이 마마의 두 번째 처가 되는 것에 무척이나 반대했지. 하지만 뿌리 없이 백제에서 건너온 사람들이 서로가 힘을 합쳐야 더욱 강성해질 수 있음을 충분히 알고 있던 다이이치의 설득에 의해 이렇게 우리가 힘을 합쳐 아스카가 나니와 지역보다 더 강성한 백제 분국을 이룩

할 수 있었던 것이다."

"그렇군요. 잘 알겠습니다. 허나, 어마마마의 심정은 어떠하십니까? 이곳에 있어 행복하다고 말할 수 있으신지요."

"어찌 사람이 늘 기쁘다고만 할 수 있겠느냐? 분명 서운한 감정이 들 때도 있지. 허나 마마께서는 최대한 우리 둘을 모두 사랑해 주시려 노력하신단다. 한 나라의 왕이 되어 여러 여자를 취해야 할 때에는 아무쪼록 한 여인에게만 빠져 다른 이들을 소홀히 해서는 안 된단다. 그렇게 되면 질투가 생겨나게 되고 이는 다시 집안의 불화를 일으켜 그 집안의 작은 불씨가 나라 전체를 흔들 수도 있는 것이란다."

이렇게 말하며 가희부인은 천천히 눈을 정설 쪽으로 돌려 계속 말을 이었다.

"이러한 지아비의 행동거지도 중요하지만 더욱 중요한 것은 대부인의 몸가짐이다. 첫째 부인은 너무 욕심을 내지 말고 밑의 부인들을 잘 타일러 집안의 화목을 유지하는데 크게 이바지해야 할 것이야. 그것이 사직과 나라를 위하는 길이다. 어떤 이도 여인의 내조 없이는 뭔가를 이룩하기 힘든 것이다. 알아듣겠느냐?"

이제껏 묵묵히 듣고만 있던 정설은 무언가를 깨달은 듯 눈을 빛내며 고개를 끄덕였다. 가희부인 역시 이러한 정설을 보며 한 번 고개를 끄덕이고는 다시 물었다.

"그래 더 궁금한 것이 있느냐?"

"아니옵니다. 소저도 충분히 많은 것을 배운 듯합니다. 앞으로 이곳에 있는 시간동안 그저 더 많은 가르침을 받기를 바라올 뿐이옵니다."

"가르침이라. 내 보기에 더 이상 너에게 가르칠 것은 없는 듯하다.

어쨌든 지아비들이 멀리 가 있는 동안 함께 잘 지내보자꾸나."

이 말을 끝으로 더 이상 이와 관련된 이야기는 나오지 않았다. 모두는 다시 화기애애한 분위기로 돌아가 저녁시간이 될 때까지 이야기꽃을 피웠다. 그리고는 다음 날, 무왕과 곤지왕의 이른 출정을 위해 일찍이 방으로 돌아와 잠을 청했다.

첫 닭울음소리가 우렁차게 우는 것을 들으며 야마토 대왕을 만나러 가는 이들이 출발했다. 곤지왕과 무왕은 각각 두 명의 호위무사와 세 명의 수행원들만을 데리고 말을 달려 단출하게 길을 떠났다. 야마토 정권의 대왕이 있는 곳은 이곳과 그리 멀리 떨어져 있지 않았기에 하루면 도착할게 분명했고, 그들의 무예실력으로는 더 이상의 호위무사도 필요치 않다고 생각했기 때문이다. 그들은 훈련장에서 아내와 신료들, 자식들의 배웅을 받으며 길을 떠났다.

가장 해가 뜨겁게 달궈지는 정오에 잠시 냇가에서 내려 말에게 물을 먹이고 자신들도 준비해간 음식을 먹은 것 빼고는 끊임없이 달려 해가 지기 전에 야마토의 하츠세²⁹에 있는 아사쿠라노미야(朝倉宮)에 도착했다. 이미 사신에게 기별을 받은 야마토 대왕은 시종들에게 자신을 찾아오는 백제의 후왕들을 정중히 모셔 오라고 이야기 했고, 무왕 일행 또한 곧바로 시종들에 의해 집무실로 안내되었다. 집무실 안에는 이미 야마토 대왕과 멀리 히노구니 지역과 오미³⁰ 지역에서 온 왕 둘이 앉아 있었다. 그래도 다행히 그들이 마지막은 아닌 듯하여 안심하며 빈자리에 나란히 앉았다. 모든 왕들이 모이길 기다리는 것인지 다들 말이 없이 앞에 놓인 다과와 차만 먹었다. 일각 정도의 시간이 흘러 모두 지루함을 느낄 때쯤 문이 열리며 한 사람이 시종과 함께 들어섰다. 이십 대 초반으로 보이는 청년은 미안하다는 말과 함께 서둘러 자리에 앉았다. 그러자 먼저 와 있던 한 왜왕이 입을 열었다.

"남제왕[31]은 언제나 늦으시는구려."

"아, 죄송합니다. 오다가 날이 너무 좋아 경치를 좀 구경하다보니 늦어버렸지 뭡니까. 하하하!"

남제왕이라 불린 남자는 이렇게 말하며 웃었고, 모든 이들도 그가 원래 자주 늦는 것을 아는지 조용히 미소를 머금을 뿐이었다. 이윽고 야마토 대왕의 입이 열렸고, 모든 이들은 웃음을 멈추었다.

"지금 우리가 모인 것은 다들 알고 계시겠지만 백제의 존망이 위태로워졌기 때문이요. 이에 백제에서는 백제 대왕의 막내아들인 무왕을 보내 우리에게 구원군을 요청했소. 이에 대해 다른 왕들은 어떻게 생각하시오?"

"현 백제의 상황이 얼마나 위급한지를 들어보고 싶소만."

가장 늦게 와서도 얼굴에 웃음을 거두지 않던 남제왕이 목소리만은 진지하게 바꾸어 말을 꺼냈다. 그의 눈은 똑바로 무왕을 향했다.

"내가 말하겠소."

무왕이 아직 소년이라는 것에 불안했던지 곤지왕이 입을 열었다. 하지만 이 말은 다시 남제왕에 의해 막혀버렸다.

"아니, 난 직접 백제 본국에서 온 분의 말을 듣고 싶소. 그래야 정확한 백제의 실정을 알 것이 아니오?"

"알겠습니다. 제가 설명 드리지요."

곤지왕이 다시 뭐라고 하려는 찰나 무왕이 먼저 입을 열었다. 이 말에 남제왕은 흡족한 미소를 띠며 고개를 끄덕였다. 무왕은 지금 남제왕이 자신을 시험하려고 한다는 것을 느끼고는 최대한 눈에 힘을 주어 그쪽을 바라보며 계속 말을 이어나갔다.

"여기 계신 여러 지역의 왕들께서도 북쪽의 승냥이 같은 구려가 계속하여 남하정책을 펴고 있는 사실 정도는 소문으로 들어 알고 계시리라 생각하옵니다. 그들은 그 옛날 근초고대왕께서 손수 쏜 화살로 고국원왕을 죽인, 그 원한을 아직도 품고 있기에 계속 우리 백제를 칠 계획을 가지고 있었습니다. 그러한 그들이 최근 매우 빈번하게 아리수 근처 국경 땅에 나타남이 목격되었고, 큰 분쟁은 아직 없다하나 계속하여 여기저기서 작은 분쟁을 일부러 일으키고 있습니다. 그뿐만 아니라 구려에서는 점점 더 많은 군사들을 모으고 훈련을 강화시키고 있다고 하니, 이는 곧 전쟁이 일어날 전조임에 틀림이 없사옵니다."

여기까지 말하고 무왕은 잠시 숨을 고르려는 듯 말을 멈췄다. 하지만 그 사이 자신의 말을 끼워 넣는 이는 없었고, 모두 다음에 이어질 무왕의 말을 기대하는 눈치였다. 그러한 시선을 느꼈는지 무왕의 말이 다시 이어졌다.

"부끄러운 일이나 우리가 구려에 비해 군사력이 크게 약한 것은 사실입니다. 오래전 같은 조상에서 갈라져 나온 두 나라라고는 하나, 구려는 우리보다 넓은 영토를 가지고 있는 만큼 기마술이나 진취성이 더 커졌습니다. 또한 그들이 자리한 산악 특성상 우리보다 훨씬 더 강인해졌다고도 볼 수 있습니다. 그리고 그러한 만큼 병사의 수도 많고요. 이러한 시점에 백제가 살아남기 위해서는 다른 나라와의 외교를 통해 서로 힘을 합치는 수밖에 없습니다. 그렇기에 이렇게 왜에 분국을 세운 것이고 신라와 화친조약을 맺은 것이지요. 여러분들이 구원군을 보내주시지 않으신다면 백제의 미래는 장담할 수 없습니다. 그렇게 되면 계속해서 남하정책을 펴는 구려의 다음 표적은 필시 신라와 이곳 왜가 되겠지요. 그러니 지금 우리가 힘을 합쳐야 한다고 생각합니다.”

무왕의 말이 끝남에 다른 왜왕들은 모두 감탄을 금치 못했다. 아직 어린 소년으로 보이는 왕자의 입에서 나왔다고 하기에는 너무나 조리 있는 설명들이었고 현 시국을 정확히 꿰뚫고 있는 발언이었기 때문이다. 그들은 모두 눈을 둥글게 뜨고 고개만 끄덕이고 있었다. 단 두 사람, 옆에 있는 곤지왕과 맞은편의 남제왕만을 빼놓고는. 곧이어 여전히 웃음을 잃지 않고 있는 남제왕의 말이 이어졌다.

“무왕께서 말하신 뜻, 잘 알겠습니다. 즉시 구원군을 알아보고 앞으로도 무왕의 힘이 될 수 있도록 해 보지요.”

이 말이 끝남과 동시에 다른 왜왕들도 모두 선선히 찬동의 뜻을 내비쳤다. 그들에게 있어 남제왕이라는 존재가 꽤 비중을 차지하고 있음을 충분히 보여주는 모습이었다. 무왕은 눈빛으로 감사의 말을 전했다. 이어 모두가 찬동한다는 의사를 보였기에 야마토 대왕은 그렇다면 내일 각자 돌아가 구원군을 모집, 모두 함께 백제로 보내기로 하자고 결론을 지었다. 그리고 백제의 구원군을 청하기 위해 온 무왕과 곤지왕은 이곳에 남아 구원군이 모이는 현황을 보고 그들을 백제로 보낸 뒤 아스카 지역으로 떠나기로 했다. 그리고는 사람들에게 오늘은 이곳에서 편히 쉬었다 가라고 말하며 자리를 파했다.

그날 밤 남제왕이 무왕의 처소를 찾아왔다. 남제왕의 손에는 쌀로 만든 곡주가 담긴 술 한 병과 잔 두 개가 들려 있었다. 그의 표정은 낮과 다름없이 웃고 있었다. 스물세 살의 나이임에도 양 눈 옆에 주름이 있음이 그가 얼마나 자주 웃으며 지내는지 느끼게 해주었다. 그만큼 남제왕은 천성적으로 느긋함과 밝음을 가진 인물이었다. 하지만 그렇다 해도 사내로서의 포부가 전혀 없는 것은 아니었다. 무왕은 놀란 표정을 짓긴 하였으나 그에게 호의를 가지고 있던 터라 선선히 자신의 탁자 맞은편 자리를 내주었다. 남제왕은 감사하다는 말을 하고는 탁자 위에 술과 술잔을 내려놓고 자리에 앉았다.

"한잔 하시겠소?"

"송구스런 말씀입니다만, 전 아직 술을 마셔본 적이 없사옵니다."

이 말에 남제왕은 호탕하게 웃으면서 잔 두 개에 술을 가득 채워 넣었다.

"낮에 말하는 언사를 보아하니 이제 술을 마셔도 충분히 스스로를 제어할 수 있을 듯하오. 오늘 제게 기쁜 일이 있사오니 함께 축배를 들어주시겠소?"

무왕은 고개를 끄덕이고는 입을 열었다.

"술은 인품 있는 어르신께 배워야 한다고 하니 오늘 남제왕을 어르신으로 뫼시고 술을 배워야겠군요. 그런데 기쁜 일이라니 어떤 일이옵니까?"

"오늘 백제의 유능한 인재를 만났으니 이 어찌 기쁜 일이 아니겠소."

남제왕은 이렇게 말하며 자신의 잔을 들어 앞으로 내밀었고 무왕 또한 이 말에 크게 웃으며 잔을 들어 그 잔에 맞대었다. 그리고는 고개를 오른편으로 돌려 왼손으로 잔을 가리고는 한 번에 술을 쭉 들이켰다. 희뿌연 술에서는 조금은 달콤하면서도 시큼한 맛이 났다. 하지만 처음 마셔보는 술임에도 그리 나쁜 기분은 들지 않았다. 그저 몸이 조금 따뜻해짐이 느껴졌고 기분은 오히려 평소보다 좋아진 듯했다. 남제왕은 이러한 무왕을 보고는 다시 입을 열었다.

"백제에서 어린 왕자를 이런 곳에 보낸다 하여, 어떤 분이신가 궁금했소만 역시 대왕께서 실력을 인정하고 왜로 보낼 만하다는 생각이 들었습니다. 오늘 아침 무왕님의 말에 큰 감명을 받았다는 말이지요."

"과찬이십니다."

"제 보기에는 앞으로 무왕님은 좀 더 큰일을 해낼 것이라 생각합니다. 그러니 전 그 속에 섞여서 덩달아 앞으로 나아갔음 하는 마음입니다. 하하하."

술잔이 계속 오갔고, 이러한 기분 좋은 대화도 오갔다. 둘은 그렇게 달이 중천에 이를 때까지 마시다가 이윽고 무왕이 먼저 탁자에 엎드려 잠이 들었다.

"역시, 아직은 이렇게까지 권하는 건 무리였나."

남제왕은 그러한 무왕을 침구 위에 눕히고는 방에서 물러나왔다.

'백제 왕족의 피를 물려받은 왕자. 내 보기에는 태자인 홍보다도 무왕 쪽이.'

여름바람이라고 하기에는 시원한 바람이 그의 볼에 닿았다. 어쩌면 그의 얼굴에서 열이 나기에 바람이 시원하게 느껴졌는지도 몰랐다. 남제왕은 다시 한 번 피식 웃으며 자신의 침소로 향했다. 앞날은 알 수 없다지만 무언가 자신과 뜻이 잘 통할 것 같고 좋은 인연이 될 것 같다는 것을, 그리고 무왕과 줄곧 이어질 것 같다는 것을 진하게 느끼는 남제왕이었다. 아울러 마음 한편으로 저렇게 총명한 젊은 친구와 장래를 위한 연대를 꿈꾸면서 남제왕은 잠이 들었다.

무왕은 깨질 듯한 머리를 양 손으로 부여잡으며 일어났다. 술이란 것이 마실 때는 좋으나 다음 날 일어날 때는 굉장히 사람을 괴롭히는 것이라는 것을 느끼며 무거운 몸을 억지로 일으켰다. 그리고는 시종을 시켜 차가운 물을 가지고 오게 한 다음 그 물로 얼굴을 씻었다. 그나마 정신이 드는 듯했다. 속이 더부룩하기에 아침식사로 나온 국물만 다 마시고는 의관을 정제하고 밖으로 나왔다. 밖에서는 이미 곤지왕이 기다리고 있었다. 무왕의 찡그린 표정을 보고 곤지왕이 입을 열었다.

"표정이 안 좋구나. 무슨 일이라도 있었는가?"

"아, 아닙니다. 어제 남제왕께서 술을 알려주셔서."

"그랬군."

이 말을 끝으로 언제나 그렇듯 곤지왕은 묵묵히 앞을 향해 걸었다. 집무실에는 어제와 마찬가지로 여러 왕들이 모여 있었고, 그들 뒤에는 그들의 수행원과 호위무사인 듯한 사람들이 도열해 있었다. 무왕 일행이 온 것을 보고 단상 위에 올라가 있던 야마토 대왕이 입을 열었다.

"모두들 여기까지 오셨는데 오래 계시지도 못하고 바로 떠나셔야 하니 참으로 아쉽기 그지없소. 하지만 지금 백제의 상황이 위급하다 하니, 우리 모두 힘을 합쳐 최대한 구원군을 모아보도록 합시다. 본국인 백제가 잘못되면 안 됩니다. 우리의 갈증을 해소해주는 문화 수입의 창구이자 학문의 스승국이 바로 백제 아니겠소? 그러니 힘들더라도 최대한 많은 병사들을 모아 백제로 보내줍시다. 백제를 위기에서 구한 다음 내 성대하게 잔치를 벌이겠소."

이러한 야마토 대왕의 말에 모두들 좋다며 박수를 치고 웃음을 터뜨렸다. 이어 잘 돌아가라는 야마토 대왕의 말이 있은 후 지방정권의 소왕(小王)들은 뒤로 돌아 길을 나서기 시작했다. 그러한 사람들 중 남제왕이 다시 무왕 일행 앞으로 다가왔다.

"간밤 평안히 주무셨는지요. 술이 좀 과하신 듯하였는데."

"안 그래도 아직 머리가 띵합니다."

무왕은 머리를 붙잡으며 슬며시 미소 지었다. 남제왕 역시 마주보고 웃으며 다시 말했다.

"처음 마신 술이라 그러실 겁니다. 자, 그럼 전 이만 가보겠습니다. 어제 한 말은 지켜야지요. 다음에 뵐 때까지 강녕하십시오."

이렇게 말하고는 뒤를 돌아 마지막으로 궁궐을 빠져나갔다. 모두 떠난 것을 보고는 야마토 대왕이 둘에게 다가왔다.

"나도 백제를 위해 지금부터 구원군을 알아보도록 하겠습니다. 모두가 일을 끝내고 다시 이곳에 당도하려면 적어도 일주일은 걸릴 테니, 두 분께서는 자신의 성이라 생각하시고 편히 지내시지요."

둘은 감사하다는 말을 하고는 다시 자신의 처소를 향해 걸었다. 무왕은 아직도 술기운이 가시지 않아 좀 더 누워있고 싶었기 때문이며 곤지왕은 그러한 무왕의 상태를 알았기 때문이다. 그런 무왕의 옆에서 곤지왕이 말했다.

"가족도 생겼고, 이제 돌아오는 새해에는 열다섯 살이 되니 술을 마실 수도 있다. 하지만 그렇다고 술만 마셔 대서는 안 된다. 자신이 이길 수 없을 때까지 술을 마시는 것은 오히려 아니 마시는 것만 못하다는 것을 알아두어라."

이렇게 말을 끝맺고는 무왕의 곁을 지나쳐 자신의 처소로 들어가

버렸다. 잠시 멍하니 그러한 곤지왕의 뒷모습을 쫓아 그가 들어간 침소의 문을 바라보다가 이내 자신의 침소로 들어가 겉옷을 벗고 침구를 피고 누웠다. 왜에서 느끼는 '가족'이라는 행복감이 무왕의 가슴에 밀려들었다.

아침부터 훈련장에서 칼이 부딪히는 소리가 들려왔다. 보초를 서던 몇몇의 병사들은 아직 훈련시간이 되지 않았는데 무슨 일인가 하여 소리 나는 곳으로 달려가 보았다. 훈련장에서는 큰 키에 텁수룩한 수염을 가지런히 기른 다부진 체격의 남자와 그 남자의 어깨 정도밖에 오지 않는 소년이 함께 칼을 겨누고 있었다. 그들의 실력은 병사들의 감탄을 자아냈다. 기어이 병사들이 주위에 몰려들었고 이들이 몰림에 다른 궁인들도 조금씩 훈련장을 향했다.

소년의 칼이 오른쪽 위에서 사선으로 베어 들어옴에 슬쩍 몸을 비틀어 피하며 칼을 위로 들어 올려 소년의 목을 겨냥한다. 이에 소년은 뒤로 크게 물러섰다가 다시 앞으로 돌진한다. 하지만 그의 공격은 다시 키 큰 남자의 칼에 의해 막히고 그 힘을 당해내지 못해 뒤로 다시 물러날 수밖에 없다.

이러한 공방전이 한 시간 가까이 이어졌다. 일견 둘의 실력이 비슷해 보였지만 훈련을 받은 장수들은 키 큰 청년의 실력이 소년보다 한 수 위임을 확실히 알아봤다. 소년의 몸놀림은 날래게 움직여 청년보다 화려해 보였지만 필요 없는 동작이 많았다. 반면에 키 큰 털북숭이 남자는 최소한으로 몸을 움직여 상대의 공격을 피하며 그런 소년의 커다란 동작의 허점을 찾아 찔러 들어가는 것이었다. 그러한 것에 장수들은 감탄을 하고 있었고, 비록 청년보다는 한 수 아래나 아직 어린 소년이 저 정도로 칼을 능숙하게 다루는 것에 또한 놀라고 있었다.

얼마나 시간이 지났을까, 결국 소년의 칼이 바닥으로 떨어졌다. 왼쪽 아래서 강하게 사선으로 베어 들어오는 남자의 칼을 버텨내지 못한 것이다. 소년은 숨을 몰아쉬며 멍하니 날아간 자신의 칼을 보다가 이내 씩 웃으며 청년에게 고개를 숙여 예를 갖췄다. 이때 장수들 곁에서 이를 보고 있던 야마토 대왕이 말을 걸었다.

"하하. 두 분 다 굉장한 실력들이오. 이런 훌륭한 신기의 검객들을 보게 되다니. 많은 병사들에게도 좋은 귀감이 되었을 것이라 사료되오."

"언제부터 보고 계셨습니까. 아직 부끄러운 실력입니다."

청년은 무뚝뚝하지만 예를 갖춘 말투로 이렇게 대답했다. 이 말에 야마토 대왕은 더 크게 웃어 보이며 다시 말했다.

"곤지왕의 실력이 아직 부끄럽다면 다른 이들은 칼 근처에도 못 가본 실력이겠소. 무왕의 실력도 보통이 아니외다. 아직 어린 나이에 대단하십니다."

"아닙니다. 저야말로 아직 부족한 게 많사옵니다."

무왕은 정말 부끄러운 듯 고개를 숙이며 대답했다.

궁궐에서 머무는 동안은 웬만큼 여유가 있었다. 그 사이 무엇을 할 수 있을지 고민하던 무왕은 자신의 아버지보다도 무예만큼은 더 뛰어나다고 명성이 자자했던 삼촌 곤지왕에게 한 수 배우며 시간을 보내는 것이 좋겠다고 생각했다. 이에 잠에서 깨어나 다시 의관을 정제하고서는 곤지왕을 찾은 것이다.

이후 일주일 동안 훈련장에서는 칼이 부딪히는 소리가 끊이지 않았다. 이 둘에게 자극을 받은 장수들과 병사들마저 평소보다 오래도록 훈련을 했기에 그 칼 부딪히는 소리가 성 밖으로 새어나갈 정도였다. 일주일이 지나고 하루가 더 지난 날부터 서서히 친 백제계 지역의 왕들이 야마토의 성 안으로 돌아오기 시작했다. 그들의 뒤에서는 몇 백 명씩의 병사들이 따르고 있었다. 서서히 구원병들이 모여들기 시작한 것이다. 이에 무왕과 곤지왕은 서로를 바라보며 기쁨을 나누었고 그 구원병들을 훈련시키고 단련시키며 시간을 보냈다. 대왕과 친 백제계 왜왕들은 그들이 백제로 갈 수 있도록 배를 만들고 짐과 일할 사람들을 추리는데 시간을 보냈다.

이윽고 서기 475년 7월 말, 3천 명의 구원군들이 백제로 갈 모든 준비를 끝마쳤다. 야마토에 모인 군사들은 줄지어 나라의 이코마(生駒) 산길을 넘어 나니와 항구로 향했다. 야마토의 장수 한 명이 그들을 지휘하며 배에 올랐고, 모든 이들은 떠나는 그들을 배웅했다. 규슈의 히고국에서는 2천여 명이 준비를 마쳤다는 전갈이 왔다. 나니와 항구를 출발한 군사들은 보름 후 히고국에서 출발시킨 군사들과 예전 말로국(末盧國)이 다스리던 가라쓰 항구 앞에서 만나기로 했다.

한편 성공적으로 구원군을 백제로 보내게 된 무왕과 곤지왕 그리고 야마토 대왕은 위기에 처한 백제를 구하기 위해 군사를 보냄에 수고한 많은 사람들을 거나하게 치하했다. 그렇게 여러모로 수고한 고위직 인사들을 초청하여 연회를 베푸니, 거문고 소리와 해금 소리가 온 성 안에 가득했고 각자의 상 위에는 갖가지 음식들이 즐비하게 차려졌다. 그리고 그 옆으로는 그 지방의 질 좋은 쌀로 만든 곡주가 한 동이씩 차려졌다. 각 지역을 대표하는 왜왕들은 지금까지의 노고를 서로 치하하며 술을 나누며 음식을 먹으며 흥거운 한 때를 보냈다. 이는 무왕과 곤지왕도 마찬가지였다. 곤지왕은 오랜만의 편안함에 술을 동이째 들이켜고 있었고, 저번 날 술에 한 번 혼이 났던 무왕은 천천히 한 사발씩 술을 마셨다. 그 옆으로 다시 남제왕이 다가왔다.

"정말이지 오랜만에 흥거운 잔치군요."

"네, 이 모든 게 남제왕을 비롯한 여러 왕들 덕이지요."

이 소리에 남제왕은 예의 그 웃음을 보이며 무왕의 옆에 앉았다.

"앞으로도 뭔가 일이 있을 때엔 말 하시오. 재미있는 일이면 더 좋고요."

그렇게 말하며 웃는 남제왕의 옆에서 무왕도 함께 웃었다. 바람은 따뜻했고 후원에서부터 날라드는 꽃향기는 향기로웠다. 8월, 그 뜨거운 열기 속에서 그들의 가슴도 훈훈한 우정으로 달궈져 갔다.

다음 날의 출발은 점심을 먹고 난 뒤로 정해졌다. 전날의 숙취 때문에 출발 시각을 좀 늦춘 것이며, 그들이 한 지역의 왕이라는 신분으로 있기에 하루를 더 쉬지 않고 바로 출발하기로 한 것이다. 정오 쯤, 왕들과 그들의 수행원들이 궁궐 밖으로 모였다. 수행원들의 손에는 그들이 탈 말의 고삐와 짐들이 들려 있었다. 마지막으로 남제왕이 웃는 얼굴로 오른손을 들어 보이며 들어섰고 이에 야마토 대왕의 말이 이어졌다.

"지금까지 구원군을 보내기 위해 힘써준 여러 왕들에게 감사의 말을 전하는 바이오. 부디 우리들의 마음이 전해져 이번 전쟁에서 백제가 대승을 거두길 바라오. 지금까지 모두 수고가 많았소. 언젠가 다시 이렇게 모일 날을 기대하며 잘들 가시오."

야마토 왕의 말이 끝나자, 모두 고개를 숙여 예를 갖추고는 일렬로 도열해 서서히 성문을 빠져나갔다. 그 도열의 맨 끝은 곤지왕과 무왕 일행이 장식했다. 그들은 밖으로 나와 각자의 길로 향했고, 남제왕도 무왕 일행에게 잘 가라고 손을 흔들어 보이고는 수행원들과 아스카를 향해 길을 재촉했다. 이른 시간이 아니었기에 무왕 일행도 다른 일행과 마찬가지로 말을 재촉했다.

　얼마나 달렸을까 갑작스레 쇠가 부딪히는 소리가 들렸기에 일행은 말을 멈췄다. 쇠가 부딪히는 소리는 오른편 숲 속에서 들렸다. 무왕은 곤지왕을 한 번 돌아보았고 곤지왕 역시 무왕의 얼굴을 쳐다보았다. 둘은 고개를 한 번 끄덕이고는 소리의 근원지로 향했다. 갈 길이 바쁘다고는 하나 둘의 성격상 이러한 소리를 듣고도 모른 척 할 수는 없었다. 소리가 나는 곳에 당도해보니 도적들로 보이는 사람들과 한 명의 남자, 그리고 또 한 명의 웬 어린아이가 대립하고 있었다. 다른 이들은 잘 모르겠으나 어린아이만은 여기저기 긁히고 까져 피가 흐르고 있었다. 남자는 이러한 아이를 보호하려는 듯했다. 도적들로 보이는 자들이 저 둘을 해하려 하고 있다고 생각한 무왕과 곤지왕은 수행원들에게 '이곳에 남아 있어라!' 하고는 무사 네 명과 함께 도적들을 포위하며 뛰쳐나왔다. 당황하던 도적들은 다잡은 먹이를 애꿎은 자들로 인해 놓칠 수 없다고 생각한 듯 각자 들고 있는 낫이며 녹슨 칼 등을 쳐들고 무왕 일행을 덮쳐왔다. 몇 번 무기가 맞부딪히는 듯하였으나, 이내 십여 명이었던 도적들은 네 명으로 줄어 마구 도망치기 시작했다. 이를 쫓으려는 호위무사들을 제지하고는 두 사람을 향해 시선을 향할 때, 가느다란 목소리 하나가 튀어나왔다.

"그놈들 꼴 한 번 우습구나! 그렇게 감히 누구에게 덤비느냐!"

곤지왕은 이 소리에도 묵묵히 칼에 묻은 피만 털어내고 있었고 무왕만이 당황하여 커다란 눈으로 그들을 바라보았다. 목소리는 어린아이에게서 나온 것이었다. 어린아이는 여기저기 뜯기고 찢긴 상처로 엉망이었음에도 기세 좋게 웃고 있었다. 그 옆에 서 있던 남자는 고개를 절레절레 흔들며 곤혹스럽다는 표정을 짓고 있었다. 무왕은 그 남자에게로 다가가서 물었다.

"어찌된 일이오?"

"아, 예. 도와주셨는데 인사가 늦었습니다. 저희 아가씨가 워낙 나다니시는 걸 좋아하셔서."

"아가씨?"

이 목소리는 뒤에서 슬금슬금 기어 나오던 수행원들 중에서 튀어나왔다. 무왕은 그쪽을 바라보며 나무라는 기색을 보이고는 다시 남자를 향해 시선을 보냈다.

"예, 예. 저희 아가씨가 말을 타고 갑작스레 성 밖으로 나가셔서 따라왔는데 이를 미처 따라잡기도 전에 아까의 도적들이 줄로 아가씨가 탄 말의 다리를 걸어 넘어뜨리고는 에워쌌기에 저도 말에서 내려 뛰어들어와 이런 형국이 되었던 것입니다."

이 말에 다시 그 아이를 자세히 보니 과연 칼이나 다른 무기에 당한 상처가 아닌 넘어지고 부딪혀서 생긴 상처가 전부였다. 이에 무왕이 피식 웃자 기분이 상한 듯 아이가 다시 소리쳤다.

"네 감히 누구 앞이라고 웃는 것이냐! 내가 누군 줄 알고!"

그럼에도 무왕의 웃음은 가실 줄 몰랐다. 무엄하게 외쳐대는 아이의 말에 화가 나기보다는 오히려 귀여운 느낌이 강하게 들었다. 그러했기에 무왕은 목소리에 가득 장난기를 담고 입을 열었다.

"어허! 아무리 어리다고는 하나 생명의 은인에게 할 소리가 아닌 듯하오. 명문가의 규수라는 이가 이리 사리분별을 못해서야 되겠소?"

"이, 이놈! 방자함이 하늘을 찌르는구나! 네놈이 아니었어도 능히 물리칠 수 있었다!"

이렇게 말하는 아이의 얼굴이 분노에 점점 발개졌다. 그럼에도 무왕은 웃음을 그치지 않았다. 이러한 모습을 옆에서 지켜보던 예의 그 남자가 다시 입을 열었다.

"죄송합니다. 아가씨가 아직 어리셔서. 사례는 반드시 하겠습니다."

"아니오. 저희는 갈 길이 바빠 바로 가봐야 하겠소."

이는 무왕의 뒤에 있던 곤지왕에게서 나온 말이었다. 곤지왕은 이렇게 말하고는 말에 몸을 얹었고, 무왕도 그러한 곤지왕의 뒤를 따라 말에 올라탔다. 그 뒤를 이어 호위 무사들과 수행원들이 말에 올랐고, 이들은 금세 멀어지기 시작했다.

"나중에 꼭 금씨 가문에 한 번 들러주십시오!"

남자의 목소리가 그들의 뒤에서 크게 울렸다. 하지만 그들은 아무런 대답 없이 그저 말을 몰아 앞으로만 나아갈 뿐이었다.

"저런 몰상식한 녀석은 왜 부르느냐!"

남자의 말에 반응한 것은 오히려 옆의 아이였다. 아이는 아직도 분이 풀리지 않은 듯 쌕쌕 거친 숨소리를 내며 성을 내고 있었다. 남자는 그런 아이를 다정한 눈길로 바라보고는 슬머시 등을 굽혀 업히라는 시늉을 했다. 아이는 더 이상 아무 소리 하지 않고 가만히 등에 업혔다.

이미 그들의 말들은 어디로 갔는지 보이지 않았다. 아이를 업은 채 조심조심 숲에서 빠져나오며 남자가 입을 열었다.

"병희 아가씨. 아까 그 분들의 옷차림과 배포, 그리고 무예 실력으로 보아 단순한 여행객은 아닌 듯하옵니다. 필시 귀족이나 그에 버금가는 집안의 사람들이라 생각됩니다."

"알게 뭐야? 누구든지 간에 가만 안 둬. 다음에 만나면 혼 구멍을 내줄테다!"

병희라 불린 아이는 이렇게 말하며 다시 조용히 남자의 등에 엎드렸다. 서서히 해가 져 갔다. 붉은 노을이 그들의 등에 내려앉았고, 그림자를 길게 늘어뜨리며 둘은 천천히 자신들의 자택을 향해 나아갔다.

무왕 일행이 곤지왕의 궁궐에 당도한 것은 해도 다 지고 달이 머리 위로 떠오른 시각이었다. 늦은 시각이었음에도 그들이 온다는 것을 미리 알린 시종의 말을 듣고 해정설과 가희부인, 그리고 가라코와 곤지왕의 태자가 그들을 마중하러 궁궐 밖으로 나왔다. 가라코가 먼저 곤지왕에게 달려가서 그의 품에 안겼고, 가희부인은 천천히 그러한 그들 곁으로 다가갔으며 난생 처음으로 이런 긴 이별을 맛본 정설은 그저 눈물이 그렁그렁한 눈으로 서 있었기에 말에서 내린 무왕이 다가가서 머리를 쓰다듬어주었다. 잠시 그러한 해후의 기쁨을 맛보던 그들은 밤이 늦었기에 자세한 이야기는 내일 하기로 하고 각자 침소로 향했다.

다음 날 늦은 아침은 거의 연회 분위기로 치러졌다. 그들 모두는 한자리에서 상을 받아 그동안의 회포를 풀며 여러 담소를 나누었다. 구원병을 백제에 보냈다는 것에는 다들 기쁨을 감추지 않았다. 이날 하루는 이 기쁨을 다 함께 나누기로 하고 무왕부부 일행은 내일 일찍 나니와 분국으로 떠나기로 했다.

　밤, 무왕은 곤지왕의 침소를 찾았다. 곤지왕 또한 무왕과 마지막으로 함께 이야기할 자리를 가지고 싶었던 듯 반가이 맞아주며 시종들에게 매실주를 가져오라 시켰다. 둘은 술잔을 기울이며 몇 번 주고받고는 말문을 열었다.

　"내일이면 돌아가는구나."

　"네, 그렇습니다. 돌아가기 전 마마와 이렇게 한 번 이야기를 나누고 싶었습니다."

　곤지왕은 묵묵히 술잔을 다시 입에 갖다 대었다. 이에 다시 무왕의 말이 이어졌다.

　"어마마마와 곤지왕마마에 대한 이야기는 어린 시절 연씨 유모와 아바마마께 들어 알고 있습니다. 제가 어디에서 태어났는지도요."

　곤지왕은 여전히 아무 말 없이 술잔을 기울이며 과거의 기억을 회상하듯 무왕의 이야기에 귀를 기울였다. 무왕은 자신의 술을 마시고 곤지왕이 주는 술도 다시 잔에 채우고는 계속해서 말을 이어나갔다.

　"제 아버지는 백제에 계신 아바마마십니다. 허나 제가 태어난 것을 본 마마도 어쩐지 친아버지처럼 느껴지는군요. 이상도 하지요. 원래는 삼촌인데도요."

　이렇게 말하며 무왕은 쑥스러운 듯 탁자로 눈을 돌리며 웃었다. 이제까지 아무 말 없던 곤지왕의 입술이 떨리며 벌어졌다.

　"나도 네가 내 아들인 것만 같다."

　이 소리를 끝으로 잠시 이야기 소리는 끊겼다. 두 사람은 조용히 부자의 느낌을 음미하며 술잔을 기울였다. 달콤한 맛이 강한 매실주가 무왕의 기쁜 마음을 더욱 북돋아주었다. 곧이어 다시 말이 이어졌고 이번에는 정사에 관한 딱딱한 말들이 이어졌다. 고구려가 언제쯤 침략을 할 것인지, 앞으로 백제의 실정이 어떠할지.

제3장 풍전등화의 한성 백제

　백제에는 이미 태자인 왜왕 홍이 5천의 구원군을 이끌고 와 있었다. 475년 1월 초, 나니와 분국을 떠나온 왜왕 홍은 두 달여의 여정 끝에 2월 말 백제 땅 한성에 당도했다. 아직 전쟁이 시작된 것은 아니었지만 언제 전쟁이 벌어질지 모르는 불안감에 백제 내부의 공기는 그리 좋지 못했다. 그렇지만 백성들은 태자인 왜왕 홍이 구원군을 데리고 왔다는 말에 모두들 좋아하며 웬만큼 안심을 하는 눈치였다. 해리화는 아들이 왔다는 말에 간만에 행복한 기분을 느끼며 그를 찾아와 얼싸안고 좋아했다.

　그러나 왜왕 홍32이 본 백제 왕궁 내부의 상황은 듣던 것 보다 더 좋지 못했다. 이미 개로왕은 옛날의 그 현명한 대왕이 아니었다. 여러 가지 국사에 자신이 없어졌는지 상심에 빠진 것처럼 기운이 없어보였다. 오로지 바둑에만 빠져 국정을 제대로 파악하지 못하다가 몇 개월 전 고구려에서 첩자로 보낸 승려 도림이 도망치자 마침내 전의마저 모두

상실했는지 눈에서는 전혀 기력을 느낄 수 없었다. 지난해 11월 싸늘한 겨울바람이 불기 시작할 때 왕정 박사를 옆에 두고 도림과 바둑을 둔 것이 마지막이었다. 그때, 사마가 개로왕이 바둑을 두는 지도 모르고 방문을 열고 들어와 왜국으로 보내달라고 했을 때 도림은 이미 고구려로 돌아가기로 결정한 상태였다.

더욱 불행한 것은 이러한 기회를 틈타 귀족들은 서로 더 권력을 차지하려고 아부와 간교함을 무기로 권력투쟁에 밤낮을 가리지 않았다는 점이다. 백제의 사직과 나라의 위기에는 아랑곳하지 않았다. 오로지 악귀처럼 권력놀음에만 빠져 있었다. 이에 개로왕의 눈과 귀는 더욱더 멀게 되었고, 눈앞의 문제도 제대로 보지 못했다. 태자 흥이 오늘의 쇠약해진 백제 사정을 모두 알기까지는 그리 많은 시간이 필요하지 않았다. 나라 걱정에 바른 소리만을 입에 담던 달솔33 관직의 해구가 지금까지의 자초지종을 모두 알려주었기 때문이다. 태자 흥은 이러한 것을 한탄하기는 했으나 고구려의 침입이 언제 시작될지 모르는 판국에 귀족들과의 분쟁을 만드는 것은 좋지 못하다고 생각하여 그저 이러한 아버지 대신 국방을 튼튼히 하려고 노력했을 뿐이었다.

불행의 씨앗은 오래전에 싹을 틔웠다. 개로왕이 어렵사리 권력 강화를 해가던 470년 무더운 여름 7월 말의 일이었다. 종종 국지전을 일으켰던 고구려의 노략질도 잠잠해진 때, 더 이상 노골적으로 침략해오지 않는 고구려에 대해 백제는 서서히 지친 기색을 보이고 있던 여름이었다. 국경지대에서 웬 낡은 행색의 승려 한 명이 고구려 쪽에서 백제 국경 쪽을 향해 마구 달려오고 있었다.

"사, 사람 살려! 사람 살려!"

"거기 서라! 이 땡중 놈아!"

뒤에서는 고구려의 병사로 보이는 이들이 쫓아오고 있었다. 백제의 병사들은 어찌된 상황인지는 잘 모르나 고구려 병사에게 쫓기고 있는 사람이라면 일단 돕고 보자는 생각으로 이 승려를 구하기 위해 뛰어나갔다. 백제의 병사들이 뛰어오는 것을 보고 고구려 병사들은 더 이상 승려를 쫓지 않고 되돌아갔다. 무사히 백제 국경까지 온 승려가 숨을 몰아쉬며 이야기 했다.

"헉, 헉, 고맙소. 정말 고맙소. 난 승려 도림이라고 하오. 방금 보아 알겠지만 고구려에서는 쫓기는 몸이 되고 말았다오. 부디 이 백제 땅에서 살 수 있게 높은 분을 뵙게 해주지 않겠소."

백제의 병사들은 어안이 벙벙한 듯 서로를 쳐다보았다. 고구려 병사에게 쫓기고 있었다면 분명 고구려에 악감정을 가질 테니 그들에게는 나쁠 것이 없었다. 하지만 죄를 짓고 쫓겨나온 품성이 악한 자라면 함부로 받아드릴 수도 없는 노릇이었다. 그러했기에 그들은 이 문제를 상부에 알렸고 이에 장덕(將德)34의 직위를 가지고 있는 귀족 한 명이 도림을 만나러 왔다.

"스님께서는 어쩌다가 고구려에 쫓기는 입장이 되셨습니까?"

"중생들을 구제하는 설법을 전파하며 돌아다니던 중 고구려 왕에 대한 이야기가 나와 지금 왕으로 군림하는 거련이라 하는 놈이 백성을 구제할 생각은 아니하고 전쟁 준비만 하고 있다고 하였습니다. 다른 사람들도 이에 동조함에 결국 병사들에게까지 이야기가 들어갔고, 그리하여 이렇게 쫓기는 몸이 되어 백제로 피신해 온 것입니다.

이 이야기에 다른 이들 모두 수긍을 했고 그때부터 도림은 백제에서 살게 되었다. 그는 도성에 거처하며 다른 이들에게 불교를 전하고 바둑을 두며 지냈다. 그의 바둑 솜씨는 다른 사람들의 경탄을 자아냈고, 이러한 소문은 곧바로 도성 전역에 퍼져나갔다. 도성의 귀족들은 이를 놓치지 않았고, 자신들의 권력을 위해 왕의 주의를 좀 더 바둑에 붙잡아 두려 왕에게 도림을 소개시켰다.

"그래, 자네가 바둑을 그리 잘 둔다는 소문을 들었네."

"송구하옵니다. 소인이 미진하여 도를 구하다 봄에 여러 방법을 강구하다 바둑에도 오묘한 인생의 묘수가 있음을 알고 계속 두다보니 이리 되었습니다."

"그렇군. 확실히 바둑 안에는 인생의 많은 것들이 응축되어 들어 있는 듯하네. 내 자네와 바둑을 둬 보고 싶구만."

대왕의 말이 끝나자 시종들이 바둑판을 준비해왔다. 이에 도림은 자리에서 일어나 왕에게 한 번 절을 하고는 천천히 바둑을 두기 시작했다. 바둑판에서는 영토를 차지하기 위한 접전이 일어나며 흑돌과 흰돌이 이곳저곳에 올라왔다. 도림과 개로왕 또한 이제는 승려와 왕이 아닌 한 명의 전사로 대마를 잡기 위해 치열하게 전투를 벌였다. 각기 자신들의 터전을 더 확보하기 위한 장수들로서 온 정신을 집중했다. 그들의 바둑이 진행됨에 주위의 시종들도 다들 숨을 죽였다. 이각(30여분)의 시간이 흐른 후 드디어 바둑판 안에서의 접전은 끝이 났고 두 기사는 흑백으로 나뉘어 서로의 집을 세웠다. 한집 반 차이로 왕이 패배했다. 도림의 이마에 땀이 한 줄기 흘렀다. 슬며시 왕의 눈치를 살펴보자 그는 심각한 표정으로 바둑판 위를 살펴보고 있었다. 하지만 이

내 그의 얼굴이 펴지더니 엷은 미소가 번졌다.

"과연, 소문대로 굉장한 실력이구나! 어떤가? 궁궐에서 지내면서 나의 바둑 스승이 되는 것이."

"저같이 미천한 사람을 곁에 두어주신다면 그보다 더 큰 영광이 있 겠사옵니까. 아직 부족한 실력이지만 충심을 다해 대왕마마를 보좌하 겠습니다."

이렇게 말하는 도림의 눈은 묘하게 빛났고 이를 본 귀족들은 입술 에 엷은 웃음을 띠었다. 이때부터 북성(풍납토성)과 남성(몽촌토성)을 오가며 나라를 멸망의 길로 치닫게 하는 바둑 두기는 끝을 모르고 진 행되었다.

이후 도림은 왕의 둘도 없는 귀한 손님으로서 함께 하게 되었다. 서 로 점차 허물이 없어짐에 왕은 국정에 관한 것도 도림에게 물었고 다 른 신료들보다 도림과 더 허심탄회하게 말을 주고받으며 신뢰하고 의 지하게 되었다. 한낱 중이 최고 관직인 상좌평보다도 더 신임을 받게 된 것이다. 이렇게 점차 도림에 대한 신뢰가 깊어갈 때 개로왕이 다시 국정에 대해 도림의 의견을 물었다.

"신이 다른 나라 사람임을 아시면서도 저를 멀리하지 않으시고 은 총을 매우 두터이 해주시니 언제나 황송할 따름입니다. 그러나 저는 지금까지 오직 기술 한 가지만으로 그러한 은총에 보답한 듯하여 지금 부디 제 말이 도움이 될 것을 바라며 한 말씀 올리고자 합니다. 허나 대왕마마의 뜻이 어떠하신지 모르겠습니다."

"말해 보라. 선생의 말이 나라에 이로움을 준다면 이는 내 바라는 바이다."

개로왕은 미소 띤 얼굴로 강한 신뢰감을 보이며 답했다. 이에 자신감을 얻은 듯한 도림의 말이 이어졌다.

"대왕마마의 나라는 사방이 모두 산과 언덕과 강과 바다입니다. 이는 하늘이 베푼 험한 요새로 사람의 힘으로 된 형국이 아닙니다. 그러므로 사방의 이웃 나라들이 감히 엿볼 마음을 먹지 못하고 다만 받들어 섬기고자 하는데 겨를이 없는 것입니다. 그런즉 왕께서는 마땅히 존귀하고 고상한 위세와 부강한 업적으로써 남의 이목을 두렵게 해야 합니다. 그러나 성곽은 수선이 되지 않았고 궁실도 수리되지 않았으며 선왕의 해골은 맨땅에 임시로 매장되어 있고 백성의 집은 자주 강물에 허물어지고 있으니 이는 대왕님의 강한 권세를 손상시키는 것이기에 조속히 처리해야 한다고 신은 생각하옵니다."

"그래. 듣고 보니 선생의 말이 옳소. 내 조속히 이 일을 처리하도록 하겠소."

다음 날 바로 개로왕은 나라 안의 장정들을 징발했다. 그리고 먼저 흙을 쪄서 성을 쌓고, 안에는 궁실과 누각과 대사 등을 짓는 대공사를 일으켰는데 그 모든 것이 너무나 웅장하고 화려했다. 또 아리수에서 큰 돌을 가져다가 곽을 만들어 부왕인 비유왕의 뼈를 장사지내고 강을 따라 둑을 쌓았는데 길이가 사성(풍납토성) 동쪽에서 숭산(하남시 소재 검단산) 북쪽에까지 이르렀다.[35] 이로 말미암아 창고가 텅 비고 백성들이 곤궁해져서 나라의 위태로움은 알을 쌓아놓은 것 마냥 언제 깨질지 알 수 없었다. 나라의 인심은 더욱 안 좋아졌고 하루하루 왕을 원망하는 소리가 드높아졌다. 국가 재정도 거의 파탄지경에 이르렀다. 결국 개로왕이 다시 도림을 찾았을 때 그는 어디론지 사라지고 난 후였다. 바로 아홉 달 전의 일이다. 자신이 도림에게 속았다[36]는 것을 알게 된 개로왕은 나라가 위태로운 지경에 이르렀다는 것을 깨달았다. 그리고 백제의 현재 능력으로는 고구려의 침략을 당해내지 못할 것이라는 사실도 잘 알게 되었다.

이에 개로왕은 외삼촌[37] 여도[38]에게 은밀하게 지시했다.

"내가 어리석고 밝지 못하여 간사한 사람의 말을 그대로 믿었습니다. 이제 사태가 이 지경에 이르렀으니 어찌하면 좋겠습니까. 백성은 국가를 원망하고, 남아있는 군사의 수는 적으니 적들이 쳐들어온다면 막아내기 힘들 것 같습니다. 어느 누가 저를 위해 죽어주겠습니까? 모든 것은 모두 제 불찰이오니, 저는 마땅히 사직을 위해서 죽을 수 있지만 외삼촌이 여기에 있다가 저와 함께 죽는다면 우리 백제의 뒷날을 기약할 수 없습니다. 부디 이 난을 피해 있다가 혹여 잘못되기라도 한다면 왜에 가 있는 무왕에게 백제의 왕통을 잇도록 도와주십시오. 그리고 우리 힘만으로는 고구려를 당해낼 수 없으니, 어서 빨리 신라왕 자비마립간[39]에게 원군을 청하러 떠나주십시오. 나와 태자는 최선을 다해 이번 사태를 이겨나가도록 하겠습니다. 만일 아무 일 없이 끝난다면 다행이겠지만, 그렇지 않다면 외삼촌의 역할이 매우 중요합니다. 부디 신라로부터 구원군을 데리고 오시기 바랍니다. 그리고 최악의 순간이 닥쳐온다면 왜국에 있는 무왕에게 반드시 왕위를 잇도록 해주십시오. 부탁입니다."

개로왕은 외삼촌 여도에게 비장한 각오를 보여주며 어서 신라로 떠나라고 다그쳤다. 뒤늦게 현실을 직시한 개로왕이었으나 이제 백제의 능력으로는 고구려를 상대할 수 없다는 것은 확실히 알고 있었다. 떨리는 그의 눈을 보면서 여도는 자신의 임무가 막중함을 느끼고 강하게 고개를 한 번 끄덕였다.

바로 다음 날, 여도는 개로왕의 명을 받아 신라왕에게 구원병을 요청하는 외교문서를 작성한 왕정 박사와 함께 백제 최고의 검객 목협만치와 조미걸취, 두 장수를 대동하고 남쪽으로 급히 말을 달렸다.

"마마, 지금 이렇게 여유를 부릴 시간이 없다고 사료되옵니다. 부디 조속히 구원군을 파병해주십시오."

여도는 신라에 도착해 자비마립간을 만나자마자 일주일이 되는 오늘날까지 이렇듯 계속하여 상소를 올렸다. 하지만 여전히 자비마립간의 반응은 냉담할 뿐이었다.

신라에 당도한 것을 기뻐하며 이제 곧 백제로 구원군을 데리고 돌아갈 수 있겠다 생각한 지도 어느덧 일주일이 지나고 있었다. 자비마립간은 처음 그들이 왔을 때는 피곤하지 않느냐며 푹 쉬고 정사를 논하자는 말로 시간을 끌었고, 그 다음은 백성들이 추수를 해야 하는 계절이라 해결할 국사가 많다며 시간을 끌었다. 이렇게 계속해서 구원병에 관한 이야기가 무산되었고, 더 이상 참지 못한 여도는 이렇게 매일 아침 일찍 왕을 찾아가 구원군을 요청하게 되었다. 자비마립간은 이렇게 끈질기게 자신을 찾아오는 여도에게 귀찮다는 듯한 기색을 보이며 말했다.

"경이 백제를 생각하는 마음은 잘 알았소. 하지만 지금 우리에게도 그만한 여력이 없음은 어찌 모르시오? 우리는 계속하여 우리의 땅을 침략하는 왜적들만으로도 골치가 아플 지경이오."

"대왕마마, 허나 지금 백제에 구원군을 파병해주시지 아니하시면 고구려는 분명 우리의 동맹이 약해졌다고 생각하여 더욱 쉽게 침공을 계획할 것입니다. 그렇게 된다면 우리 백제가 사라지는 것은 물론, 귀국 신라의 존속마저 위험하게 될 것이옵니다. 부디 잘 헤아려 결정하여 주시기 바랍니다. 이미 신이 이곳에 온지 벌써 일주일이라는 시간이 흘렀사옵니다. 더 이상 지체했다가는 어찌 될지 장담할 수 없사옵니다."

여도의 말에 자비마립간은 잠시 생각에 빠졌다. 분명 이 말에는 틀린 부분이 없었다. 영토에 대한 욕심이 팽배하고 야욕이 깊은 거련이라면 분명 백제를 차지한 다음 신라를 노릴 것이 뻔했기 때문이다. 옆에 있던 이벌찬도 이러한 말에 수긍하며 2만 명의 구원군을 준비시켜야 할 것 같다고 왕에게 진언했다.

"알겠소. 우리도 서둘러 구원군을 준비하겠소. 그러니 구원군을 구하고 그들이 떠날 준비를 마칠 때까지 조금만 더 기다려주시오."

"황공하나이다. 부디 본국의 사정을 헤아리시어 최대한 빨리 마련해 주시기만을 바라올 뿐이옵니다."

이렇게 백제와 신라는 고구려에 대항하기 위해 동맹40을 맺은 상태였기 때문에 신라의 자비마립간은 백제에서 보낸 특사 여도의 청을 받고 가까스로 구원군 1만 명을 파견하기로 결정했다. 그러나 너무나 긴 시간이 지체되었고 앞으로 가는 데에도 많은 시간이 소비될 것을 생각하면 여도의 마음은 급하기만 했다. 하지만 먼 길을 원정 가는 준비는 빠르게 진척되지 않아 더욱 애간장이 타는 여도였다.

무왕이 나니와로 돌아왔을 때는 이미 여름도 막바지로 치달아 발악하듯 열기를 내뿜을 때였다. 그러한 와중에 무왕이 해결해야 할 크고 작은 일들이 잇달아 쏟아져 나왔다. 아무리 흥왕의 외아들과 왕비가 열심히 사무를 보았다고 해도 실질적 왕이 아닌 그들로서는 해결할 수 없는 문제들이 산적해 있었다. 주변의 작은 부족들의 약탈문제를 해결하고, 민간의 곡식문제를 해결하고, 궁 안의 권위를 다시 세우는 데 한 달여 이상의 시간이 걸렸고 어느덧 가을이 다가와 논의 벼가 노랗게 익어 황금물결을 이루며 흔들리는 계절이 되었다. 이제야 다시 한 숨 돌리는 무왕에게 장도인수의 말이 전해졌다. 백제에서의 이주민들이 조금씩 가라쓰 항구로 몰려온다는 것이었다. 그리고 그들은 점점 히고국이나 나니와, 또는 아스카 지역으로 이동하고 있다고 했다. 이에 무왕은 몸을 살짝 떨었다. 전쟁이 시작된 것이다. 무왕의 불안감은 진정되지 않아 밤에도 쉽게 잠이 들지 못했다. 자신도 당장 백제로 날아가 아바마마를 돕고 싶은 심정이었지만 그렇다고 이 분국을 또다시 비워둘 수는 없었다. 이러한 무왕의 불안함을 느낀 정설이 입을 열었다.

"아바마마께서 마마께 맡기신 임무가 무엇인지요."

방안을 이리저리 걸어 다니던 무왕의 발이 멈추었다. 그리고 여전히 미간에 주름을 잡은 상태로 정설을 바라보았다.

"아바마마께서는 당신한테 전쟁이 아닌 한 나라의 운영을 맡기셨습니다. 그렇다면 이에 충실해야 하는 것이 아닌지요. 가까이 있는 문제도 해결하지 못하시면서 어찌 먼 곳의 일만을 걱정하시는지요. 부디분국부터 제대로 챙기시길 바랍니다."

정지된 듯 무왕은 그대로 멈춰 정설을 바라보며 생각에 잠겼다. 그녀의 말에 틀린 부분은 한 군데도 없었다. 자신이 지금 백제로 가 봐야

단 한 사람의 힘이 늘어날 뿐 큰 도움이 되지 못할 것은 자명했다. 그리고 이 왜에서의 자신의 입지도 아직 너무나 미미한 상태였다. 어머니인 가희부인도 그러지 않았던가? 주변의 사람들을 자신의 편으로 돌리지 않으면 큰 권력은 잡지 못한다고. 이러한 여러 상념이 무왕의 머리에서 빠르게 돌고 돌았다.

"음. 그렇군. 좋지 못한 모습을 보여서 송구스럽소."

그제야 웃는 얼굴을 한 무왕이 이렇게 말하자 정설도 덩달아 웃으며 고개를 끄덕였다.

다시 원래의 모습을 되찾은 무왕은 먼저 백제에서 이주해 온 이들이 거처할 곳과 식량 문제에 대해 관료들과 의논했으며 이러한 시국에 분국에서는 무엇을 할 것인지 친 백제계 후왕들과 야마토 조정에 사신을 보내며 의견을 조율했다. 이렇게 백제의 불안을 분국들도 머금은 채 어느덧 시월이 되었다. 전쟁의 기운이 감돈지 한 달이 지났음에 다들 하루 빨리 승전 소식이 분국 땅에 도달하기를 간절히 빌었다. 그러던 중 겨울의 느낌이 조금씩 밀려들어올 때 무왕의 스승인 왕정 박사가 나니와를 찾아왔다. 무왕은 기쁜 마음에 바로 자신의 처소로 들라하라고 신하에게 명하고는 추운 날씨를 감안해 따스한 차를 준비하도록 지시했다. 이윽고 왕정 박사의 모습이 무왕 앞에 나타났다. 그의 얼굴을 본 무왕의 얼굴이 기쁨에서 당황함으로 다시 슬픔으로 변했다. 왕정 박사의 모습은 자신의 기억에 남은 그 당당하고 기품 있어 보이는 모습이 아니었다. 그의 붉은 비단옷은 먼지로 인해 그 빛이 바래 있었고, 얼굴에는 피로함이 역력했다. 기쁜 승전 소식을 알리기 위해 급히 와서 그럴 것이라고 생각하고 싶었지만 그의 힘없는 퀭한 눈은 그러한 희망마저 사라지게 만들었다. 백제는 크게 패전했다. 무왕은 차를 무르게 하고 나니와의 쌀과 누룩으로 만든 청주를 따뜻하게 데워서 가져오게 했다. 김이 올라오는 술을 왕정 박사의 잔에 따르고 자신의 잔에 따랐다. 두 잔에 모두 술이 채워지는 것을 보고나서 왕정 박사가 먼저 잔을 들었다. 그리고는 묵묵히 두 잔을 한 번 부딪히고는 천천히 들이켰다.

"아바마마와 어마마마, 그리고 형님들은 어찌되셨습니까."

"왕자마마. 놀라지 마시고 크게 마음을 가지시기 바랍니다. 불행하게도 두 분 모두, 모두 돌아가셨다 들었습니다. 저도 단지 그 이야기를 전해 들었을 뿐이라 실감이 잘 나지 않는군요. 실은 그 일을 이곳에 알리러 왔습니다. 왕자님의 노력에도 불구하고 백제는 짐승 같은 구려군에 짓밟혀 대왕마마도 왕비님도 왕자님도 모두, 모두 돌아가셨습니다."

"무엇이라고요? 하아. 흑, 으흑."

왕정 박사는 슬픔에 무너져 내리는 무왕의 얼굴을 보지도 않은 채 시선을 아래로 깔며 다시 한 번 술을 따라 마셨다. 그리고 그동안 백제에서 있었던 일을 천천히 먼 옛날의 이야기를 회상하듯 담담하게 말해 내려갔다.

"재증걸루41와 고이만년42, 두 장수를 불러오게."

거련의 말이 끝나기가 무섭게 마치 기다렸다는 듯이 두 장수가 들어왔다. 둘 다 우람한 체구를 지닌 장수로, 재증걸루라 불린 이는 팔척의 키에 짙은 눈썹을 지녀 그 외모만으로도 충분히 강인함을 느낄 수 있었다. 고이만년은 재중걸루보다는 조금 작은 키를 지녔으나 매섭게 올라간 눈초리와 아직도 군데군데 옅게 남아 있는 상처자국들이 전장의 연륜을 느끼게 해주었다. 이렇듯 전장에서 뼈가 굵은 백전노장의 풍모를 지닌 두 장수가 들어오고 예를 갖춘 후 다시 거련의 말이 이어졌다.

"두 장수를 부른 것은 도림이 돌아왔기 때문이요. 도림의 말에 의하면 현재 백제는 무리한 공사와 노역에 의해 여러 가지로 국력이 약해져 있다고 하오. 그러니 지금이 쳐들어가기에 안성맞춤이라 생각하는데 두 대로(大盧)의 생각은 어떠한지 듣고 싶소."

이 말에 고이만년이 앞으로 나서며 대답했다.

"도림이 돌아온 것은 이미 알고 있사옵니다. 그의 말이 맞다면 백제를 치기에 지금보다 더 좋은 기회는 없겠지요. 백제를 치기 위한 군사들은 이미 십팔 년 전부터 훈련을 시작하고 있었사옵니다. 언제든지 출정할 수 있습니다."

이 대답에 거련은 고소를 머금으며 다시 입을 열었다.

"아무리 그래도 그대들의 모국인데, 이대로 쳐들어가도 후회 없겠소?"

"우리에게 조국은 고구려뿐입니다."

이 대답은 재중걸루가 한 것이다. 그의 눈은 한 치의 흔들림도 없이 거련을 보고 있었다. 아니, 오히려 그의 눈에서는 묘한 살의마저 느껴지는 듯했다. 이에 만족한 듯 고개를 끄덕이며 거련이 말을 이었다.

"그대들의 생각이 정 그러하다면 바로 내일 백제를 치러 출발했으면 하오. 군사는 어느 정도면 충분할 거라 생각하시오?"

이에 다시 고이만년이 대답했다.

"3만 명이면 충분할 거라 사료되옵니다. 보고에 의하면 아직 신라의 군대는 백제에 당도하지 못한 듯하고 왜에서 보내온 구원군은 1만명이 채 되지 않는다고 하옵니다. 신라의 구원군이 당도하기 전 백제의 병사들을 상대하기에는 3만 명이면 충분하다고 사료되옵니다. 적이 백제만 있는 것도 아닌데 모든 병력을 다 빼내가는 것 또한 위험하다 생각되기에 드리는 말씀입니다."

"음. 그래, 그대의 말이 옳소. 그렇다면 선두에는 두 장수 중 누가서겠소?"

이 말에 둘은 잠시 서로를 마주보더니 함께 대답했다.

"저희 둘 다 선두에 서겠습니다."

그러한 두 사람의 눈은 차가운 얼음장처럼 흰 빛을 뿜어내고 있었다. 이러한 눈빛을 그대로 받아내고 있는 거련은 침을 한 번 삼킬 수밖에 없었다.

"알겠소. 그럼 이번 전쟁의 모든 책임은 두 대로에게 맡기기로 하겠소. 부디 우리 고구려를 위해 백잔43을 토벌해주시오."

"알겠습니다."

이리 말하고 두 장수는 왕의 침소에서 물러났다. 자신들의 침소로 향하며 고이만년이 입을 열었다.

"드디어 내일이면 우리 가족들의 복수를 할 수 있겠군."

"그래."

이렇게 대답하는 재증걸루의 시선이 먼 하늘에 가늘게 떠 있는 초승달에 닿았다. 얇게 휘어진 초승달이 마치 잘 선 칼날처럼 서늘하게 느껴졌다. 어느새 고이만년도 재증걸루의 시선을 따라 달을 바라보았다. 그렇게 둘은 그 자리에 붙박인 돌처럼 멈춰 서서 옛날의 일을 회상하였다. 457년, 그 끔찍했던 날의 기억을.

비유왕이 붕어하시기 얼마 전 위독한 상황을 전해 받고 되돌아온 개로왕을 둘은 인정할 수 없었다. 당시 개로왕의 힘은 너무나 미미해 백제를 강성하게 만들기는 역부족이었다. 둘은 그렇게 생각했다. 그리고 지금껏 백제를 위해 일해 온 자신들이 이런 어린 왕에게 머리를 숙여야 한다는 것도 참을 수 없었다. 그러했기에 새로운 왕을 옹립하려 시도했다. 하지만 그들의 마음과 같을 것이라 생각했던 이태화와 장안의 밀고가 있었다. 결국 그들은 백제 정권에서 영원히 밀려나 그렇게 고구려로 도망쳤고 그들의 피붙이들은 삼족이 서늘한 칼날 아래로 순식간에 사라졌다.

재중걸루의 입에서 바윗돌을 씹는 듯한 소리가 흘러나왔다. 벌겋게 변한 그의 눈에서 마치 그 붉은색이 물이 되어 흘러나올 듯했다. 저승사자와도 같이 험악하게 일그러진 얼굴로 쥐어짜듯 말을 내뱉었다.

"용서 못한다! 용서할 수 없어. 더러운 백잔놈. 더러운 개로왕!"

다음 날 드디어 백제를 침공하기 위한 대작전이 시작되었다. 이미 병력을 국경 근처에 배치해놓은 상황이었기에 백제와 전면전을 치룰 시각은 시시각각 다가왔다.

도림이 고구려의 첩자였음이 여실히 드러나며 그제야 눈을 뜬 개로왕은 깊게 한탄했으나 이미 때는 늦었다. 이미 상황을 돌이킬 수는 없었다. 개로왕은 백제의 병력과 왜에서 온 구원군의 병력을 합쳐 최대한 고구려를 막으며 신라에서 올 구원군을 기다리기로 했다.

서기 475년 9월 9일 아침, 뿌옇게 하늘을 가린 안개가 서서히 사라져 갔다. 황금빛 벼와 붉고 노란 단풍, 그리고 아리수의 푸른 물. 성곽 위에서 본 백제 도성의 풍경은 한 폭의 그림인 양 아름답기 그지없었다. 하지만 개로왕을 비롯한 백제의 군사들은 이러한 풍경을 감상할 마음조차 품을 수 없었다. 아리수 너머로 거련이 이끄는 3만의 고구려 군사들이 갑옷과 창검으로 무장한 채 강변을 가득 메우고 있기 때문이었다. 이러한 모습을 미간에 짙은 주름을 잡은 채 노려보던 개로왕의 몸이 일순 파르르 떨렸다.

　강 건너에서는 고구려 군사들이 군선을 강에 띄우고 부교를 설치하며 도강 준비를 하느라 분주히 움직이고 있었다. 그들 사이사이를 돌아다니며 말을 탄 장수들이 움직였다. 고구려를 상징하는 붉은색, 노란색 깃발들이 바람에 나부꼈고, 그 안에서 태양과 삼족오, 혹은 이 둘이 함께 그 모습을 보였다 숨었다 했다. 강 한가운데까지 나가 적진을 살피고 있는 백제 첨병들은 이 깃발들이 나부끼는 것만 보고도 식은땀을 흘리며 침을 삼켰다. 얼굴은 공포에 질려 이미 파랗게 변해버린 지 오래였다.

　적들의 움직임은 백제 도성 쪽 강변에서도 잘 보였다. 그들의 움직임이 바로 앞인 양 생생했고, 그들이 가지고 온 말들의 울음소리와 그들의 웅성대는 소리마저 간간히 바람을 타고 건너오기도 했다. 그리고 곳곳에 피워놓은 모닥불의 연기는 한성을 뒤덮을 듯하여 백제의 군사들은 조금도 긴장을 늦출 수가 없었다. 조금 있으면 저들과 생과 사를 가르기 위해 칼과 창을 맞대야 한다는 생각이 머릿속을 가득 메웠다.

　강변을 지키고 있는 군사들의 수는 고구려군에 비해 압도적으로 적었다. 병력이 적은 백제로서는 일단 성을 굳건히 지키며 구원군을 기다려야 했기에 강변을 지키는 이들은 고구려군을 정찰할 수 있을 정도의 인원만 남겨뒀던 것이다. 그러했기에 그들은 전쟁이 일어나기 전부터 이미 사기가 많이 꺾인 상태였다.

이러한 때 아차산성에서는 거련이 다시금 재증걸루와 고이만년을 불렀다.

"둘은 전에 백잔에 있었으니 이곳에 대해 다른 이들보다 더 잘 알 것이라 생각하오. 그대들은 개로왕이 북성과 남성[44] 중 주로 어디에 머무르는지 알고 있소? 가장 빠르게 백잔을 제압하는 데는 역시 그 나라의 군주를 사로잡는 것이 가장 좋다고 생각하오. 그러니 그대들은 개로왕이 어디에 있는지 가늠하여 그 성을 함락해주었으면 하오."

이러한 거련의 말에 재증걸루가 한 발 앞으로 나와 답을 했다.

"알겠사옵니다, 태왕마마. 개로왕은 평소 궁궐이 있는 북성에 거처하나 국사를 논의하거나 개인적으로 여흥을 가질 때는 보통 남쪽의 토성에 머물렀습니다. 도림에 의하면 남성에도 최근 새로운 궁궐을 지었다고 하더군요. 하지만 이러한 시국에는 역시 원래의 궁궐이 있는 북성에 있지 않을까 사료되옵니다."

이 소리에 거련의 입에 미소가 번졌다. 백제에 원한이 사무친 옛 백제의 장수 둘, 지금 이들만큼 백제를 공격하는데 믿음직한 자들은 없었다.

"그렇군. 알겠소. 내 여러분을 믿고 명령을 내리겠소. 우선 북성부터 공략하시오. 그리하여 개로왕이 사로잡히면 분명 다른 군사들은 사기가 꺾일 것이니 쉽게 남성까지 함락시킬 수 있을 것이오. 자, 이제

바로 출발하시오."

"예! 맹세코 태왕마마를 실망시켜 드리지 않겠사옵니다."

"곧 성을 함락시키고 개로왕의 목을 가져오겠나이다."

재증걸루와 고이만년은 동시에 우렁찬 목소리로 이렇게 장담하고는 곧장 뒤로 돌아 말을 타고 달렸다. 그들의 눈에는 기세등등한 살기가 서려 있었다.

그들이 나오자마자 도강준비가 끝나고 공격 나팔 소리가 울려 퍼졌다. 그들이 이끄는 3만의 대군은 일제히 강을 건넜다. 도성 쪽 강변에서 활이 날아왔지만 그들은 방패로 철저히 방비하며 불이 붙으면 아리수 물로 끄며 침착하게 강을 건너왔다. 이에 얼굴이 파랗게 질린 백제군들은 뒤로 돌아 달아나기 시작했다. 하지만 그들은 곧이어 강을 다 건넌 재증걸루의 칼에 의해 뒤에서 도륙 당했고 이를 본 고구려군들은 사기충천하여 거대하게 고함을 지르며 앞으로 뛰어 나갔다. 그들이 북성 앞으로 몰려올수록 백제 군사들의 표정은 더욱 굳어졌다. 3만의 병력이 그들의 눈에는 백만, 천만의 병력처럼 느껴졌다.

"네 길로 나눠 북성을 먼저 포위하고 불화살을 날려라!"

고이만년의 우렁찬 목소리가 퍼져 나왔고 그의 명령에 따라 고구려군들은 넷으로 나뉘어 마구 불화살을 날리며 성을 공략했다. 백제의 군사들은 모두 성 안에서 성문이 뚫리는 것을 열심히 막을 뿐 밖으로 나와 그들과 접전을 벌이는 이는 한 명도 없었다.

"공격하라! 그들의 병력은 얼마 되지 않는다!"

"화살을 쏘는 이들을 제외하고 모두 성문을 부숴라!"

고이만년과 재증걸루의 목소리가 다시금 울려 퍼졌고 이에 맞춰 고구려군의 공격이 더욱 거세졌다.

"성문을 사수하라! 굳게 닫아걸어라! 신라에서 구원군이 올 때까지만 버텨라!"

고구려군의 목소리에 화답하듯 성문 안에서도 백제군을 독려하는 비장한 목소리가 구슬프게 전해져 왔다. 적군은 적군대로 죽을힘을 다해 불화살을 쏘아 올리고 성벽을 기어올랐다. 성을 삼키려는 고구려 군사들의 머리 위로는 백제군들이 퍼붓는 끓는 물과 돌덩어리들이 쏟아지기 시작했다. 하지만 음식에 몰려드는 개미떼들처럼 고구려 군사들은 포기하지 않고 끊임없이 성에 달라붙었다. 하나가 죽으면 뒤에 있던 병사가 또다시 앞으로 기어 올라왔다.

위에서 굴러 떨어진 돌에 의해 머리가 짓뭉개지며 밑으로 떨어지는 병사들이 보인다. 아래서 쏘아 올린 불화살이 종종 백제군 어깨를 관통하며 몸에 불이 붙는 광경도 보인다. 불붙은 백제군 병사는 몸을 이리저리 움직이다 성곽에서 떨어진다. 그 시체를 보고 고구려 군사들이 사기충천하여 더욱 큰 함성을 울린다. 밑에서는 거목으로 만든 기둥이 호흡에 맞춰 문을 두드려 대고 그 안에서는 수십 명의 병사들이 온몸으로 문을 막고 섰다.

고구려군은 성을 포위한 채 계속 몰아붙이고 있었고, 도성을 지키는 백제 군사들도 죽을힘을 다해 버티고 있었다. 성 바깥은 전사한 군사들의 시체 썩어가는 냄새와 핏물로 인해 아수라장이었다. 고구려군은 하루 두 차례씩 몰려왔다가 다시 물러났다. 그들이 공격할 때마다 백제 군사들은 온힘을 다해 싸우고 물리쳤지만 이제 그들도 거의 탈진 상태에 놓였다. 그들은 쉴 새 없이 덤벼드는 고구려군의 공격으로 먹을 것도 제대로 먹지 못한 상태였고 병력이 부족하여 교대할 이마저 없었기에 잠도 부족한 상태였다. 지금까지는 어찌어찌 막아내긴 했지만 더 이상 버틸 힘이 없었다. 기진맥진 파김치가 되어 죽든 살든 될 대로 되라고 포기한 상태였다. 더 이상 육체적 고통을 감내할 수 없을 정도로 그들의 정신과 육체는 너덜너덜하게 극한 상황에까지 몰려 이를 견디지 못하고 자살을 기도하는 군사들마저 나오는 상황이었다. 결국 북성은 적군의 날카롭고 끈질긴 공격 앞에 7일 낮밤을 지킨 것도 허무하게 무릎을 꿇고 말았다[45].

"개로왕을 찾아라!"

고이만년의 외침에 고구려 병사들이 득달같이 성 안으로 밀려들었다. 그들은 성문을 열었다는 데에 대한 기쁨으로 그간의 피로마저 잊은 듯 날랜 몸짓으로 성 안을 맘껏 누비며 날뛰었다. 고구려 군사들은 기진맥진한 백제 군사들을 마치 병든 닭 모가지 치듯 쉽사리 목을 베고 가슴을 찌르면서 성내로 몰려 들어왔다. 반대로 몇 몇 살아남은 백제 병사들은 지친 몸짓으로 도망치다 결국 뒤에서 베어지거나 화살을 맞으며 열린 성문으로 마구 도망쳤다. 그들은 남성(몽촌토성)으로 들어가기 위해 필사적으로 고구려 군사들을 피해 성을 버리고 달아났다.

"개로왕이 없습니다!"

"아무데도 보이지 않습니다!"

고구려 군졸들의 외침이 성 안을 메웠다. 재증걸루와 고이만년의 얼굴이 일그러지기 시작했다. 개로왕은 남성에 있다. 일주일이란 시간과 군사력을 낭비한 것이다. 하지만 그 낭패감을 서둘러 남쪽 성으로 진격하라는 외침으로 바꾸었다. 전력을 분산했다면 개로왕이 있는 성에도 병사들이 그리 많지는 않을 것이다. 그리고 이미 북성이 함락 당했음에 백제 병사들은 그만큼 사기를 잃었을 터였다.

한편 개로왕은 토목사업과 함께 국력을 쇠잔하게 만든 새로 지은 궁이 이러한 때 요긴히 쓰인다는 것에 씁쓸한 미소를 짓고 있었다. 하지만 이러한 것도 임시방편이라는 것 또한 알았다. 그들은 북성을 함락시키고 나면 분명 자신이 여기 있다는 것을 눈치 채고는 득달같이 달려들 것이었다.

초조한 마음으로 북성을 바라보던 이들의 눈에 눈물이 어렸다. 성이 함락되는 모습은 그들에게 절망을 안겨주었고 이로 인해 다들 몸을 부르르 떨며 입술을 깨문 채 눈물을 흘렸다. 하지만 더 큰 참사는 바로 뒤에 일어났다. 북성에서 도망쳐 나온 백제 병사들이 굳게 닫힌 남성으로 달려와 문을 열어달라고 아우성치기 시작한 것이다. 하지만 그 뒤에서 고구려 군사들이 맹렬히 그들을 뒤따라 공격해 들어오는 모습이 보였다.

"절대 성문을 열어줘서는 안 된다!"

태자 홍의 목소리가 고막을 찢을 듯이 터져 나왔다. 그 목소리가 아니어도 이미 사태를 주시하고 있던 성 안의 백제 병사들은 눈을 돌리거나 감으며 그들의 모습을 외면했다. 지금 중요한 것은 동료의 목숨이 아닌 백제와 직결되어 있는 대왕 개로왕의 생명이었다.

"문을 열어주시오!"

"살려주시오! 사람 살려!"

"빨리 열어! 이 새끼들아!"

죽을힘을 다해 울부짖어도 통하지 않자 마침내는 쌍욕을 해대는 병사들도 생겨났다. 그럼에도 성문은 조가비처럼 입을 굳게 닫은 채 결코 열리지 않았다. 성 밖 사람들의 목소리가 성 안의 같은 백제 병사들의 귀에 애절하고 슬픈 목소리로 또렷하게 들려왔다. 하지만 얼마 되지 않아서 그 소리는 비명소리로 바뀌었다.

뒤에서 칼을 쳐들고 따라온 고구려 병사들은 성 안으로 들어가려고 몸부림치던 백제 병사들의 몸을 사정없이 내리치고 베었다. 성 밖 도로는 순식간에 흥건한 핏물로 바다를 이루었다. 길바닥에는 붉은 백제의 혼이 흘러내려 스물 스물 스며들었다. 길바닥은 금방 모두 붉은색으로 변했고 이제 도망칠 의지도 잃은 백제 군졸들은 처참하게 무너져 내렸다. 아비규환이요, 지옥이 따로 없었다. 모든 비명 소리가 잦아들고 곧이어 성을 부술 듯한 고구려 군사들의 공격 소리가 울려 퍼졌다. 더 이상 감상에만 젖어있을 수는 없었다. 백제군은 다시 성을 지키기 위해 맹렬히 고구려군을 성에서 털어냈다. 하지만 사색이 된 백제 군사들의 사기는 고구려 군졸들과는 반비례하면서 점점 떨어졌다. 특히 성 밖에서 살려달라며 울부짖던 동료들의 처참한 최후를 직접 목격하게 된 병사들은 자신의 동료들이 고구려 군졸들에게 죽임을 당할 때는 마치 자신의 몸이 도륙을 당하듯 치를 떨다가 곧 다가올 운명을 예상하고는 차라리 눈을 감고 싶은 심정이 되었다. 이제 싸움은 승패가 난 것이나 다름없었다. 백제 군사들의 사기는 이미 땅에 떨어질 대로 떨어졌다. 이러한 정황을 전장의 백전노장인 고이만년과 재증걸루가 놓칠 리 없었다. 오래도록 전장을 누벼 야수와 같은 감각을 지니게 된 그들이었다. 전장에서 살아남기 위해 짐승과 같은 후각과 시각, 그리고 청각을 기르며 산전수전을 다 겪은 그들은 오로지 복수를 위해, 이 전쟁에서의 승리를 위해 날뛰고 있는 마귀들 같았다.

"공격하라! 백잔국 병사들의 사기는 이미 땅에 떨어졌다! 곧 있으면 무너진다! 총공격하라! 뒤로 물러나는 놈은 용서 없다. 오로지 총공격뿐이다. 어서 공격 앞으로!"

재증걸루와 고이만년은 개로왕의 냄새를 맡았는지 더욱 흥분한 상태로 고구려 군사들을 몰아세웠다. 그들의 독전 소리가 매섭게 백제 군사들의 고막을 터트리듯 울려 퍼졌다. 북성을 함락시킨 그 기세를 몰아 고구려 군사들은 더욱 거세게 남성으로 달려들고 또 달려들었다. 이번에도 북성 공격 때처럼 동서남북 네 성문으로 군사를 나눠 각 문을 향해 마구 불화살을 날렸다. 곧이어 성문들이 불타기 시작했고 백제 군사는 불타는 성문에 물을 쏟아 부었다. 그러나 역부족이었다. 계속해서 날아오는 불화살과 역으로 불어오는 바람에 불은 꺼지는 속도보다 더 빠르게 번져가며 백제 병사들을 약 올리듯 활활 타올랐다.

"아바마마, 더 이상 이 성 안에 계시는 것은 위험하옵니다. 분한 말이오나, 분명 고구려의 병력이 우리보다 강하옵니다. 그리고 이제 곧 이 성도 무너질 듯하옵니다. 부디 나중을 생각하시어 옥체를 피하소서."

바깥의 비명소리가 들리는 횟수가 잦아지는 것을 느끼며 태자인 홍이 입을 열었다. 개로왕은 침통한 표정을 지으며 살짝 열린 창틈으로 아직 싸우고 있는 백제 군사들을 한 번 훑어보고는 천천히 고개를 끄덕였다.

개로왕과 그의 아내 해리화, 그리고 다섯 명의 자식들은 그나마 고구려 병력이 적은 서문으로 향했다. 그리고 그들이 피하는 순간 절묘하게 남성이 함락되었다.

"개로왕이 서문으로 달아난다!"

가장 먼저 개로왕을 발견한 고구려 군사 한 명이 큰 소리로 외쳤다.

백제 군사들의 얼굴이 전체적으로 파리하게 변했다. 그럼에도 그들은 자신들의 대왕을 잘 피신시키기 위해 성 바깥에 위치한 고구려 군사들의 칼과 창을 막고 북문을 통해 물밀듯이 들어온 고구려군이 서문으로 가지 못하게 막아섰다. 하지만 이미 승리를 예감한 고구려 군사들을 막아내기에는 역부족이었다. 드디어 조금씩 달아나는 병사들이 나오기 시작하였고, 작은 틈 안에 숨으러 기어 들어가는 병사마저 생겨났다. 마침내 남성도 북성처럼 고구려 군졸들의 창과 칼에 점점 폐허가 되어갔고 여기저기서 연기가 피어올랐다. 백제 중앙군의 5부병(五部兵) 모두가 고구려군에 의해 거의 도륙되고 말았다. 태자 홍이 왜국에서 끌고 온 5천 명의 군사도, 야마토 대왕과 무왕이 주로 백제 이주민을 주축으로 보낸 또 그 만큼의 병사도 사기충천한 고구려군 앞에서는 시체 수만 더 늘려줄 뿐이었다.

한편 고구려 군사들은 백제 군사들이 더 이상 싸울 의지를 보이지 않았기에 여유를 부리며 그들을 포박했다. 그리고 두 개 당(幢)⁴⁶은 급히 추격할 태세를 갖추어 서문을 빠져나간 개로왕을 뒤쫓았다.

급박한 상황에 당황한 개로왕이 급히 서문을 빠져나와 달리는데, 그 일행 앞쪽으로 또 다른 고구려 군사들의 모습이 나타났다. 앞뒤 모두 막히게 된 것이다. 재증걸루와 고이만년은 이미 개로왕이 달아날 것까지 예상하여 일부러 서문을 허술하게 해놓은 것이었다. 그리고 그 앞쪽, 개로왕이 달아날 길목에는 이미 다른 병사들을 매복시켜 놓았던 것이다. 아차, 하며 말고삐를 뒤로 돌렸지만 이미 뒤쪽에서도 고구려 군사들이 득달같이 달려오는 상황이었다. 결국 개로왕 일행은 앞뒤로 포위당하는 신세가 되어 고구려 군사들에 의해 말에서 끌어내려졌다. 그들은 개로왕 일행을 포박해서 남성으로 다시 돌아왔다. 그러자 그들을 알아보고 다가오는 둘이 있었다. 457년 역모사건의 주동자로 몰려 고구려로 도망친 재증걸루와 고이만년이었다. 둘은 개로왕을 잡아온 군사들을 치하하고 말에서 내려 개로왕의 앞으로 나섰다.

"오랜만입니다. 대왕마마."

고이만년이 얼굴에 웃음을 가득 띠우며 입을 열었다. 하지만 가늘게 휘어진 그의 눈에서는 차가운 냉기만이 느껴졌다. 그러한 그들의 얼굴을 보며 개로왕의 안색이 하얗게 변했다.

"그간 별고 없으셨는지요?"

그 뒤를 이어 재증걸루도 비아냥거리는 투로 인사말을 건넸다. 그리고는 그의 얼굴에 침을 세 번 퉤! 퉤! 퉤! 하고 뱉었다.

"아무리 백제에서 달아났다고는 하나 한때 주군으로 모시던 분을 어찌 해하려 할 수 있단 말인가!"

태자 흥의 말이었다. 이 말에 두 사람은 박장대소하기 시작했다. 그리고 다시 고이만년이 입을 열었다.

"주군, 주군이라고? 자신을 옹립하지 않았다며 신하였던 우리 두 사람의 삼족을 멸한 자를 옛 주군이었다는 이유로 용서하라는 말인가?"

"그 당시, 나의 입지를 지키기 위해서는 그리할 수밖에 없었네. 역모를 꾀했던 것은 자네들이지 않았는가."

개로왕의 힘없는 목소리가 새어 나왔다. 그러한 개로왕이 가증스럽다는 듯 그는 다시 한 번 더 침을 뱉고는 말했다.

"너에게 제대로 된 대왕의 자격이 있었다면 오늘날 이런 일은 일어나지 않았을 것이다. 네놈에게 우리의 죄를 말할 자격이 없음을 알아라."

이렇게 말하고는 고이만년이 자신의 품에서 서찰 하나를 꺼내 재증걸루에게 건네주었고, 그는 이 서찰에 적힌 개로왕의 죄목을 낱낱이 읽어 내리기 시작했다. 개로왕과 그의 가족, 그리고 여러 신료들이 꿇어 앉혀진 자리에서 재증걸루의 목소리가 크게 울려 퍼졌다.

"백잔 국주 개로왕은 듣거라! 너는 일찍이 네놈의 부친인 여비(비유왕)의 측근으로 나라의 기강을 바로 세우려는 우리를 축출하기 위해 갖은 모략으로 죄를 조작하여 우리에게 뒤집어 씌웠다. 네놈이 먼저 우리를 제거하려 했기에 우리도 대응차원에서 네놈을 없애고 나라를 다시 일으켜 세우려했던 것이다. 그것이 바로 18년 전의 일이다. 그러나 우리들에게는 너무나 생생하여 바로 어제의 일인 양 기억되고 있다. 우리에게는 천추의 한으로 남아있던 것이다. 그때 우리는 오직 나라 잘 되기를 바라는 마음밖에 없었다. 비유왕을 도운 오랜 경험과 경륜을 바탕으로 올바른 정책을 건의했던 것인데, 네놈은 왜국에서 갓 돌아온 애송이 주제에 우리 둘의 건의는 전혀 들은 체도 하지 않았다. 게다가 이태화[47], 장안[48], 미귀[49], 우서[50] 등과 같은 간신배들의 이간질에 놀아나고 말았다. 그들의 농간에 우리 가족들을 해친 것은 엄청난 실수요, 오늘의 죽음을 부른 재앙이 되었다.

백제 사직을 위해 올바른 정책을 건의하는 우리들의 충언을 무시하고, 오히려 계략을 꾸며 우리를 함정에 빠트려 무고한 인척을 죽임은 그 죄가 매우 크다 할 것이다. 지금 그때를 생각하면 너무나도 끔찍하다. 그 얼빠진 간신배들의 조잡하고 허황된 말만 믿고 우리의 충정은 듣지도 않던 네놈이 무슨 자격으로 우리 가족들을 죽였던 것이냐? 우리가 역모를 꾀한다고 일러바치자, 네놈은 즉시 우리를 잡아들이려고 했다. 그러나 우리가 잡히지 않자, 대신 우리의 사랑하는 가족들은 물론 삼족을 멸하는 천하의 몹쓸 짓을 했음이 개인적으로 우리가 네놈에게 원한을 품게 된 가장 큰 이유이다. 그 원한이야 이루 말할 수 없다. 네놈의 생간을 꺼내 씹어 먹어도 시원치 않다. 알겠느냐? 우리의 원한을.

둘째는 우리 고구려를 이리와 승냥이로 낮춰 부르면서 북쪽 오랑캐인 북위에까지 쓸데없는 사신을 보내 우리나라를 헐뜯은 죄다. 그것도 모자라 북위 현조[51]에게 간사한 말과 치사한 아부를 하면서 우리나라를 남북에서 협공하여 같이 치자고 한 죄이다. 어찌 오랑캐 민족에게 아부까지 하면서 공동시조인 주몽[52]의 정통성을 가진 형님뻘 되는 우리 고구려를 치자고 하는가? 그것은 매우 커다란 잘못이었다.

또한 오늘 일은 백잔이 먼저 일으킨 자업자득이다. 일찍이 백잔 국주 근초고[53]가 지난 371년에 무엄하게도 평양성까지 진격해 와 우리 사유왕[54]을 죽게 한 대역죄를 저질렀다. 그 불구대천의 원수를 오늘에야 갚게 되는구나! 오늘 백잔 국주 개로왕을 제물로 바쳐 우리 태왕의 원수를 갚아 보상하게 되니, 고국원왕께서도 지하에서 기뻐하시리라! 네놈은 우리를 원망하지 말고, 네놈 조상 근초고를 원망할지어다."

개로왕과 그의 가족들은 다가올 죽음에 대한 공포에 그 말들이 전혀 귀에 들어오지 않았다. 그저 신라에서 빨리 구원병이 돌아와 그들을 구하고 백제를 다시 일으켜 세우기를 기원할 뿐이었다. 그러한 그들의 옆에서는 승전국이 된 고구려의 군사들이 낮게 깔린 소리로 비웃음을 흘리고 있었다.

재증걸루가 죄목을 모두 읽자 이번에는 고이만년이 개로왕의 얼굴에 침을 뱉고는 개로왕과 그의 가족들을 모두 아차산성으로 끌고 갈 것을 명했다.

"아무리 그래도 한 나라의 왕을 이렇게 허망하게 죽일 수야 없지. 아차산성으로 끌고 가서 우리 태왕께 보고한 후 그 앞에서 한 나라의 왕답게 죽게 해주지. 그전까지는 네놈 맘대로 죽을 수 없을 것이다. 백제 패망의 소리를 들으며 기다리도록 하라!"

재증걸루와 고이만년, 그리고 다른 고구려 병사들의 비웃음 소리가 귓전을 때렸다.

"내 이 자리에서 죽을지언정 이 치욕은 반드시 갚을 것이다. 나의 자손이 너희들과 고구려를 짓밟아 이 원통함을 풀어줄 것이고, 그렇지 않다면 내 죽은 뒤에도 네놈들 모두가 지옥으로 갈 때까지 꼭 붙어 다닐 테다."

개로왕의 비통한 목소리에도 그들은 승리자의 여유로 웃음을 터트렸고 재증걸루는 오히려 그의 정강이를 걸어찼다. 가죽신을 신은 발로 마구 걸어차니, 그 모습이 섬뜩하여 고구려 군사들마저 고개를 돌릴 지경이었다.

한참을 걸어차던 발을 멈추고 재증걸루가 입을 열었다.

"네놈이 그럴 수 있으리라 생각하느냐? 오늘 너희 놈들 씨를 모두 말릴 것이다. 그러니 그러한 것은 꿈이나 꾸도록 해라! 아하하하하."

발길에 채여 그 자리에 고꾸라진 개로왕은 단 한 명 남은 자식인 왜국에 나가 있는 무왕을 생각하며 눈물을 흘렸다. 그를 왜로 보낸 것이 천만다행이라 생각하며 그라면 분명 다시금 백제를 일으켜 세워줄 것이라 생각했다.

이러한 굴욕을 입술을 굳게 깨물면서 견디며 배에 올랐다. 배는 천천히 피안의 아차산성을 향해 나아갔다. 개로왕이 아리수를 건너면서 바라본 남쪽 백제에는 허망함만이 감돌뿐이었다. 곳곳에서 연기가 피어올랐고, 죽은 시체의 모습들이 아리수를 가득 매웠다.

'백제 땅에서 백제와 함께 죽으리라.'

남쪽 강변을 떠난 배가 강의 중간에 이르렀을 때, 개로왕은 포박된 상태에서 몸을 벌떡 일으켜 배의 난간 쪽으로 몸을 내밀었다. 너무나 순식간에 일어난 일이라 당황하던 감시병이 급히 반 정도 밖으로 나간 개로왕의 몸을 꼭 붙들었다. 개로왕은 그 손에서 빠져나와 물속으로 떨어지기 위해 몸을 좌우로 마구 흔들었다. 그 힘이 너무나 강하여 감시병은 그저 그가 떨어지지 않게 붙잡을 뿐, 그를 배 바닥으로 끌어올 수는 없었다. 뱃머리에서 인솔을 하고 있던 재증걸루가 이를 보고는 그들에게로 급히 다가와 개로왕을 발로 걷어찼다. 그 바람에 개로왕과 감시병은 한 덩어리가 되어 배 바닥으로 내팽개쳐졌다.

"이런 곳에서 죽으려 들다니. 그럴 수는 없다. 너는 우리 태왕마마 앞에서 제대로 심판을 받아야 할 것이다. 개로왕을 가족들과 함께 묶어라!"

감시병은 자신의 위에 자빠져 있는 개로왕을 옆으로 치우며 일어나서는 모두를 긴 밧줄로 한꺼번에 묶었다. 이렇게 되니 개로왕도 더 이상 자살을 시도할 수 없게 되었다. 배는 천천히 아리수를 가르며 북쪽 강변으로 다가갔다. 처참한 땅 위의 광경과는 달리 하늘은 구름 한 점 없이 너무나 푸르렀다.

아리수를 건넌 재증걸루는 개로왕 일행을 아차산성으로 끌고 갔다. 그곳에서는 거련이 그들 일행을 기다리고 있었다. 그는 재증걸루와 고이만년이 줄줄이 묶인 개로왕 일행을 데리고 들어오는 것을 보고는 이제야 한숨 놓인다는 듯한 미소를 지으며 그들을 반겼다.

"어서 오시오, 두 장수 모두 정말 공이 컸소. 개로왕까지 생포했으니 정말 대단한 일을 한 것이오."

"황공하옵나이다. 태왕마마. 이 모든 것이 태왕마마의 은덕이옵니다."

거련은 이 말에 더욱 흡족한 미소를 띠며 말을 이었다.

"아니오. 그대들 같은 장수들을 둔 것이야말로 고구려의 크나큰 복이라 하겠소. 어찌되었건 그대들의 공로는 고구려로 돌아가 후하게 치하할 것이오."

이렇게 말하고 나서 거련은 개로왕 일행을 돌아보았다. 개로왕은 입술 사이로 피를 흘리며 거련을 매섭게 쏘아보았다. 거련 또한 이러한 눈빛을 피하지 않고 대국의 위엄을 보이며 그를 마주보았다. 한참을 바라보던 개로왕이 이윽고 침통한 목소리로 말했다.

"내 더 이상 구차하게 생을 연명하고 싶지 않소. 이미 패한 왕이 어찌 살고자 하겠소. 어서 죽여주시오."

"그대의 죽음은 당연한 일이오. 하지만 지금은 아니오. 이번 전쟁을 마무리하고 나서 그 죗값을 낱낱이 들어 형을 집행하겠소. 저들을 옥에 가두고 철저히 감시하라!"

"예! 태왕마마."

거련의 명이 떨어지자 두 명의 군사가 달려 나와 그들을 데리고 감옥으로 향했다. 이렇게 백제의 왕과 그의 가족들은 단 한 명의 피붙이만을 왜에 남겨둔 채 고구려군에 붙들려 옥에 갇히는 신세가 되었다. 한성 백제는 이렇게 그들과 함께 생을 마감했다.

"밥 먹어라."

저녁이 되어 간수가 이 한 마디를 남기고 밥을 밀어 넣었다. 일곱 덩이의 주먹밥과 커다란 그릇에 들어있는 물이 전부였다. 개로왕은 그것을 한 번 힐끗 보고는 고개를 돌렸다. 그리고는 벽을 향해 앉은 채 미동도 보이지 않았다. 이러한 개로왕에게 태자 홍은 주먹밥을 내밀며 말했다.

"아바마마. 그래도 드셔야 합니다. 아직 희망이 있지 않사옵니까? 이곳은 백제에서 그리 멀리 떨어진 곳이 아닙니다. 신라의 구원군이 온다면 우리는 살 수 있습니다."

왜왕 홍의 이 말에 개로왕은 천천히 고개를 끄덕이고는 밥을 받아들었다. 그리고 메이는 목으로 조금씩 밥을 뜯어먹기 시작했다. 신라에서 구원군이 와 그들을 구해줄지도 모른다는 단 하나의 실낱같은 희망을 가지고.

감옥 안에 들어와서 일주일이 지나고, 처음으로 개로왕은 해리화를 바라보았다. 이제껏 공포와 불안, 그리고 하나의 희망을 생각하느라 주변을 돌아보지 못했었다. 해리화는 하얗게 질린 얼굴과 파란 입술을 하고서도 어떻게든 떨지 않으려 안간힘을 쓰고 있었다. 그런 아내가 측은하여 옆으로 다가가 앉았다. 그러자 해리화는 몸을 살짝 비켜 자신의 첫아들인 홍에게로 기댔다. 이러한 해리화에게 개로왕은 아무 말도 하지 못한 채 슬픈 눈으로 바라볼 뿐이었다.

감옥 안은 어둡고 습해 아침인지 밤인지조차 제대로 분간이 되지 않았다. 그렇게 하루하루를 보내며, 구원군에 대한 희망도 거의 사그라진 밤 개로왕은 잠이 오지 않아 몸을 일으켰다. 해리화도 마찬가지였던 듯 이미 몸을 일으켜 벽에 기대어 앉아 있었다. 개로왕은 그런 해리화의 옆에 가 앉으며 입을 열었다.

"잠이 잘 오지 않나보구려."

해리화는 아무 대답도 하지 않았다. 입을 꾹 다문 채 자신의 아이들만 살펴볼 뿐이었다. 그러한 해리화의 차가운 옆모습을 살피던 개로왕이 다시 말을 꺼냈다.

"이렇게 온 가족이 다 같이 있는 순간을 감옥에서 맞다니. 내가 정말 무심하긴 했던 듯하오."

"가족이라 생각은 하셨습니까."

아이들에게서 시선을 떼지 않은 채 해리화의 입이 열렸다. 개로왕은 미간에 깊게 주름을 패면서도 웃었다. 그러한 해리화를 보며 그래도 사랑한 순간이 있는 여인에 대한 따스함과, 다른 여인을 더욱 사랑했던 미안함으로 웃었다.

"미안하오."

이 말을 끝으로 더 이상 아무 말도 나오지 않았다. 두 사람은 그렇게 고요히 자리를 지키다 자기도 모르는 사이 잠이 들었다.

귓속을 파고드는 까마귀 소리에 개로왕은 잠이 깼다. 해리화와 아들들은 아직 잠들어 있었다. 여러 마리의 까마귀가 모여 있는 듯 깍깍거리는 소리는 끊임없이 이곳저곳에서 흘러나왔다. 순간 개로왕의 마음이 섬뜩해졌다. 새까만 까마귀의 울음소리가 마치 자신을 부르는 듯했다. 고구려인들은 까마귀를 삼족오라 생각하고 길조로 여기지만 백제인인 자신은 그러지 못했다. 아니, 오히려 고구려의 길조가 지금 자신의 귓속으로 소리를 집어넣는다는 게 더욱 꺼림칙했다.

이러한 개로왕의 생각은 문을 여는 간수병의 소리에 깨어졌다. 간수병은 문을 열더니 개로왕과 그의 가족을 깨워 밖으로 나오라고 지시했다. 밖으로 나가자 이미 자신들의 처형식이 준비되어 있는 것이 뚜렷이 보였다. 온 사방에서 북을 치는 소리가 들려왔다. 어린 왕자들은 기어이 눈물을 보이고 말았고, 해리화 역시 몸을 눈에 보일 정도로 떨었다. 거련이 단상에 올라가 개로왕의 죄목을 다시 한 번 읊은 다음 북이 한 번 울렸다. 이어서 병사 한 명이 개로왕을 데리고 단상 위로 올라갔다. 그곳에서 지키고 있던 망나니가 북소리에 맞춰 천천히 개로왕의 주위를 돌며 장단을 맞추기 시작했다. 그러한 와중에 개로왕은 자신의 가족을 슬쩍 살펴보았다. 다들 빨갛게 물든 눈으로 자신을 바라보고 있었다. 해리화도. 그쪽을 향해 슬며시 웃어주고 다시 눈을 감았다. 망나니의 춤사위가 끝나고 금방이라도 칼을 들어 올릴 듯하던 그가 내려가더니 고이만년이 올라왔다.

"그래도 명색이 한 나라의 왕인데 망나니한테 죽는 것은 너무 수치스럽지 않겠소? 내 손으로 직접 당신의 목을 베어 드리리다."

개로왕은 여전히 눈을 감은 채 침묵만 지켰다. 고구려인들의 함성이 울려 퍼졌고, 재증걸루의 손이 위로 올라갔다. 개로왕은 더욱 눈을 질끈 감았다. 왜에 보낸 자신의 아들 무왕을 생각하며.

다음 차례는 왕비 해리화였다. 그녀는 개로왕이 죽는 순간 떨림을 멈추더니 무표정한 얼굴로 변했다. 그리고는 병사를 따라 아무 반항 없이 선선히 사형대 위에 올라섰다. 그리고는 자신의 죽음을 기다렸다.

'결국 이렇게 허망하게 갈 것을. 어이하여 마마께선 저를 제대로 봐주지 않으셨던 겁니까. 죽어서는 부디. 부디 절 바라봐주십시오.'

해리화 다음으로 태자 홍이, 그리고 남은 네 왕자가 차례로 고이만년과 재증걸루의 칼에 형장의 이슬로 사라졌다.[55] 그들의 머리 위로는 온몸이 검은 까마귀 수십 마리가 구슬 같은 눈을 빛내며 그 광경을 지켜보고 있었다. 475년 9월 26일이었다.

"후에 자비마립간으로부터 구원병을 얻어 여도와 한성에 도착하였으나, 이미 대왕마마와 대부인마마, 그리고 다섯 왕자님 모두 아차산성 밑에서 처참한 죽임을 당하신 후였습니다. 이에 저는 목협만치와 조미걸취, 두 장수와 함께 왕자님께 이 소식을 알려드려야 한다는 사명을 띠고 이곳으로 떠나온 것입니다."

왕정 박사의 이야기가 끝나고 잠시 침묵이 흘렀다. 무왕은 떨리는 손으로 술잔을 들어 힘겹게 그 속의 내용물을 입에 담았다. 술기운이 눈으로 흘러들어가는 것인지 눈이 뜨거워졌다.

"재증걸루, 고이만년."

이를 꾹 다물고 있는 무왕의 입에서 이 둘의 이름이 튕겨져 나왔다.

"이 둘은 반드시 제 손으로 벌할 것입니다. 그리고 한성을 반드시 되찾고 말 겁니다!"

이렇게 말하는 무왕의 눈에서 눈물이 마구 흘러내렸다. 무왕은 오랜만에 어린아이 같은 모습을 보이며 아버지 같은 왕정 박사의 품에 안겨 마구 울었다. 한동안 그렇게 서글피 눈물을 훔쳐내던 무왕이 다시금 목소리를 가다듬고 입을 열었다. 그의 눈에서는 더 이상 눈물이 흐르지 않았다.

"그래서 백제는, 아바마마께서 붕어하신 뒤의 백제는 어떻게 되었습니까?"

"제가 왜로 출발하고 이틀 뒤, 여도님께서 문주왕이라 칭하고 왕위에 오르셨습니다. 그리고 멀리 남하하여 수도를 곰나루로 옮기셨습니다."

"왕위라니요, 누가요? 어째서요? 뒤를 이어 왕이 되는 건 대왕마마의 유일한 후손인 제가 아니었습니까?"

"여도님께서 구원병을 데려왔기에 그나마 고구려군이 물러났다며 그를 백제 대왕으로 옹립한 세력이 있었고, 오랫동안 본국에서 물러나 계신 왕자님의 입지는 너무나 미약했습니다. 그리고 이 혼란한 기회를 이용해 자신들의 입지를 키우려는 귀족들의 계략도 있었지요. 그 이상은 저도 그 자리에 없었던 터라 뭐라 설명드릴 길이 없군요. 대왕을 옹립할 때 저라도 함께 했다면 좀 더 왕자님께 힘이 되어 드릴 수 있었을 텐데. 송구스러울 따름입니다."

무왕은 조용히 고개를 가로저었다. 왕정 박사의 책임이 아니라는 것쯤은 알고 있었다. 그의 기반이 미미하니 어찌할 수 없었을 것이다.

그리고 박사는 나에게 이 소식을 전하는 데 바빠 새로운 왕에 대한 것은 생각할 겨를이 없었을 것이다. 이러한 것들을 생각하며 무왕은 마음을 다잡았다. 하지만 역시 조국에서 자신이 잊혀진 존재라는 것에 대한 서운한 느낌은 금할 길이 없어 다시 술잔을 들었다.

개로왕의 죽음으로 나니와 분국 전역에 슬픔이 감돌았다. 국사를 제대로 돌보지 못해 나라를 패망의 길로 끌어들인 왕이었지만 무왕의 하나뿐인 아버지였고 백제 사람들에게는 대왕이었던 인물이기에 그의 죽음을 받아들이는 것은 모두에게 슬픈 일이었다. 그러했기에 그의 죽음을 이곳 왜지에서도 초혼식(招魂式)을 거쳐 국상으로 치렀다. 아울러 궁전 한편에는 3년 상을 치를 빈소가 차려졌다.

이러한 슬픔 속에서 무왕은 이제 임시가 아닌 정당한 나니와의 왕으로서 다시 서게 되었다. 이에 왕정 박사는 태자였던 왜왕 홍의 처소에 걸려 있던 칠지도를 가지고 와 모든 신료들 앞에서 이를 무왕에게 바치는 의식을 거행했다.

태시 4년 5월 16일 병오정양 조백련강 칠지도 생벽백병 의공공후왕 이미획지작 선세이래 미유차도 백제왕세세 기생성음 고위왜왕지조 전시후세(泰始四年 五月十六日 丙午正陽 造百鍊鋼 七支刀 生辟百兵 宜供供侯王 伊弥獲支作 先世以來 未有此刀 百濟王世世 奇生聲音 故爲倭王旨造 傳示後世)[56]

칠지도가 무왕의 손으로 건네지며 왕정 박사가 입을 열었다.

"이 칠지도는 우리 백제의 근초고대왕께서 처음으로 가야 7국을 흡

수 합병한 것을 기념해서 만들어진 것입니다. 그 후 신성시되던 이 칠지도는 백제 본국의 왕실은 물론 왜국의 야마토 조정에도 보내졌습니다. 아울러 가야 본국을 더 이상 침공하지 않는다는 조건으로 이곳 나니와 지역을 본국 가야로부터 선양받은 후 우리 백제가 차지하게 됨에 이 땅을 다스릴 정당성을 입증하는 신물로서 본국 백제의 비유왕께서 당시 왜국의 왕으로 계시던 개로왕께 하사한 것입니다. 이는 우리 백제의 위엄을 알리는 것으로 그 연호 또한 중국 송나라의 연호인 원가 20년도 아니요, 백제 본래의 표기방식인 계미년도 아닌 백제 분국이 세워진 시기를 의미하는 '태초'라는 뜻으로 태시라 지어졌나이다. 이후 이는 그의 아드님이신 왜왕 흥에게로 물려졌고 다시 지금 무왕께로 물려졌사옵니다. 이는 이 나니와 분국의 정당한 후계자임을 알려주는 것이기에 이제부터 무왕께서 이 나니와의 진정한 주군이 되신 것입니다."

이 말에 모든 신료들이 고개를 숙이며 정식 왕으로서 서게 된 것을 경하 드렸다. 하지만 이러한 와중에도 절망을 맛보는 인물이 있었다. 형인 태자 흥의 부인인 목혜련이었다. 그녀는 절세미인의 외모를 갖췄으나 마음은 옹졸하여 오로지 지아비의 출세와 어린 자식의 분국 왕으로의 등극만을 꿈꾸는 욕심 많은 일반 범부(凡夫)의 여편네와 다름없었다. 그녀에게 있어 나니와 분국의 후왕자리를 다른 사람한테 빼앗긴다는 것은 절대로 상상도 할 수 없는 일이었다.

그녀는 이제 자신이 어찌해야 할지 혼란스러워 하고 있었다. 곧 있으면 남편이 돌아올 것이고 그리고 나면 모든 것이 제자리로 돌아갈 것이라 생각했다. 언젠가는 지아비가 백제의 왕좌를 차지하고, 분국은 개로왕이 흥에게 맡겼듯이 자신의 아들이 맡아서 돌볼 것이라 생각했는데, 지아비가 먼 본국 땅에서 선왕과 함께 조국을 구하다가 죽음을 당한 것이다.

'이대로 있으면 백제의 왕좌도, 아니 그보다 먼저 나니와 분국의 후왕 자리마저도 영영 무왕에게 빼앗겨 버린다. 그렇다면 내 아들은 설자리가 없어!'

그녀는 마음을 다잡기로 했다. 그리고 무왕을 없애고 자신의 아들을 옹립할 계획을 세웠다.

캄캄한 해시(亥時)[57], 목혜련의 처소에 백제에서 좌평을 지낸 여걸(餘傑)이란 인물과 달솔 출신의 장충(張忠)이란 두 사람이 방문했다. 그들은 등불 하나만을 흐릿하게 밝히고는 좁은 탁자에 앉아 최대한 목소리를 낮추고 이야기를 나누었다. 이 세 사람은 평소부터 태자 흥에게 충성을 다했던 인물들이며 처음부터 무왕의 즉위를 탐탁지 않게 생각하던 이들이었다.

"무왕을 어떻게 하면 없앨 수 있겠소?"

목혜련의 목소리가 낮게, 하지만 강하게 새어 나왔다. 다른 이들과 마찬가지로 생각에 골몰해 있던 여걸이 입을 열었다.

"무왕은 왜왕으로서 꽤 입지를 굳혔습니다. 섣불리 해하려 했다가는 오히려 우리가 당할 수도 있습니다."

"그럼 이대로 억울하게 후왕자리를 넘겨주란 말이오?"

격정에 찬 목혜련의 목소리가 아까보다 조금 높게 나오자 이번에는 달솔 출신의 장충이 입을 열었다.

"그러한 것들을 일일이 생각하다가는 끝이 없을 겁니다. 차라리 무왕을 하루라도 빨리 없애버려 그의 지지자가 더 이상 생겨나는 것을 막고 정당성의 이유를 들어 태자마마를 왕으로 옹립하는 것이 낫지 않겠소? 그리 한다면 감히 반대하는 이는 나오지 않을 것입니다. 아직 무왕에게는 자식도 없지 않습니까?"

이에 모든 이들이 고개를 끄덕였다. 무왕이 나이를 먹고 더욱 나니와에서 입지를 강화하게 되면 일은 점점 어려워질 것이 자명했다. 하루라도 빨리 무왕을 없애고 본국 백제의 태자이셨던 홍왕마마의 입장을 내세워 태자를 옹립해야 했다.

"그렇다면 왕은 어떻게 죽이는 게 좋겠습니까?"

다시 좌평 여걸의 말이 이어졌다. 이 말에 다들 다시 입을 다물었다. 현재는 국상 중이다. 그러하기에 사냥을 나가는 것도, 바람을 쐬러 가는 것도 무왕은 모두 행하지 않고 있었다. 이러한 때 그의 곁에 다가가 그를 죽인다는 것은 힘든 일이었다.

"왕의 곁에 쉽게 접근할 수 있는 분이 한 분 있지 않습니까?"

이는 달솔의 말이었다. 이 말에 다들 왕비를 쳐다보았다. 무왕은 처음 자신들을 대면했을 때부터 그들을 견제해 왔다. 하지만 가여운 왕비와 태자는 언제나 돌봐오던 터였다. 가만히 앉아 있던 왕비의 입이 열렸다.

"제가 하지요. 여러분은 즉사할 만한 강한 독(毒)을 구해주세요. 절대 다시 살아나면 아니 될 것입니다."

모두의 고개가 위아래로 한 번 움직였다. 그러다가 갑자기 생각이 난 듯 좌평이 다시 입을 열었다.

"하지만 거사는 한 달 뒤 정도로 미루는 게 좋을 듯합니다. 홍왕마마께서 돌아가신 지금 다른 이들이 태자님을 왕으로 옹립할 수도 있다는 생각을 무왕 측에서도 못 할리는 없다고 보입니다. 그러니 당분간은 무왕과 그의 측근들의 눈을 속여 현 상황에 불만이 없음을 보여주어야 할 것입니다."

"그렇군. 좌평님의 말씀이 옳습니다. 그렇다면 그간 치사량의 독극물과 함께 우리의 힘이 되어줄 이들을 더 물색해 보도록 합시다."

좌평의 말에 이어 달솔 장충의 대안책이 이어졌고, 모든 이들은 다시금 고개를 끄덕였다.

"여러분들의 뜻은 잘 알겠습니다. 이는 발설되면 모두 큰일을 치룰 것이니 부디 모두들 입을 조심하시고 잘 알아서 처신해 주시길 바랍니다. 그럼 오늘은 이만 자리를 파하기로 하지요."

졸지에 청상과부가 된 목혜련이 한 말에 동의하며 누가 먼저랄 것 없이 자리에서 일어나 각자의 처소로 돌아갔다. 그들의 가슴속에는 앞으로 이 나니와에서 좀 더 입지를 가지고 강한 권세를 부리며 살 수 있다는 희망이 부풀고 있었다. 그들에게 있어 홍왕이 남기고 간 어린 태자는 자신들 마음대로 나라를 주무르기에 더할 나위 없이 좋은 미끼였다. 바람이 찼다. 곧 있으면 무왕 역시 이 바람과 마찬가지로 차갑게 식을 것이라 생각하며 다음날부터는 가장 강하다는 독을 찾기 위해 저자거리를 돌아다녀볼 것과 다른 동지를 찾아볼 생각을 하며 다들 잠이 들었다.

일주일에 한두 번씩 자리를 함께하며 역모의 규모는 점점 더 커졌다. 치사량에 이르는 독은 이미 준비되었고 태자를 옹립하는 사람들도 관료와 병사를 합쳐 삼십여 명에 달하게 되었다. 점차 역모의 기틀이 잡혀감에 스산한 기운을 갖게 된 목혜련의 처소에 이주일 만에 무왕이 찾아왔다. 목혜련은 불안한 기색을 감추며 애써 그를 반갑게 맞이하려 했다. 무왕은 아무것도 모르는 듯 단신의 몸이었다. 지금이 가장 좋은 기회일지도 모른다고 생각한 그녀는 품속의 독을 살짝 만져보았다. 하지만 도무지 시종이 가져온 차에 독을 넣을 방도가 생각나지 않아 고민하는 사이 무왕이 입을 열었다.

"그간 무고하셨는지요. 제 슬픔만 생각하여 형수마마께 너무 무심하였던 듯해서 이렇게 찾아왔사옵니다."

"아, 예. 예. 무심하셨다니요. 후왕마마께서 신경써주신 덕분에 우리 모자가 이리 편히 지낼 수 있는 건데요."

갑작스런 무왕의 말에 당황했지만 그런 기색을 애써 감추며 웃는 얼굴로 말을 받았다. 이러한 말에 안심이 되었는지 무왕도 한 번 빙그레 웃으며 다시 말을 이었다.

"그리 말씀해 주시니 정말 감사합니다. 허나 보살피다니요. 마땅히 해야 할 일을 하는 것이지요. 분명 이와 반대로 제가 구원병을 이끌고 백제로 가서 죽음을 당했다면 형님마마께서도 해정설을 비롯한 저와 함께 온 이들을 잘 대해 주셨을 거라 생각합니다."

무왕은 이렇게 말을 하고는 다시 차를 한 모금 마셨다. 분명 무왕은 홍왕이 없는 지금껏 나니와를 통솔하며 자신과 아들을 돌봐주었다. 그러한 생각이 들자 형수인 목혜련 왕비의 심정도 복잡하게 변했다. 그러한 사이 다시 무왕의 말이 이어졌다.

"잘 지내시나 하여 이렇게 불쑥 찾아온 것입니다. 무고하신 모습을 뵈었으니 오늘은 이만 물러가도록 하지요. 국상이 끝난 후에는 왕족들 모두 함께 산책이라도 나가도록 하지요.”

무왕은 이리 말하며 고개를 숙이고는 밖으로 나갔다. 그러한 무왕의 뒷모습을 바라보며 흔들리는 마음을 가슴 안쪽에 간직한 독이든 병을 붙들며 다잡았다.

‘이미 늦었습니다. 나는 당신을 죽이고 반드시 내 아들을 그 왕좌에 앉힐 것입니다.’

이로부터 다시 일주일이 지났다. 모의 계획은 완벽히 진행되었다. 그들은 일단 왕비가 독이 든 다기를 가지고 무왕의 처소에 들어가 이로 그를 죽이기로 했고 혹시라도 실패할 경우를 대비해 바깥에 열 명의 병사를 배치하기로 했다. 그녀가 소리를 치자마자 다들 뛰어 들어가 무왕을 시해하기로 한 것이다. 아무리 무예에 뛰어난 무왕이라 해도 열 명의 잘 훈련된 병사들을 혼자 힘으로 처리하긴 힘들 것이라 보았다.

목혜련은 자색 비단에 붉은 천을 옷깃에 댄 옷을 입고 머리를 꼼꼼히 틀어 올렸다. 그리고는 귀에 매다는 장신구와 옥으로 만든 반지 두 점을 끼고 천천히 무왕의 처소로 향했다. 그 사이 잠시 아들의 방에 들러보니, 열한 살 어린 태자는 아무것도 모른 채 천진하게 잠들어 있었다. 그러한 아들의 뺨에 자신의 뺨을 살짝 갖다 대며 나직이 읊조렸다.

“이 어미가 반드시 너의 자리를 돌려주마.”

이렇게 말하고 나서 목혜련은 다시 복도를 조용히 걸었다. 그녀의 뒤에는 다기를 든 시종 한 명이 따라왔다. 무왕의 처소에서 발을 멈춘 그녀가 자신이 왔음을 알리고 곧이어 들이라는 소리와 함께 문이 열렸다. 하지만 처소 안에는 무왕 혼자만 있는 게 아니었다. 왕정 박사와 정설이 그와 함께 탁자 위에 앉아 있던 것이다. 그녀는 잠시 당황했지만 이내 평정심을 다잡으며 무왕이 앉으라는 의자에 앉았다.

"어서 오시지요. 그간 무고하셨습니까?"

"예, 언제나 염려해주시는 덕분에 아주 편하게 지내고 있습니다. 오늘은 좋은 차가 들어왔다고 하여 후왕마마께도 맛보여 드리고 싶어서 이리 찾아왔습니다."

"차라, 마침 날도 쌀쌀하고 입도 말라 한 잔 마시고 싶다는 생각을 하고 있던 차입니다."

"그리하면 가져오라 하겠습니다. 차와 잔 네 개를 내 오거라."

목혜련은 밖에 있는 자신을 따라온 시종에게 이리 명했다. 잠시 후 잔을 더 준비한 시종이 안에 들어섰다. 그녀가 들고 있는 선반 위에는 뜨거운 물과 다기들, 그리고 잘 말린 녹색 찻잎이 있었다. 목혜련은 손수 다기를 들어 차를 우렸다. 그리고는 모두에게 한 잔씩 따라주었다.

"드시지요. 향이 아주 좋습니다. 향긋한 내음에 모든 근심이 사라지게 되더군요."

목혜련은 이렇게 말하며 자신의 잔을 들어 사람들에게 차를 마시기를 권했다. 이에 모두 잔을 손에 들었고 무왕이 가장 먼저 자신의 입으로 가져갔다. 천천히 무왕의 손이 올라갔고 반대로 목혜련의 손은 천천히 아래로 내려갔다. 그녀의 숨이 거칠어졌다. 그리고 어깨가 조금씩 떨렸다. 무왕이 막 잔을 입에 가져간 순간 왕정 박사가 자신의 잔을 내려놓고 그의 팔을 잡았다.

"잔에 먼지가 들어간 듯합니다. 건져내고 드셔야겠습니다."

이 말에 정설이 고개를 한 번 끄덕이며 자신의 잔을 내려놓고는 밖에다 외쳤다.

"여봐라. 수저 하나를 가져오느라."

곧이어 기다렸다는 듯이 시종 한 명이 천에 은수저 하나를 올린 채 들고 들어왔다. 이를 본 목혜련의 표정이 하얗게 질렸다. 하지만 그렇다고 무슨 말을 할 수 있는 상황도 아니었다. 그녀는 그저 하얀 얼굴로 은수저를 따라 시선을 돌렸다. 수저를 받아든 정설은 왕의 잔을 건네받고 수저로 천천히 젖기 시작했다. 곧이어 은수저의 둥근 부분부터 검게 변하기 시작했다. 이를 본 무왕은 눈살을 찌푸리며 떨리는 음성으로 말했다.

"왕정 박사께서 마마와 조카를 주의 깊게 살펴야 된다고 하셨을 때도 저는 설마라고 생각하고 있었습니다. 하지만 결국. 어째서 그러셨는지요."

이 질문에 지금까지 떨고만 있던 목혜련은 눈을 부릅뜨고 무왕을 노려보며 찢어질 듯한 목소리로 답했다.

"억울하고도 억울해서 어찌 가만있을 수 있다는 말이오! 지아비가 먼 곳에 가 홀로 죽은 것도 억울하거늘 내 아들의 자리마저 다른 이에게 내줘야 한다니. 이를 어미된 자로 어찌 가만히 두고 볼 수 있다는 말이오!"

그녀의 앙칼진 목소리가 방 안 가득 울려 퍼졌다. 무왕의 눈이 슬픔으로 가득 찼다. 힘을 원하기는 했지만 주변 사람을 불행하게 만들고 싶지는 않은 무왕이었기에 그 슬픔은 더했다. 하지만 지금 어린 조카에게 나니와를 맡겼다가는 어찌될지 미래가 너무나 불안했다. 그리고 자신 스스로는 더 힘을 키워 아바마마의 복수를 하고 싶었다. 그러한 생각을 하는 사이 왕정 박사가 입을 열었다.

"역모는 대역죄이옵니다. 이를 엄하게 처리하시지 않으면 앞으로 또다시 이러한 일을 꾸미는 자가 나타날 것이옵니다."

"그렇군요. 왕비는 먼저 나가 있으시오."

무왕의 말에 정설은 조용히 고개를 숙이고 밖으로 향했다. 자신의 슬픈 꿈이 또다시 들어맞은 것을 가슴 아파하며.

"목혜련 왕비께서는 들으시오. 역모를 꾀한 것은 절대로 용서받지 못할 일이오. 조금이나마 양심이 있다면 스스로 앞의 잔을 들어 목숨을 끊으시오."

"제자리를 찾으려 한 것이 어찌 죄가 된단 말인가. 너만 없으면, 너만 없으면 무슨 일이 있더라도 내 아들이 아비의 뒤를 이어 나니와의 왕이 될 것이다. 여봐라! 일이 실패했다! 모두 들어와서 무왕을 죽여라!"

하지만 밖에서는 아무런 소리도 들리지 않았다. 이에 왕정 박사가 다시 입을 열었다.

"밖에 있던 무리들은 이미 호위무사들에 의해 제압당했을 것입니다. 아무래도 궁궐의 공기가 심상치 않아 그들에게 몰래 왕의 처소를 지키라고 했었지요."

이 말에 목혜련의 고개가 푹 하고 아래로 꺼졌다. 이러한 그녀의 곁으로 무왕이 한 발 내딛는 순간 갑자기 그녀가 자신의 품에서 단도 하나를 꺼내들었다. 그리고는 앞으로 고꾸라지듯 달려들며 그 칼을 급히 무왕에게 들이댔다. 자식을 후왕으로 삼겠다는 마음에서인지 그녀의 칼부림은 놀랍도록 빨랐다. 혼신을 다한 그녀의 갑작스런 공격에 아무리 무예를 연마한 무왕이라 할지라도 이를 간신히 피하는데 만족해야 했다. 무왕이 놀란 가슴을 쓸어내리며 안도의 한숨을 내쉬는 순간 '푹' 하는 소리가 나면서 선혈이 사방으로 튀었다. 목혜련이 무왕을 찌르려던 단도로 자신의 심장을 힘껏 찌른 것이다. 시동생을 죽이려던 흉측한 행동이 부끄러웠던지, 그녀는 자살을 선택했다. 무왕은 즉시 문을 열고 시종을 불러 급히 어의를 찾았다. 그러나 그녀는 이미 눈을 부릅뜬 채 숨이 멎어가고 있었다.

"아니, 어찌 자결을, 어찌 자해를 하실 수 있단 말입니까! 저를 몰아내고 홍형님의 아들을 왕으로 옹립하려던 배짱은 어쩌시고 이런 바보 같은 짓을 하십니까! 부디, 부디 좋은 곳으로 가십시오."

무왕의 눈에서 눈물이 흘러내렸다. 그는 형수가 불쌍하다고 생각했다. 어느새 그의 두 손은 공손히 합장하고 있었다. 뒤를 이어 목혜련도 마지막 힘을 발휘하며 맘껏 눈물을 흘렸다. 그녀의 피 머금은 입은 살짝 미소 짓고 있었다.

"죄송…합니……."

그녀는 차마 마지막 말도 끝맺지 못하고 숨을 거두었다. 아직 열다섯밖에 되지 않은 무왕에게는 자신과 절친한 누군가가 죽었다는 사실이 너무나 슬프고 무겁게 느껴졌다. 왕자는 신료들을 불러들여 그녀의 시신을 거두게 하고 후하게 장사지내라고 엄명을 내렸다. 아울러 목혜련을 도와 자신을 해하려 함께 모의했던 자들을 모두 찾아내어 엄벌하라 지시했다. 그리고 나머지는 왕정 박사에게 맡기고 무왕은 정설이 있는 곳을 찾았다. 남편이 올 것을 미리 알고 있었던 듯 무왕이 들어서자마자 정설이 다가왔다. 무왕은 그러한 그녀의 품으로 무너져 내리며 어린 시절 유모의 품에서 울었듯이 큰 소리로 통곡했다. 정설은 그러한 무왕의 등을 천천히 쓸어내렸다.

며칠 후 역모를 꾀했던 좌평 출신의 여걸과 달솔 출신의 장충이 포승줄에 묶여 끌려 들어왔다. 아울러 그자들과 역모에 참가했던 자들 모두를 색출하고 나서 국법에 따라 모두에게 사형을 집행했다. 마지막 남은 왜왕 흥의 나이어린 태자는 왕정 박사가 후환을 없애자는 의견을 내놓았으나 무왕과 정설의 간곡한 부탁도 있어 죽이지 않고 살려두기로 했다. 대신 유모를 붙여 멀리 규슈(九州)의 히고국으로 보내 그곳에서 성장토록 조처를 취했다. 이는 장차 나니와에서 일어날지도 모를 불행한 사태를 미리 예방하기 위한 어쩔 수 없는 최대한의 고육지책이었다.

그러한 일이 진행되는 동안 무왕의 얼굴은 딱딱하게 굳어 펴질 줄 몰랐다. 이후 다시금 주변인들의 행동거지를 감시하고, 또 다른 관료를 뽑고, 이러한 뒤숭숭한 시국을 수습하다보니 다시금 새해가 밝았고 또 꽤나 많은 시간이 흘렀다. 무왕은 자신의 입지를 더욱 확고히 하기 위해 정신없이 업무에 파고들었다. 왕정 박사와 정설 역시 그러한 무왕의 생각을 알기에 그저 조용히 그를 보필해주었다.

그러다가 다시 겨울이 돌아왔다. 그사이 백제에서는 해구라는 인물이 권력을 잡아 마구 휘두르고 있다는 소문이 바람을 타고 흘러왔다. 하지만 분국에 있는 무왕으로서는 아무 것도 하지 못하기에 그저 울분을 삼키며 조금이라도 더 힘을 키우기 위해 노력할 뿐이었다. 그러다가 이 해도 다 끝나갈 때쯤 곤지왕에게서 서신이 왔다. 무왕과 상의할 것이 있다는 내용이었다. 이에 무왕은 왕정 박사에게 국사를 맡기고 호위무사 둘과 함께 단출하게 아스카로 떠났다. 오랜만에 어머님과 양아버지를 뵌다는 기쁨을 가슴에 품으며 발걸음도 가볍게 아스카에 당도했다.

아스카의 궁궐에 도착하자 언제나 그렇듯 곤지왕과 가희부인이 따스한 미소로 맞아주었다. 하지만 어쩐지 그 미소에는 슬픔도 함께 어려 있는 듯했다. 그럼에도 무왕은 오랜만에 만난 기쁨을 표출하며 밝게 말했다.

"올 새해는 아스카에서 맞을 것 같군요. 어쩐지 열여섯 살이 됨을 축하하기 위해 부르신 것 같은 느낌이 듭니다."

이 말에 가희부인이 손을 뻗어 그의 머리를 쓰다듬으며 웃었다.

"그렇구나. 벌써 열여섯이야. 처음 이 곳으로 왔을 때보다 많이 성장한 것 같구나."

곤지왕은 그러한 그들을 살짝 미소 진 얼굴로 바라보다가 말했다.

"부인, 잠시 자리를 피해주시겠소? 내 무왕과 둘이 이야기 좀 하고 싶구려."

이 말에 가희부인은 살짝 얼굴에 검은 그림자를 드리우다 이내 다시 웃고는 자신의 처소를 향해 걸어갔다. 이 뒷모습을 보며 잠시 배웅의 눈길을 보내던 두 사람은 이윽고 곤지왕의 처소로 들어섰다. 곤지왕의 처소는 전에 봤을 때와 별로 변한 게 없었다. 곤지왕은 탁자 앞 의자에 앉으라고 권하고는 자신도 앉고 천천히 이야기를 시작했다.

"지금 백제의 상황이 어떠한지 대강은 알고 있을 것이다."

"예, 해구라는 귀족이 백제군의 병관좌평에 올라 백제의 병권을 쥐고 나라를 뒤흔들고 있다고 들었습니다."

"그래. 벌써 분국 곳곳까지 소문이 돌았구나."

이렇게 말하고 곤지왕은 잠시 말을 끊었다. 그리고는 잠시 멍하니 탁자 위를 응시하다가 다시 입을 열었다.

"백제에서 소환명령이 왔다. 문주왕께서 부르시더군."

"…해구를 제압하기 위해서입니까?"

이 말에 기특하다는 눈빛을 보내며 곤지왕이 다시 말을 이었다.

"그렇다. 현재 대왕마마께서는 해구세력을 저지하실 만한 힘이 없으신 듯하다. 그러기에 내게 힘을 빌려달라고 서신을 보내신 것이다."

"그렇군요. 그 뜻을 분명히 알겠습니다. 마마님의 능력이라면 능히 큰 힘을 발휘하실 수 있겠지요."

이 말에 곤지왕의 표정이 약간 어두워졌다. 그는 자리에서 일어나더니 창을 열고 그 앞에 섰다. 겨울의 찬바람이 방 안으로 들어오며 머릿속을 청명하게 만들어 주었다. 그 바람을 따라 다시 곤지왕의 말이 흘러나왔다.

"전에, 가희부인이 너와 정설왕비에게 이야기를 해 주었다는 소리를 들었다. 그때 그랬지. 자신의 세력이 없으면 아무리 홀로 능력이 뛰어나다 해도 결국 죽을 수밖에 없음을."

"어째서 그런 말씀을 하시는 겁니까."

곤지왕의 시선이 다시 무왕 쪽으로 돌아왔다. 그의 표정은 여전히 어두웠지만 입에는 옅은 미소를 띠고 있는 상태였다. 그는 설명하는 어조로 찬찬히 무왕에게 말했다.

"내가 이곳에 온 지도 벌써 십오 년이 넘어가고 있다. 십 년, 보통 십 년이란 세월만 흘러도 참 많은 것이 변하지. 나라도 마찬가지고. 백제 관료들도 내가 있을 때와는 참 많이 다르겠지. 결국 난 그곳에 가서 새로 시작할 수밖에 없는 것이야. 그러니 어찌될지 모르는 것이지."

"그렇다면 어째서 가시는 겁니까?"

"백제를 이대로 두고 볼 수는 없기 때문이다. 모국이기도 하고 언젠 간 너를 비롯하여 내 자식도 본국 백제로 되돌아가야 하니까."

무왕은 가슴이 벅차오름을 느꼈다. 지금 곤지는 양아버지로서 자신을 불러 나중을 이야기하는 것이었다.

"그래도 아무 생각 없이 가시지는 않을 거라 사료되옵니다. 뭔가 생각이 있으시겠지요."

"음. 너는 이러한 상황에 가장 먼저 무엇을 하겠느냐?"

자신의 말에 정확한 대답을 하지 않고 오히려 반문을 함에 잠시 당황하던 무왕은 다시금 골몰히 생각해 보고는 말했다.

"그곳에 가서 자신의 세력을 만들겠지요. 그리고 해구의 세력을 견제하며 왕 스스로 일어설 수 있도록 할 것입니다."

"그렇지. 나도 그럴 생각이다. 분명 귀족세력이 날뜀에 왕족들은 곱지 않은 시선을 보내고 있을 것이야. 난 그러한 왕족들을 규합하여 세력을 만들고 해구를 견제하며 왕권을 강화할 생각이다."

무왕은 고개를 끄덕이며 감탄의 빛을 보였다. 곤지왕의 설명대로 하면 능히 해구세력에게서 백제를 바로 잡을 수 있을 것 같았다.

"언제 떠나실 겁니까?"

"이곳에서 새해를 맞이하고 다른 왜왕들을 만나고 나서 곧 떠나야 겠지. 한 달쯤 걸릴게야. 대왕마마께도 그리 답신을 보내 놓았고."

"떠나시기 전 저를 부르신 연유는 무엇인지요."

"그저, 내가 떠난 후 백제 분국을 잘 부탁한다는 말을 하고 싶었다."

이후 둘은 말이 없었다. 그저 가만히 각자의 생각에 골몰해 있었다. 그러기를 삼십여 분, 너무 밤이 깊었음을 느낀 곤지왕이 무왕에게 이만 침소에 들기를 권했고 이에 깊은 생각에서 깨어난 무왕은 그에게 예를 갖췄다.

"내일 다시 왜왕들께 서신을 보내려 하네. 일주일 뒤에 다 같이 만나자고. 백제의 왕이 내게 부탁한 일이지만, 그렇다고 나 하나만 알고 끝낼 사항도 아닌 듯하니."

이 말이 함께 야마토 대왕에게로 가자는 말임을 안 무왕은 조용히 고개를 끄덕였다. 그리고는 편히 쉬시라는 한 마디를 남겨놓고 자신의 처소로 향했다.

일주일 뒤 야마토 궁궐에서는 다시 각지의 친 백제계 후왕들이 모두 모였다. 이번에는 곤지왕의 둘째 아들인 말다도 함께 자리했다. 그가 떠나는 일을 이야기하는 자리였기에 당분간 그 대신 정무를 볼 자신의 아들 또한 함께 동석시킨 것이었다. 아버지를 닮은 말다는 뚜렷한 이목구비에 부리부리한 둥근 눈을 가진 소년이었다. 그는 말수는 적었지만 한 마디 한 마디 내뱉을 때에는 그 상황에 가장 적합할만한 말만을 제대로 식별하여 답하는 능력이 있었다. 이번에도 마찬가지로 남제왕이 가장 마지막으로 자리하고 야마토 대왕의 간단한 인사가 끝나자 바로 곤지왕의 말이 나왔다.

"제가 백제로 가야 할 일이 생겼습니다."

이 한마디에 후왕들은 어찌하여 백제가 곤지왕을 필요로 하는지 간파했다. 곤지왕의 능력을 아는 이들은 그저 가서 기우는 백제를 다잡고 돌아오라는 건투의 말만을 할 뿐이었다. 이러한 그들의 격려 말을 뚫고 다시 곤지왕의 말이 이어졌다.

"제가 떠나 있는 동안 제 아들 말다가 저희 아스카 지역을 돌볼 것입니다."

사람들의 시선이 모두 말다라는 작은 소년에게 모아졌다. 하지만 그들의 시선을 한 몸에 받으면서도 소년의 움직임에는 한 치의 흔들림도 보이지 않았다. 그는 아버지의 말이 끊어지고 나서 한 번 호흡을 가다듬더니 입을 열었다.

"저는 마마의 둘째아들 말다라고 하옵니다. 비록 아직 어려 정세에 그리 밝지 못하다고는 하나 왜국의 여러 후왕마마님들의 가르침을 받아가며 열심히 아스카 분국을 돌볼 것입니다."

어린아이가 한 말이라고 하기에는 너무나 잘 정돈되어 있는 이 말에 다른 후왕들 모두 감탄의 빛을 띠지 않을 수 없었다. 예전부터 곤지왕과 좋은 사이를 유지해 오던 야마토 대왕은 감탄과 함께 말다의 머리를 쓰다듬으며 그 대견함에 한동안 말을 잇지 못했다. 그러는 사이 다시 곤지왕의 말이 이어졌다.

"제가 백제로 떠난다고는 하나 솔직히 백제의 사정을 잘 몰라서 완벽하게 평정을 할 수 있을지 장담할 수는 없사옵니다. 그러니 우리 분국에서도 앞으로 본국을 위해 어떤 일을 할지 제대로 파악하고 준비할 역량을 가질 필요가 있다고 봅니다."

"그건 그렇군. 여도를 대왕으로 옹립할 때에도 우리는 그저 나중에 소식을 접하고 나서 축하 사절을 보냈을 뿐이니."

남제왕이 시큰둥한 표정으로 답을 했다. 그는 의자에 몸을 눕히듯 걸터앉은 채 뭔가가 불만인 듯 평소처럼 웃는 얼굴이 아닌 딱딱하게 굳어진 얼굴로 말하고 있었다. 후왕들이 다시 하나둘 입을 열었다. 모두들 격려의 말과 곤지왕이라면 능히 해낼 수 있을 거라는 말들이었다. 이러한 말들이 끝나고 오후 경 모두 자리를 파했다. 시각이 늦었기에 다들 다음 날 떠나기로 하고는 각자 마련된 침소에 들었다.

아바마마가 죽고 그의 친자식인 자신을 완전히 제외한 채 옹립된 왕. 그리고 그 왕을 위해 떠나는 곤지왕. 그는 분명 백제를 위해 일어서야겠다고 생각한 것이다. 그러하기에 떠나기 전 나에게 말한 것이다. 자신이 백제를 구해놓을 테니 안심하라고. 그렇지만. 이러한 여러 생각이 무왕의 머릿속을 맴돌았다. 한숨을 쉬며 답답한 마음에 창문을 열었더니 창문 앞쪽의 뜰에서 남제왕이 거닐고 있는 모습이 보였다. 말벗이라도 할까 하여 무왕은 다시 의관을 정제하고 밖으로 나왔다.

"이 시간까지 주무시지 않고 무얼 하십니까?"

뒤에서 갑작스레 들려오는 말에 남제왕은 놀란 듯 급히 몸을 돌렸다. 하지만 상대가 무왕인 것을 알고는 이내 웃는 얼굴로 변해서 입을 열었다.

"아, 무왕이구만. 거 인기척 좀 내고 다니게. 간 떨어질 뻔하지 않았는가."

"하하하. 그러셨습니까? 이거 송구스럽습니다. 그런데 어찌하여 이 늦은 시각까지 주무시지 않고 계신지요?"

"그걸 내가 되물어도 되겠는가?"

역시 빈틈이 없다고 생각하며 무왕은 씨익 웃음을 내비쳤다. 그리고 길게 하얀 입김을 뿜으며 숨을 한 번 내뱉고는 말했다.

"이것저것 생각이 많아 도무지 잠이 오지 않습니다."

"나도 그렇다네."

남제왕이 짧게 말을 받았다. 그리고는 잠시 무왕의 눈을 뚫어지게 쳐다보다가 다시 말을 이었다.

"솔직히 난 곤지왕의 일이 실패로 끝났으면 하네."

"예? 무슨 말씀이십니까."

"곤지왕이 문제가 아니라 백제 대왕의 자리가 문제인 것이지. 난 자네가 백제의 대왕이 되기를 바랐거든."

남제왕이 예의 그 연신 웃는 얼굴로 무왕을 바라보았다. 무왕은 자신의 속마음이 들킨 듯하여 얼굴을 붉히고는 말을 이었다.

"물론 저도 서운한 마음이 전혀 없는 것은 아닙니다. 아바마마의 뒤를 이어 백제의 대왕이 되어 고구려에 이 원한을 갚고 싶었으니까요. 하지만 지금 중요한 것은 백제의 안정인 것 같습니다."

"그렇군. 알겠네. 하지만 언젠가 기회가 있으면 난 자네를 밀어줄 생각이야."

무왕의 눈이 남제왕의 미소를 머금은 얼굴에 머물렀다. 이 먼 왜국 땅에서 이토록 자신을 지지해주는 든든한 후원자가 있다는 것에 가슴이 뭉클해졌다. 이를 아는지 모르는지 남제왕은 다시 먼 하늘로 시선을 주며 말했다.

"춥군. 밤이 너무 깊은 듯하네. 내일 일찍 떠나려면 어서 자야지. 먼저 들어가겠네."

두 사람은 각자 처소에 들어갔다.

곤지왕의 요청에 따라 무왕은 아스카에서 새해를 맞았고 말다와 함께 말 타기와 활쏘기 등의 무예를 맘껏 닦았다. 그렇게 시간은 흘러 2월을 하루 앞둔 날. 곤지왕은 나니와 항구에 배를 띄웠다. 자신의 옷가지 몇 개와 한 달여의 식량, 그리고 배를 조종할 선원 다섯이 전부였다. 배의 크기도 한 나라의 후왕이 타고 가는 것이라 하기에는 너무나 초라하고 작았다. 그럼에도 곤지왕은 당당하게 그 배에 올랐다. 나루에 선 사람들이 눈시울을 붉히기 시작했다. 가라코는 너무 울어 이미 혼절할 듯한 지경에 이르렀다. 가희부인은 그나마 웃는 얼굴로 잘 다녀오라 말하였지만 그 눈에서는 금방이라도 눈물이 방울져 떨어질 듯했다. 사람들의 환송을 받으며 배는 서서히 움직이기 시작했다.

곤지왕을 배웅한 다음 날, 이른 아침부터 무왕은 짐을 꾸렸다. 그리고 방을 한 번 정리한 뒤 밖으로 나왔다. 문 앞에는 언제부터 있었는지 처연한 표정의 가희부인이 서 있었다.

"이제 가는 것이냐?"

"예. 너무 오래 나니와를 비워둔 듯합니다. 지금 막 어마마마께 인사를 드리러 가려던 참이었는데 어찌 알고 이리 오셨는지요."

"글쎄다. 어미의 감이랄까."

이리 말하고 웃는 가희부인의 얼굴이 어딘지 모르게 파리해 보였다. 검은 눈동자도 어쩐지 생기를 잃은 듯했다.

"너무 염려치 마십시오. 마마께서는 무사히 돌아오실 것입니다."

"그래. 어서 떠나거라. 내가 너무 붙잡아둔 듯하구나. 가라코는 아직 슬픔에서 못 나오는 듯하고 말다 또한 처음 맡는 업무에 정신이 없는 듯하니 인사는 내가 대신 전해주마. 조심히 가거라."

말을 몰아 서둘러 나니와로 돌아왔다. 그런데 무왕을 맞이하러 나온 사람들 중에 정설의 모습이 보이지 않았다. 시종들의 말에 의하면 며칠째 고열로 앓아누워 있다고 했다. 이에 무왕은 자신의 짐을 시종에게 맡기고 곧장 정설의 방을 찾았다. 그녀의 얼굴은 분명 하얗게 변해 있었지만 자신이 왔다는 것은 알고 있었는지 누워 있지 않고 비스듬히 몸을 기대 앉아 있는 상태였다.

"미안하오. 그대가 아픈데 이리 오래 자리를 비우고 있어서."

이 말에 정설은 고개를 가로저으며 눈물을 떨구었다. 하지만 속에 있는 말은 전부 그에게 전할 수 없었다. 곤지왕이 커다란 궁궐 속에 홀로 남아 불타는 꿈을 꿨다는 것을.

"어째서 사사건건 시비를 붙이는 것인가! 변변찮은 세력도 없는 녀석이!"

해구의 침소에서 유리잔이 깨지는 소리가 울려 퍼졌다. 그 소리에 밖에 있던 시종 둘의 어깨가 움츠러들었다. 벌써 며칠째 해구의 침소에서는 무언가가 부서지는 소리가 끊임없이 흘러나왔다. 아스카에서 곤지왕으로 있던 여곤이 오고 그가 내신좌평의 자리에 오르고 난 뒤점차 왕족들의 움직임이 심상치 않게 변해갔다. 물론 아직까지 여곤의 세력이 그리 크지는 않았다. 하지만 분명 간사한 신분 낮은 것들은 자신보다 조금이라도 곤지왕의 영향력이 커지면 그리로 붙으려 할 게 뻔했다. 뭔가 대책이 필요하다 생각하는 해구였다.

다음 날도 집무실에는 많은 대신들이 왕과 회의를 나누었다. 물론 그 자리에는 병관좌평인 해구와 내신좌평인 여곤도 함께 자리했다. 현재 그나마 잠잠한 고구려에 대한 문제와 백성들의 문제 등, 언제나 화

두로 등장하던 문제가 다시 밖으로 불거져 나왔다. 해구는 여곤에게 한 번 눈길을 주고 나서 입을 열었다.

"현재는 고구려가 조용히 있다고 하나 언제 다시 그 이빨을 저희 백제에게 드러낼지 모르옵니다. 이러한 고구려를 견제하기 위해서 국경 근처의 성에서 주둔하고 있는 귀족들의 사병을 더 늘려 굳건한 위용을 보이는 것이 어떠하겠나이까."

이렇게 말을 끊은 뒤 해구는 다시 한 번 여곤을 쳐다보았다. 다른 대신들은 작게 웅성거리기 시작했다. 그들도 이 말이 부적절하다는 것을 알았기 때문이었다. 자고로 나라가 굳건하게 자국을 지키기 위해서는 모든 군사력을 중앙에 모아 철저히 방비를 할 필요가 있었다. 그럼에도 해구가 이리 말하는 것은 국경 근처의 성을 쥐고 있는 자신의 세력을 더 늘릴 생각과 더불어 곤지왕을 떠봄과 동시에 자신에게 반대하는 이들을 색출하려는 것이었다. 이를 느끼기에 다른 대신들은 쉽게 이에 반박하는 말을 꺼내지 못했다. 그러한 순간 여곤의 입이 열렸다.

"이는 겉보기에는 그럴싸하나 속으로 들어가 보면 결코 좋지 않은 의견으로 생각되옵니다. 귀족들의 사병이 커진 것을 고구려가 본다면 이는 저희 백제가 왕권보다 귀족의 권력이 강하다는 것이라 판단하여 오히려 더 침략해 올 기회를 엿볼 것입니다. 하나로 강하게 묶여 있지 않은 나라는 전쟁이 일어나면 뿔뿔이 흩어질 수밖에 없는 것이니까요."

이 말에 힘을 얻어 세 명의 달솔도 여곤의 말에 동조했다. 그러한 그들을 해구는 매서운 눈으로 한 번씩 바라보았다. 그날의 회의는 또다시 큰 방법하나 강구하지 못하고 끝이 났다. 여곤은 자리가 파하고 문주왕의 명을 받아 다시 그의 침소로 들어갔다.

"수고가 많소."

여곤이 들어서자마자 문주왕이 말했다. 이에 여곤은 묵묵히 고개만을 끄덕이고는 그가 권하는 자리에 앉았다.

"내가 변변치 못하여 조카들을 괴롭히는 것 같구려. 신라의 구원군이 너무 늦게 도착해서 결국 죽게 된 개로왕도 그렇고, 현재의 자네도 그렇고."

"그런 말씀 마옵소서."

"아니오. 사실은 사실이니."

이렇게 말하고 문주왕은 자신의 조카 되는 여곤을 보며 희미하게 웃었다. 그리고 다시금 말을 이었다.

"그래도 그대가 와 주어 그나마 안심이 되오. 왕족들이 하나가 되었고 진씨 세력을 비롯하여 곰나루(웅진) 주변에 세력을 갖고 있는 토호 세력인 목씨, 연씨, 사씨, 백씨 등 4대 가문 또한 몇몇 세력은 우리 편으로 돌아섰으니 말이오. 이제 이대로 좀 더 다른 귀족들을 우리 편으로 끌어들인다면 해구 세력은 금세 물리칠 수 있을 듯하오."

"하지만 그들이 그것을 그냥 두고 볼지 의문입니다."

묵묵히 문주왕의 말을 듣고 있던 여곤이 이러한 말을 꺼냈다. 실제로 아직 해구를 추종하는 세력이 많았고 너무 오랫동안 백제를 비운 여곤의 세력은 상대적으로 너무 작았다. 지금 자신들과 함께하는 세력 역시 해구에게 눌리기 싫어 그들의 편에 있는 것이지 진심으로 여곤을 믿고 함께하지는 않았다. 그러한 그의 근심을 안 듯 문주왕이 다시금 미소 지으며 말했다.

"너무 걱정 마시게. 자네의 덕이라면 충분히 가능할 것이라 믿으니 말이네. 오늘은 너무 밤이 깊었군. 이만 가서 쉬는 것이 좋지 않겠나?"

문주왕의 이 말에 여곤은 슬며시 웃음을 지어 보이고는 자리에서 일어났다. 밖으로 나오자 바로 둥근달이 보였다. 하늘은 달의 광채로 인해 그리 검지 않은 남빛을 띠고 있었고 그 사이로 뿌옇게 구름도 몇 점 보였다. 그러한 달빛에 그림자 두 개가 언뜻 비치는 것이 여곤의 눈에 잡혔다. 여곤은 그대로 걸음을 멈추고 최대한 오감을 살려 상대의 수와, 자신을 언제 공격할지, 그리고 어떻게 반격할 것인지를 계산했다.

이윽고 자신들의 정체를 눈치 챈 것을 알았는지 두 그림자가 급하게 뛰쳐나왔다. 둘은 모두 검은색 의복에 그와 마찬가지로 검은 천으로 얼굴을 가리고 있었다. 그들 중 한 사람의 검이 오른쪽에서 왼쪽으로 여곤의 목을 향해 베어져 들어왔고 남은 한 사람은 반대편에서 장단지 쪽을 겨냥해 왼쪽에서 베어 들어와 양옆, 위아래로 여곤이 달아날 구석을 없앴다. 그렇게 그들의 칼이 여곤의 몸에 닿으려는 찰나, 여곤은 미소 짓는 듯 휘어진 눈을 하고 있는 그들 중 목 쪽에 칼을 들이민 자의 품으로 빠르게 파고들었다. 이에 두 사람의 검은 모두 허공을 가르게 되었다. 그에 이어 여곤은 왼쪽에 매달려 있는 칼집에서 재빠르게 칼을 꺼내 그대로 그의 허리를 베어버렸다. 그리고 벰과 동시에 몸을 빙글 돌려 뒤에 있는 다른 남자를 향했다. 이미 그의 눈은 둥글게 변해 있었고, 그 속에는 공포심이 가득 어려 있었다.

"누가 보냈느냐? 명령한 자를 말하면 살려주겠다."

여곤이 칼을 그의 목에 겨냥해 든 채로 말했다. 그는 얼굴을 가리고 있는 천이 젖을 정도로 땀을 흘리다가 이윽고 스스로 자신의 배에 칼을 찔러 넣었다. 여곤과 대립하면 분명 그는 쉽게 자신을 제압할 수 있을 것이고, 그렇다고 이대로 돌아가거나 잡히면 위에서 자신을 살려두지 않을 것이라 생각했기 때문이다. 차라리 고통 없는 죽음을 택한 자객이었다. 여곤은 그의 곁에 다가와서 살릴 수 없음을 확인한 뒤 시종들을 불러 두 주검을 치우게 했다. 그리고는 호위병들에게 궁 안을 철저히 지키라 이르고는 침소로 들었다.

여곤이 잠에서 깨어나는 순간부터 궁 안은 소란으로 가득했다. 하룻밤 사이에 달솔 세 명이 싸늘한 시체로 변한 것이다. 이들은 모두 어제 여곤의 말에 동조한 이들이었다.

'자객은 해구가 보냈던 것이군.'

이러한 생각은 모두의 머릿속에서 나왔지만 그 누구도 함부로 발설치 못했다. 증거도 없었으며 이제 조금이라도 말을 잘못하면 죽을지도 모른다는 공포심이 사람들의 마음에 심어졌기 때문이다. 이에 많은 이들이 다시 해구의 편으로 돌아서서 여곤을 찾지 않았다. 더 이상 이대로 시간을 지체하면 오히려 목이 졸리는 것은 자신이라 생각한 여곤이 다시 문주왕을 찾았다.

"곰산성을 장악해서 농성을 벌이는 게 차라리 나을 것 같습니다."

이 말에 문주왕은 크게 벌어진 눈으로 여곤을 바라볼 뿐 아무 말도 하지 못하였다. 이에 다시 여곤이 입을 열었다.

"해구를 몰아내는 데에 대한 정당성은 충분합니다. 백성들에게 해구가 왕권을 찬탈하려 한다는 소식을 방을 붙여 전하고 현재 저희 편에 있는 이들과 합세해 해구에 맞서면 승산은 있을 듯하옵니다."

"허나 그리하면 큰 유혈사태가 생기지 않는가. 게다가 해구의 관직은 병부좌평이네. 모든 군사권은 그의 손아귀에 넘어간 지 오래야. 싸움을 벌이면 우리가 당할 확률이 높네."

"하지만 이대로 있다가는 해구는 자신에게 반대하는 이들을 죽여가며 더욱 입지를 강화시킬 것입니다. 더 이상 이대로 있으면 안 됩니다. 병력은 적으나 우리에게는 정당성이 있고, 성 안에서 방비만 철저히 하면 몇 날은 버틸 수 있을 겁니다. 그리고 그 사이 분명 백성들의 반란이 일어날 것이고요."

문주왕은 잠시 입을 다물고 생각에 잠겼다. 분명 달솔 셋을 죽인 건 해구의 짓이었고 그 후 그에 대항하는 이들은 더욱 사라졌다. 이것이 계속된다면 언젠가는 여곤은 물론 자신도 언제 자객한테 당하고 백제가 해구의 손아귀에 넘어갈지 몰랐다. 이에 문주왕은 결심을 한 듯 강한 눈빛으로 여곤을 보면서 고개를 끄덕였다.

"자네의 뜻대로 하게."

왕족들과 왕권을 옹호하는 귀족 세력들에게 뜻을 알리고 난 후, 모두는 해구 몰래 자신들의 병력들을 끌어 모아 일주일 후 곰산성으로 모였다. 그들은 성 안에 있는 해구의 세력을 긁어내어 죽였고 자신들의 시종들을 시켜 전국에 해구가 왕권을 찬탈하려 한다는 방을 붙였다. 이를 뒤늦게 눈치 챈 해구는 얼굴을 붉게 물들이고 눈썹을 힘껏 이마 위로 치켜 올리며 군사들을 불러 모았다. 이제 전면전은 피할 수 없는 상황이었다.

"구석에 몰리니 별 짓을 다 하는군! 좋다! 내 네놈들을 깡그리 짓밟아 없애주마!"

해구는 모인 군사들과 함께 곰산성으로 쳐들어갔다. 방을 보고 백성들이 모여 자신에게 칼을 들이댄다면 모든 것은, 자신의 권력은 물거품으로 돌아가는 것이었다. 그러했기에 그는 시종들에게 여곤이 문주왕을 감금하고 곰산성에서 농성을 벌이고 있다는 방을 붙이게 하고는 군사들을 독려해 곰산성을 공격했다. 어찌되었건 하루빨리 전투를 끝내야 했다.

"적들의 숫자는 얼마 없다! 공격하라! 그리고 왕을 구출하라!"

해구의 목소리가 곰산성 아래로 길게 퍼져나갔다. 이에 그의 군사들은 마구 성을 오르기 시작했다. 하지만 성 안에서의 반격도 만만치 않았다. 언제 준비했는지 성벽 아래로 거대한 돌들이 마구 떨어져 내렸고 끓는 물들이 성 밑의 군사들 위로 부어졌다. 그리고 성문은 안쪽에 두꺼운 나무들을 쌓아올려 놓아 쉽게 열리지 않았다. 불화살도 마구 부어지는 물 때문에 큰 소용이 없었다. 이에 해구는 다른 방도를 찾아야만 했다.

밤, 또다시 검은 의복을 입은 이들이 성벽을 기어올랐다. 모두 이십 명의 사람들이 마치 그림자인 것처럼 성벽에 딱 달라붙어 소리도 없이 위로 기어 올라갔다. 동서남북 사방으로 각각 다섯 명씩 기어 올라가 성벽을 지키는 이들의 입을 막고 단도로 목을 그었다. 그리고는 그들의 옷을 벗겨 내고 시체들이 가득 쌓여 있는 성벽 아래로 밀어버렸다. 잠시 소란이 인 구역도 있었으나 밤이 깊어 그들의 얼굴도 잘 보이지 않았고 다섯 명의 병사들이 모두 입을 맞추어 잠시 다퉜을 뿐이라고 말했기에 아무도 의심의 눈초리를 보내지 않았다. 그날 성벽을 지키는 이십 명의 사람들은 모두 아무도 모르는 새에 바뀌어 있었다. 그리고 그들이 성벽을 장악함에 삼십 명의 무장들이 더 곰산성 안으로 기어들어왔다.

여곤은 밖으로 나와 다시 병사들을 독려했다. 인원은 더 줄어 한 사람이 열의 몫은 해야 했지만 그럼에도 모두 왕을 위한다는 마음 하나로 열심히 성문을 지켰다.

"여곤님! 대왕마마께서 긴히 하실 말씀이 있다 부르십니다."

성 안에서 급히 한 병사가 달려 나오며 여곤에게 말했다. 이에 여곤은 고개를 한 번 끄덕이고는 다시 뒤를 돌아 아직껏 열심히 성을 방비하고 있는 이들에게 외쳤다.

"조금만 더 버텨라! 곧 있으면 모든 백성들도 우리의 편을 들어줄 것이다! 간악한 해구를 몰아내고 강성한 백제를 만들기 위해 모두 힘을 내어라!"

병사들 모두 거대한 환호성을 울렸고 이 소리가 어찌나 큰지 성 아래의 해구 군사들은 잠시 공격을 멈추고 주춤거렸다. 이러한 이들을 보고 살짝 미소 짓고 여곤은 자신을 부르러 온 병사와 성 안으로 들어갔다.

성 안으로 들어간 여곤은 주위가 살기로 가득 차 있음에 오싹함을 느끼고 칼을 뽑아들었다. 대낮인데도 어쩐지 성 안은 어두침침했다. 창은 이미 검은 천들에 의해 가려져 있었다. 그러한 여곤의 뒤에서 칼이 날아들었다. 방금 여곤을 부르러 온 병사였다. 여곤은 재빨리 이를 피하며 그에게 칼을 들이댔다. 하지만 그 칼은 금세 오른쪽에서 튀어나온 다른 병사에 의해 막혔고 그의 왼편에서 또 하나의 칼날이 날아들어왔다.

"너희들은 누구냐?!"

여곤의 말에도 아무 대답 없이 어느 샌가 이십 명의 병사들이 여곤을 둘러싼 채 찔러 들어왔다. 한 명을 베면 그 뒤에서 다른 이가 찔러 들어왔다. 한 명, 두 명, 여곤은 침착하게 그들을 베어나갔지만 좌우사방 할 것 없이 계속해서 날아 들어오는 칼날을 전부 막을 수는 없었다. 다시 한 병사의 머리를 몸에서 분리시켰을 때 왼편 어깨에 뜨거운 통증이 전해졌다. 그 병사의 머리를 치는 틈을 노려 다른 병사가 그의 뒤에서 왼쪽 어깨에 검을 꽂아 넣은 것이다. 통증 때문에 둔탁해진 검을 뒤로 돌려 휘두르는 순간 또 하나의 검이 정확히 그의 복부를 관통했다. 여곤은 눈을 부릅뜬 채 그대로 칼을 뒤로 찔러 그 병사를 죽였다. 하지만 그의 시선은 이미 검게 흐려졌고 많은 출혈과 고통으로 인해 머릿속은 마비되었다. 모두 여섯 명의 병사들을 죽이고 그의 칼이 멈췄다. 그 틈을 노려 남은 병사들 중 다섯 명의 칼이 그의 몸을 관통했다. 서서히 칼이 빠지고 여곤의 몸은 그대로 앞으로 고꾸라졌다. 하지만 그의 눈은 여전히 부릅뜬 채였고 손에는 칼이 굳건히 쥐어져 있었다. 자신이 칼에 찔렸다는 사실조차 자각하지 못한 채 계속해서 싸울 것처럼.

여곤이 제거 당했다는 사실에 고무된 해구는 자신의 병력을 총동원하여 곰산성을 공격하라는 명을 다시 내렸다. 한편 성내에서는 해구 일당이 다시 공격해 오자 급히 여곤을 찾았으나 그는 이미 숨을 거둔 상태였다. 지휘관을 잃고 혼란에 빠진 곰산성은 저항할 의지를 잃었다. 그리고 해구의 세력에게 순순히 항복을 하고 말았다. 그렇게 해구는 힘을 하나도 들이지 않고 곰산성을 접수할 수 있었다.

시간은 계속해서 흘러 다시 더운 여름이 찾아왔다. 나니와는 백제 분국이라는 사실이 무색할 만큼 어지럽게 흘러가는 본국과는 달리 평안하고 고요했다. 간간히 백제에서 온 상인들이 힘든 본국의 소식을 알려왔지만 직접 겪지 못하는 사람들에게는 크게 와 닿지 않았다. 무왕은 이를 들으며 계속 가슴 아려했지만 자신이 지금 할 수 있는 것이 없었다. 그러던 중 가을을 앞둔 어느 날 다시 아스카에서 연락이 왔다. 서신에는 곤지왕이 죽었다는 내용이 적혀 있었다.

문주왕을 도와 내신좌평에까지 올랐던 곤지왕은 자신의 입지가 미약해 정면으로 해구와 싸우기 힘들었기에 왕족들을 규합하고 점차 자신의 힘을 키워 해구와의 일전을 준비했으나 이를 안 해구와 급히 전쟁을 치르게 되었고 결국 죽임을 당했다.

벼가 누렇게 익어가는 계절 배 한 척이 나루로 들어왔다. 그 안에서 장정 네 명이 커다란 관 하나를 어깨에 짊어지고 나왔다. 하지만 아직 아무도 눈물을 보이는 사람은 없었다. 그저 멍하니 관이 천천히 자신들 쪽으로 다가오는 것을 보고 있을 뿐이었다. 477년, 무왕은 이렇게 삼촌이자 양아버지인 여곤을 저 세상으로 멀리 떠나보내게 되었다. 그리고 이후 여곤은 아스카의 신이 되었다. 아스카베신사(飛鳥戸神社)[58]에 진좌되어 뭇사람들의 염원과 소망을 성취해주는 백제 이주민들의 구세주가 되었다.

이후 문주왕마저 자신의 신하들에 의해 암살당했다는 소식을 듣고 무왕은 혼란에 빠졌다. 어째서 국가보다 권력에 눈이 멀어야 하는 것인지, 어째서 자신의 신하들에게 살해당해야 하는 것인지, 그러한 것들에 대한 회의가 느껴져 견딜 수가 없었다. 그리고 자신도 제대로 권위를 세우지 못하면 언제 다른 왕들처럼 될지 모른다는 생각이 들며 예전, 홍형님의 아내였던 목혜련을 떠올렸다. 그때 자신 역시 왕정 박사나 정설이 없었다면 권력다툼에 의해 죽임을 당했을지 모른다 생각하니 문득 서늘함이 느껴졌다.

'내가 강해져야 한다. 좀 더 강해져서 누구나 날 대왕으로 인정할 수 있게끔 해야 한다. 백제를 부강하게 만드는 것은 그러고 나서 할 수 있는 것이다.'

이러한 생각은 문주왕의 뒤를 이어 제위에 오른 임걸왕(삼근왕)까지도 외척의 손아귀에서 헤어나지 못한다는 소식을 듣고 더욱 강해졌다. 그리고 자신이 백제의 대왕이 되어 다시금 부강한 나라를 만들고 싶다는 생각 또한 조금씩 가슴속에 싹트기 시작했다. 그리고 현재 자신이 백제를 위해 무엇을 할 수 있을지를 생각했다. 이러한 어려운 시국에 다시금 고구려가 백제를 침공한다면 분명 백제는 이번에야말로 패망의 길을 걸을 것이다. 이에 작은 후왕으로서 할 수 있는 일이 무엇일까 생각하다 자신의 국정을 보좌해 주고 있는 왕정 박사를 불렀다.

"스승님."

"예, 왕자님"

왕정 박사는 어린 시절 사마를 부르듯 아직까지 친근하게 무왕을 왕자님이란 칭호로 불렀다. 그리고 무왕 역시 자신이 의지하는 왕정 박사가 자신을 이리 친근하게 불러주는 것을 기뻐했다. 그에게 있어 왕정 박사는 이제 단순한 스승이 아닌 친 아버지나 할아버지와 같이 느껴지는 존재였다. 이러한 훈훈함을 느끼다가 다시금 나라의 안위를 생각하며 굳은 표정으로 입을 열었다.

"지금 백제가 위태로운 지경에 처해 있음을 스승님께서도 충분히 알고 계시리라 생각합니다. 고구려의 압력도 문제겠지만 계속해서 들려오는 귀족들 간의 권력 투쟁이 더 큰 문제라고 생각합니다."

"예, 왕자님, 소신도 참으로 안타깝게 생각합니다. 일치단결해야 겨우 국난을 막을 수 있을 텐데, 그렇게 분열돼서는 나라가 오래 가기 힘들다고 생각합니다."

"예, 스승님. 그래서 제가 말씀드리는 겁니다. 제가 이곳에 계속 머물러 있어야 하는지, 아니면 또 다른 할 일이 있는지."

왕정 박사는 잠시 생각을 하는지 조금씩 주름이 자리하기 시작한 얼굴에 주름을 더 넣어 보이며 고개를 아래로 향했다. 그렇게 잠시 있다가 고개를 들고 무왕을 바라보며 말했다.

"신의 생각으로는 왕자님께서는 잠시 기다리시는 것이 좋을 듯합니다. 지금 권력싸움에 끼어들면 오히려 백제에서 입지가 약하신 왕자님이 위험하실 것 같습니다. 더 큰 일을 하기 위해서는 지금 당장은 몸을 사리고 실력을 키우는 것이 중요합니다."

"스승님, 저도 그렇게는 생각됩니다마는 너무 답답해서 드리는 말씀입니다. 이대로 있다가는 또다시 고구려가 무슨 행동을 보일지 알 수 없습니다."

"그것 또한 그렇군요."

현재 무왕이 이리 급하게 구는 것은 고구려의 남하정책 때문이었다. 분명 현 백제의 가장 큰 문제는 귀족들 간의 권력다툼이요, 그 속에서 나라를 제대로 돌보지 않는다는 데에 있었다. 이러한 일들이 지속되는 나라는 오래갈 수 없다. 그것도 이를 눈치 채고 주변의 강국이 대대적인 침략을 감행하면 더욱더 그렇다. 그러하기에 지금 백제 안에서 입지가 작아 귀족들과는 맞서지 못할지라도 고구려만은 백제를 침략하지 못하도록 어떻게든 붙잡아 두고 싶은 것이었다.

"직접 모습을 드러내지 않고도 고구려를 압박할 수 있는 방법이 있습니다."

"그것이 무엇이옵니까? 어서 말씀해 주십시오."

"그건 바로 고구려 인접 국가들과 외교를 하는 것입니다. 백제는 물론 우리 분국의 왜왕들도 송나라에 사신을 보내고 있지 않사옵니까? 우리는 송나라까지 갈 큰 선박도 만들 수 없고, 항해기술도 부족하기에 본국을 통해 외교를 하는 입장이지만, 그래도 보내야 합니다."

"그렇게 된다면야 좋겠지만, 허나 그리 한다고 어떤 이득이 있겠습니까?"

송나라와 외교를 한다면 그들의 문물도 빠르게 이 나니와로 전해질 것이다. 그리고 송나라와 더욱 친분이 쌓일 것도 알았다. 하지만 그렇게 송과 교류를 하면 고구려가 압박된다는 말이 바로 실감이 나지 않았다. 아무리 친분이 많은 나라라 하더라도 자국의 이해가 충족되지 않는 한 움직이지 않을 것이 자명했다. 이렇게 여러 생각으로 복잡한 표정을 짓는 무왕을 보며 왕정 박사가 말했다.

"우리와 동맹을 맺고 있는 송나라에 우리의 사정을 전하고, 고구려를 배후에서 압박하도록 할 수 있지요. 그렇다면 고구려로서도 백제를 선뜻 공격하지 못할 것입니다. 백제가 아무리 혼란에 빠져 국력이 약해졌다 하더라도 뒤가 불안하면 앞으로 절대 앞으로 나서지 못하는 것이지요."

"허나 아무리 동맹을 맺고 있다 하더라도 백제를 돕는 게 송나라에게 무슨 이득이 있습니까? 결국 동맹도 자국의 이익을 위해서 하는 것이 아닙니까?"

"이득이 있지요. 송나라 역시 고구려를 견제하고 있는 나라니까요. 그들도 백제가 사라지고 고구려가 영토와 인구를 더욱 늘려 자신들을 칠지 모른다는 공포심을 가지고 있을 겁니다. 그러니 이렇게 위기에 처한 백제가 송에게 도움을 요청했을 때 모른 척 하지는 못할 겁니다. 오히려 백제와 함께 힘을 모으자고 하는 데에 동조할 나라지요."

왕정 박사의 설명에 이제야 얼굴을 풀며 고개를 끄덕였다. 그러면서도 한편으로는 아직 자신의 미숙한 생각이 부끄러워 얼굴을 붉혔다.

"이제 확실히 이해가 가는군요. 스승님의 말씀을 듣고 보니 좀 안심이 됩니다. 그렇다면 바로 송나라에 사신을 보내 우리의 뜻을 전하도록 하겠습니다. 이 준비 또한 스승님께서 해 주셨으면 하온데."

"예, 왕자님. 잘 알겠습니다. 그렇게 하지요."

그리하여 송나라에 보낼 사신을 정하고, 문서를 작성하기로 했다. 문서 내용은 아차산성의 참상을 직접 보고 겪은 왕정 박사가 초안을 작성했다. 그리고 왕정 박사는 며칠에 걸쳐 작성한 외교문서를 무왕에게 보여주었다. 문서를 펴 읽어보니 삼 년 전의 비극이 그대로 눈에 보이는 듯했으며, 현재의 백제와 무왕의 입장이 여실히 드러났다. 무왕은 흡족한 미소를 지어 보이며 왕정 박사의 노고에 격려를 한 후 곧바로 사신을 보냈다.

"순제(順帝) 승명(昇明) 2년(478년), 왜왕 무가 사신을 보내 이르기를 봉국(封國, 송의 책봉체제에 편입되어 있는 신하국을 의미)은 구석지고 먼 곳으로 밖의 번국이 되겠습니다. 저의 부친과 할아버지는 옛적부터 스스로 갑옷을 입고 산을 넘고 물을 건너기에 휴식을 취할 여가도 없었습니다. 동쪽으로 모인(毛人, 아이누민족)을 정복하기 55국, 서쪽 중이(西服衆夷, 규슈 지역의 여러 국가) 66국, 바다 건너 북쪽을 평정하기 95국. 왕도는 융성하고 태평하며, 땅을 넓혀 왕도도 엄청 넓혔습니다. 오랫동안 우리 조종은 매년 조공을 게을리 하지 않았습니다.

신, 비록 어리석지만, 선대를 이어 나라 통솔을 평안하게 하고 있으며, 천극(天極, 원뜻은 북극성이나 여기서는 송나라황제 순제를 의미)을 받들어 모십니다(歸崇). 천극에 가는 길은 백제를 통해서 가야 하기에 배를 타고 가야 합니다.

그러나 구려는 무도하여 우리를 보면 집어삼키려하고 변방을 침략하고 약탈하여, 근심이 적지 않습니다. 이렇게 늘 일이 막히고 지체되니, 그럼으로써 좋은 풍속을 잃게 되고, 비록 나아갈 길은 있다 해도, 그 길이 혹은 통하기도 하고 혹은 통하지 않기도 합니다. 신의 죽은 아비 제(臣亡考濟, 제는 개로왕으로 본국 백제왕으로 즉위하기 전의 왜국의 분국왕으로서의 '왜왕 제[倭王 濟]'를 말함)를 생각하면, 실로 고구려 침략자 원수를 분히 여기나 우리 사신이 중국으로 가는 길은 옹색하게 가로막히니, 활을 당기는 백만(고구려를 치자는 백만 병사의)의 의로운 소리에 감격하여, 바야흐로 군사를 크게 일으키고 싶으나, 국상 중에 있으므로 이루려는 공(功)이 흙 한 삼태기에 무너지고 말았습니다(군사 백만으로 고구려를 치려던 계획이 부형의 죽음으로 그 공을 이루지 못함). 이로부터 신은 양암(빈소)에 거처하였기에, 군사를 움직이지 못하고 있었고, 이 때문에(3년 상이 끝나기 전에는 전쟁을 하지 않던 관습 때문에) 그들과 싸워 이기지 못했습니다. 그러나 지금에 이르러서는 병기를 연마하고 군사를 훈련하여, 부형들의 뜻을 펴보고자 하옵는데, 의롭고 용맹스러운 군사들이, 문무를 가릴 것 없이, 공을 나타내려 합니다.

이제 눈앞에 흰 칼날이 번쩍이는 다급함이 있더라도, 또다시 되돌아볼 필요는 없사옵니다. 만일 부재(위에서 덮어주는 하늘과 아래에서 실어주는 땅의 음덕)와 같은 황제님의 덕을 입는다면, 이 강한 적을 꺾어 없애고, 상대하기 어려운 무리들을 이기시어 조용하게 하시면 전대의 공에 손색이 없을 것입니다.

왜국의 무가 삼가 개부의동삼사의 작호를 원하옵고, 그 나머지 모든 부하에게도 관작의 제수를 청합니다. 그로써 충성스런 절개에 더욱 힘을 쓰겠습니다."

이에 송나라 황제는 왜의 무에게 조서를 내려 사지절도독 왜·신라·임나·가라·진한·모한(마한) 육국 제군사안동대장군 왜왕으로 삼았다."[59]

당시 왜왕 무는 백제가 한반도에서 영원히 사라질지도 모르는 상황이 될 경우를 대비하여 왜의 백제 분국에 대해서도 자체적인 지배권을 요구하였다. 그러나 역시 송나라는 전례를 들어 백제 분국의 통치권을 빼고 왜·신라·임나·가라·진한·모한(마한) 여섯 개 나라에 대한 지배권만 승인했다.

이후, 문주왕의 어린 아들인 임걸은 조용히 귀족들을 자극하지 않으려 하다가 진씨 일가의 힘을 빌려 자신의 아버지를 죽게 만든 해구 세력을 물리치는 데 온 신경을 집중하였다. 그리고 마침내 그들의 세력을 몰아내는데 성공했다. 하지만 그것은 진씨 일가의 세력을 너무 키워준 꼴이 되어 성씨만 바뀌었을 뿐 백제는 여전히 귀족들의 손에서 놀아났다.

어느덧 시간은 흘러 479년이 되었다. 지금 왜에서는 한 인물이 죽음을 앞두고 있었다. 왜국 야마토 대왕이 죽음을 앞두고 있었다. 그는 고통에 숨을 몰아쉬고 있었다. 그를 진찰하던 의원이 말했다.

"더 이상 가망이 없으실 듯합니다. 사람의 몸속에는 맹장이라는 장기가 있사온데 이것이 화독이 되어 마마의 생명을 위독하게 만들려는 것입니다."

이 소리에 그의 가족들은 눈물을 찍어냈다. 그러한 와중에 야마토 대왕이 그렁그렁 숨을 몰아쉬면서도 목소리를 쥐어 짜냈다.

"말다, 말다를 불러주게."

이 말에 아스카에서 말다가 급히 달려왔다. 생전 친부와 연이 깊던 야마토 대왕의 죽음이라 다른 업무보다도 우선시하여 달려온 것이다. 말다는 오자마자 야마토 대왕이 있는 곳으로 향했다. 야마토 대왕의 모습은 어린 시절 말다가 보던 것과는 판연히 달라 보였다. 마른 몸에는 갈비뼈마저 드러나 있었고 손가락은 마치 비쩍 메마른 나뭇가지 같았다. 임종 순간의 야마토 대왕은 그러한 손을 들어 말다를 불렀고 이에 말다는 가까이 다가서 그 손을 잡았다.

"말다, 말다야. 헉, 내, 내 너의 능력은 알고, 알고 있으니. 부디 다음 백제왕으로."

자신의 숨이 얼마 남지 않은 것을 아는 듯 여기까지 말한 야마토 대왕은 잠시 말을 끊었다가 다시 아들을 돌아보며 말했다.

"다음 백제왕으로 말다를……"[60]

야마토 대왕은 한 번 말다의 머리를 쓰다듬었다. 그런 후 대왕의 손이 힘없이 내려앉았다. 말다가 굳게 그 손을 잡고 있었기에 아래로 떨어지지는 않았으나 이미 모든 힘이 사라진 팔은 밑으로 축 처졌다. 야마토 대왕은 말다를 다음 백제왕으로 옹립하자는 말을 마지막 유언으로서 남기며 생을 마감했다. 그의 큰아들에 의해 이 말은 다른 왜왕들에게로 전해졌고 곤지왕의 세력권이었던 아스카를 중심으로 왜국에서는 다음 백제 대왕으로는 말다를 추대할 것을 암묵적으로 수긍했다. 다시금 백제 본국의 왕위계승에 대한 절호의 기회를 무왕은 다른 왕족에게 또다시 빼앗긴 것이다.

본국 백제가 안정되지 못해 왜국에서조차 본국의 대왕 자리에 직접 관여하려 관심을 보이던 이때 또다시 비보가 날라들었다. 서기 479년 11월, 결국 임걸 역시 아버지 문주왕과 마찬가지로 귀족 세력에 의해 살해당하고 말았다는 전갈이었다. 그저 '세근짜리 왕'으로 해석되는 삼근왕(三斤王)이라는 시호가 말해주듯 진씨 귀족들의 탐욕스런 권력욕과 비틀린 의식만이 서글픔을 대신했다. 그 뒤를 이어 생전 왜국의 왕인 야마토 대왕의 소망처럼 곤지왕의 둘째아들이던 말다가 백제의 제24대 대왕인 동성왕으로 등극했다. 그의 등극에는 왜국에서의 지지도 한몫했지만 백제의 귀족세력들 역시 자신들의 입지를 계속 유지하기 위해서는 충분히 그 능력을 발휘하고 있는 무왕보다는 더 어린 말다를 본국 백제의 대왕으로 옹립하는 것이 낫다고 생각했기 때문이다. 이에 말다가 백제로 떠나게 되었고 무왕은 씁쓸한 마음을 애써 억누르며 그러한 사촌동생을 배웅하기 위해 나니와 항구로 나섰다. 이내 둘은 만나서 포옹을 하며 정을 나눴다.

"백제의 대왕으로 등극하게 된 것을 축하하네."

"아닙니다. 형님. 원래 순리대로라면 형님이 당연히 백제의 대왕이 되셔야 하는 건데. 일이 이렇게 되어버려 그저 송구스러울 따름입니다."

"아니야. 누가 대왕이 되던 그저 백제만 융성하게 된다면 이보다 더 기쁜 일이 어디 있겠는가. 부디 백제를 부강하게 해 주게나."

말다는 마지막으로 굳게 고개를 끄덕이고는 배에 올랐다. 그 뒷모습을 무왕은 가슴 가득 아려오는 것을 느끼며 바라보았다.

이후 무왕은 백제의 대왕이 되려고 했던 희망을 접었다. 말다라면 분명 백제를 잘 다스리는 성군이 될 것이라고 생각하며 그저 이곳 분국의 후왕으로 있는 것에 만족하자는 생각을 머리에 되뇌었다. 그러나 분명 가슴 한 곳에는 기댈 곳 없는 자신의 처량한 처지를 생각하며 울분이 쌓이는 것도 사실이었다.

무왕이 나니와로 온 지 벌써 여섯 번째로 해가 바뀌어가던 때 멀리 규슈의 히고국에서 백제공방을 운영, 금은상감 기법으로 명검을 만들어 그 유명세가 전 열도를 진동시키는 이태화와 장안이 가와치로 이주하여 왔다는 낭보가 무왕의 귀에까지 들렸다. 듣던 중 반가운 소식이었다. 그들은 칼을 만드는 유명한 장인으로 덩달아 큰 재물도 모으고 있었다.

그들의 명성은 무리테가 주문한 에다후나야마 대도가 널리 알려지면서 중앙 귀족이나 지방 호족들 사이에서는 명품으로 소문났다. 누구나가 그들이 만든 보검 한 자루 정도는 가지고 싶어 했다. 그들이 지방의 히고국을 떠나 가와치로 이주하게 된 이유는 여럿 있었다. 무엇보다 가와치와 주변 나니와에는 큰 강이 많았고 그곳 강모래에서는 칼을 만드는 사철(沙鐵)도 많이 채취할 수 있다는 점이 가장 큰 이주요인이었다. 둘째로는 전국 각지에서 명검을 만들어달라는 주문이 있었기에 보다 적극적으로 야마토 근처인 가와치로 옮김으로써 중앙의 고관대작들로부터 더 많은 주문을 받을 수 있었기 때문이요, 셋째로는 가와치와 나라아스카, 가와치아스카, 나니와 지역에 백제로부터의 이주민들이 많아 그들과 자주 만날 수 있다는 기대감 때문이었다. 그들로부터 백제 소식을 자주 들을 수 있어 좋고 때로는 가와치의 대장장이 가문인 금주리 같은 사람과 어울리며 자주 백제를 드나들 수도 있다는 기대감 때문에 이곳으로 옮겨온 것이었다.

그러나 명검 만들기로 유명한 이태화, 장안 두 명인(名人)이 있기까지는 파란만장한 인생역정이 있었다.

이는 다시 462년 6월 22일로 거슬러 올라간다. 오후 늦은 시각, 각라도 쪽에서 한 척의 배가 미끄러지듯 가라쓰(唐津)항구에 닿았다. 그 배에는 왜국으로 구원군을 청하러 가는 여곤 일행이 타고 있었다. 여곤이 백제의 수도 한성을 출발한 것은 5월 10일이었고, 항해 도중 가희부인이 왕자를 출산하기 위해 각라도에 삼칠일 동안 머물렀던 것을 제외하고는 곧바로 왜국을 향해 항해를 계속했다.

가라쓰항에 도착한 여곤은 이태화와 장안을 그곳에 내려 주고는 다시 배를 돌려 나니와를 향해 떠났다. 가라쓰항에 내동댕이쳐진 두 사람은 다름 아닌 역사적 대 역모사건에 관련된 인물들이었다.

457년 개로왕에게 재증걸루 일당의 역모를 밀고했던 두 사람은 이후 조정 내 권력투쟁에서 밀려나 이곳 왜국의 열도로 떠나와야 했고, 결국 이국땅에 단 두 사람만이 덜렁 남겨졌다.

이태화와 장안 두 사람은 백제 이주민들이 많이 정착해 살고 있다는 히노구니를 향해 걸어갔다. 히노구니는 '히고국(肥後國)'이라고도 불렸으며 백제로부터 많은 이주민이 몰려 살던 곳이다. 그곳 소국은 나니와의 백제 분국처럼 근초고 대제가 왜 열도로 진출한 이후 백제의 주요 본거지 중 하나로 한성 백제의 직접 통치를 받고 있었다.

한편 그들이 가고 있는 히고국에는 대대로 조국 백제에 충성하는 전조인(典曹人)으로 지역의 유력자인 무리테(无利弖)란 유력한 지방 호족이 살고 있었다. 전조인이란 문서관계 일을 보던 직책의 관리를 일컫는데, 그는 히고국의 호족으로 백제왕에게 충성을 다하고 있었으며 풍부한 재산을 이용해 유능한 인재들을 불러 모으고 있었다.

무리테 역시 뛰어난 기술을 보유함은 물론 박학다식한 두 사람을 얻게 된 것을 대단히 기뻐하며 지원을 아끼지 않았다. 원래 무리테의 선조도 이미 1세기 전인 360년경에 왜국으로 건너온 백제 사람이었다. 하지만 오랜 기간 이곳에 머물다 보니 이제는 토착인이 다 되었다. 무리테는 그럼에도 불구하고 백제 본국에 충성을 다하고 있었으며, 본국 백제로부터 관직까지 부여받고 있었다.

경술년이던 470년 7월 말 소낙비가 길 위의 뽀얀 먼지를 일순 잠재우고 나니, 길가는 그런대로 깨끗해 보였다. 그러나 그것도 잠시, 다시

찜통더위가 기승을 부리던 날. 무리테는 무슨 작품을 만들고 싶었는지, 명검 만들기로 유명한 이태화와 장안을 자신의 저택으로 초청했다. 세 사람은 맛있는 왜국 특유의 토종닭을 뜯으며 저녁을 반주삼아 술을 한 잔씩 곁들였다. 어둠이 밀려오는 한여름 밤은 때때로 선선했고 은근한 취기에 열이 오른 세 사람은 동시에 기분이 좋아졌다. 무리테가 두 사람에게 먼저 말을 건넸다.

"이보게들, 오늘 따라 그대들이 더욱 반갑소. 오늘은 두 분에게 그동안의 수고를 치하하고 새로이 부탁할 일도 있어 불렀소."

"예, 감사합니다. 저희들에게 불편함이 없도록 대해주시는 것만 해도 고마울 따름입니다. 무슨 일이든 저희들이 할 수만 있다면 정성을 다하겠습니다."

"하하하, 아니오. 오히려 내가 고맙소. 우리 술을 한 잔 더 하면서 이야기 합시다. 자, 여기 내 잔을 받으시오."

"하하하, 감사합니다."

"그대들이 칼을 만들어 주고, 농기구를 만드는 법을 가르쳐 준 덕으로 우리들의 살림살이가 더욱 풍요로워졌소. 이게 다 그대들 덕택이 아니면 누구 덕택이겠소, 하하하."

"아닙니다. 대인께서 저희들을 거두어 주신 덕으로 당연히 해야 할 일을 한 것 뿐 입니다. 앞으로도 이 나라가 더욱 발전할 수 있다면 어떤 일이든 최선을 다해 돕겠습니다."

"아무튼 그대들에게 고마움을 전하고 싶소. 그리고 사실 오늘 내가 두 분을 초대한 것은 술을 한잔 나누고 싶은 마음도 있었지만, 실은 좋은 칼 하나 갖고 싶은 욕심이 생겼기 때문이오. 역사에 길이 남을 명검을 하나 만들어 주시오. 무기제조의 달인이신 이태화 선생께서 불후의 명검을 만드시고, 장안 선생께서는 역사에 길이 남을 글을 지어 주신다면 내가 더 바랄 것이 없소. 그것을 부탁하기 위해 이 자리를 마련한 것이오."

"하하하, 그런 것이라면 걱정하지 마십시오. 저의 재주가 미천하지만 정성을 다해 후세까지 길이 남을 명검을 만들어 드리지요."

이태화가 흔쾌히 대답했다. 그러자 장안도 환한 웃음을 보이며 말을 이었다.

"그렇다면 저는 명문의 글을 지어야겠지요, 하하하. 저도 정성을 다하겠습니다."

"그리 말씀해주시니, 정말 고맙소. 아무쪼록 잘 부탁합니다. 그리고 그에 대한 수고비는 두둑이 드리겠습니다."

"하하하, 수고비까지 주신다니 저희들이 오히려 부담스럽습니다. 이렇게 잘 얻어먹고 있는데요. 하하하……."

두 사람은 서로 마주보며 자신 있는 표정으로 함께 미소 지었다.

"그런데 철은 준비되셨는지요?"

역시 대장장이인 이태화가 조심스럽게 물었다.

"예, 내 그 질문이 나올 줄 알고 있었소. 두 분이 아시다시피 우리 왜국에서는 아직도 철이 귀하지요. 대부분이 가야나 백제로부터 철을 구하고 있는 형편이지요. 그것도 좋은 철을 구하려면 미리미리 부탁을 해야지요. 하지만 최근에는 병사들이 쓸 무기나 농기구를 만들 철도 부족하고 하니 어찌 할 수 없지요. 그래서 내가 생각한 것은 저기 앞마당에 걸어 둔 큰 철가마를 녹여서 명검을 만들었으면 하오. 그대들 생각은 어떠신지……?"

"예, 저 철가마를요?"

"그렇소. 오래전부터 병사들에게 밥을 해먹이기 위해 만들어놓은 철가마였으나 이제 새로이 구한 가마가 있으니, 저것은 필요가 없어졌지요. 그래서 내 저 철가마를 녹여 명검을 만들려고 하는 것이오."

"예, 잘 알겠습니다. 저 정도 철가마라면 아주 좋은 칼이 나오겠습니다. 양도 충분하고요. 정성을 다해 칼을 만들겠습니다. 그리고 부디 먼 훗날까지 전해지도록 하겠습니다."

"고맙소. 자, 자! 이젠 거나하게 술이나 마시면서 한 번 크게 취해봅시다. 오늘은 기분이 너무 좋소. 당신들이 오기 전까지는 엄두를 내지도 못했던 일이었는데, 그동안 좋은 칼을 구하려면 백제나 가야를 통해야만 했지요. 이제 우리 손으로 좋은 칼을 만들어봅시다. 하하하."

며칠 후 이태화는 철가마를 녹여 칼을 만들기 시작했다. 이태화가 만든 칼은 몇 수십 번 담금질을 한 평평한 몸통의 직도(直刀)로 몸통 부분 80센티미터에 이르는 공간에 은 상감으로 장안이 만든 문장 75자를 새겨 넣었다. 칼 양면으로는 말 문양과 꽃무늬, 물고기 문양과 새(가마우지) 문양을 은 상감으로 새겨 넣은 진귀한 칼이었다. 이 문양은 가해자와 피해자, 먹고 먹히는 상하 관계, 강한 자와 약한 자를 나타냈다. 이는 피할 수 없는 숙명적인 숙적관계를 나타내는 것으로 말이 풀을 뜯고, 가마우지가 물고기를 잡아먹듯 이 칼을 이용해 적 또는 사악한 기운을 베어 버리라는 의미를 새긴 것이다. 가히 먹이사슬을 잘 묘사한 그림 같았다. 한학에 뛰어난 장안은 이태화가 칼을 만들 동안 그곳 칼 몸에 새겨 넣을 명문장을 지었다.

'천하를 지배하는 획가다지로대왕[61] 치세에 전조인으로 봉사하는 무리테가 8월 중에 질 좋은 철가마 하나와 4척 길이의 무쇠 칼을 녹여, 80번 두드리고 담금질하여 10뺨하고도 3촌 길이의 예리한 칼을 만든다. 이 칼을 차는 사람은 장수하고 자자손손 번창하며, 왕의 은혜를 입어 그가 통치하는 곳을 잃지 않을 것이다. 칼을 만든 사람은 이태화이고, 글을 쓴 사람은 장안이다.'[62]

두 사람은 그들의 절친한 친구이자 왜국으로 유배된 자신들을 보살펴 준 무리테를 위해 최상의 칼을 만들어 주었다. 이로 인해 이태화와 장안이 짝을 이룬 백제공방에서는 효험이 좋은 보검을 잘 만든다는 소문이 왜 열도 전국에 삽시간에 퍼졌다. 그리하여 왜 대왕을 지척에서 보좌하는 비서실장 격의 장도인수(杖刀人首)인 오와케도 야마토에서 무사시(武蔵)[63] 임지로 떠나기 전 일부러 히고국까지 들러 여러 자루의 명검을 이들 두 백제장인들에게 맞춰 갔을 정도였다.[64]

이태화와 장안이 9년 후 다시 가와치로 옮겨 옴으로써 나니와의 왜왕 무는 더욱 날개를 단 격이 되었다. 그들 유명한 기술자와 한학자가 많은 도움이 되었기 때문이다. 기존의 금주리 가문과 함께 싼 값으로 이태화와 장안으로부터 각종 무기와 농기구를 대량으로 공급받을 수 있게 되었다. 그만큼 분국을 다스리는데 도움이 돼 주는 기반조직이 착착 왜왕 무를 돕고 있었다. 그것이 왜왕 무로서는 너무나 고맙고 즐거운 일이 되었다.

(하권으로 이어집니다)

1 송산리 5호분 : 송산리 고분군에서 전형적으로 보이는 돌로 만든 횡혈식 석실의 무덤이다. 1932년 발견되었으며 돔(dome) 형태의 천장으로 되어 있다. 발굴 전에 도굴되어 남아있는 유물이 거의 없다.

2 송산리 6호분 : 송산리 고분군 내에 있는 20여기 고분 가운데 무령왕릉과 같은 벽돌무덤이다. 무덤의 재료나 구조가 당시 중국에서 유행하였던 전실묘(塼室墓)와 동일하다. 특히 무덤에 축조된 벽돌에 중국 남조의 양나라 양식을 본받았음을 밝히는 글귀가 있어 백제와 중국의 활발한 교류관계를 보여주고 있다. 청룡, 백호, 주작, 현무의 사신도가 회(灰)로 벽에 그려져 있다. 부여 능산리 벽화분과 더불어 현재까지 알려진 백제 벽화 고분 2기 가운데 하나이다. 현재는 많이 훼손되어 알아보기 어렵다.

3 일본의 21대 천황으로 『고사기』 기록에서는 그 이름이 대장곡약건명(大長谷若建命:오호하츠세와카타케노미코토)이라 하고, 『일본서기』에서는 대박뢰유무천황(大泊瀬幼武天皇:오호하츠세노와카타케노스메라미코토)이라 나와 있다. 재위 기간은 서기 457~479년 사이이다. 그러나 『고사기』는 웅략이 사망한 해를 489년으로 기록, 『일본서기』 기록과 10년 차가 난다. 한자식 시호로는 웅략(雄略:유랴쿠)이라 칭한다. 왜 대왕 웅략은 하츠세(長谷:현재의 나라현 이소기군─奈良県磯城郡)에 있는 아사쿠라노 미야(朝倉宮) 궁궐에서 통치했다.

4 당시의 상황을 『일본서기』 웅략천황 5년(461년) 여름 4월조에 묘사하고 있다.
…… 아우 군군(軍君:곤지이다)에 고하여, "너는 일본(저자 주: 당시는 왜국이 맞음)으로 가서 천황(저자 주: 당시는 대왕이 맞음)을 섬겨라."라고 말하였다. 군군이 대답하여, "상군(上君:개로왕)의 명에 어긋날 수 없습니다. 원컨대 상군의 부인을 주시고 그런 후에 나를 보내주십시오……."라 대답하였다.

5 한강(漢江)을 백제시대에 일컫던 말.

6 월내현 : 전라남도 영암군. 고대로부터 고려까지 한·중·일 교역의 중심지. 일본아스카문화를 개화시킨 왕인 박사가 성장한 곳.

227

7 이키섬(壹岐島)은 일본 나가사키현(長崎縣)에 속해 있는 면적 133.7㎢의 작은 섬으로 동서 15km, 남북 17km, 인구 약 3만 5천(1997년 기준) 명이 거주하고 있다. 규슈(九州)의 마쓰우라(松浦)반도 북서쪽 20km 지점에 위치한다. 한반도로부터는 배로 부산, 쓰시마, 이키섬, 마쓰우라 순으로 일본 열도에 닿는다. 부산으로부터는 약 100여km 거리이다.

8 하차리(下哆唎:아루시타리─『일본서기』)의 지명 중 '차(哆)'는 '입술 처질 차', '입 딱 벌릴 치'로 읽힌다. 그런데 대부분의 책에는 하다리, 상다리(上哆唎)란 지역 명으로 나온다. 그러나 어디에도 '차(哆)'를 '다'로 읽는다는 근거는 없다. 생각건대 습관적으로 그리 불리어왔던가, 아니면 일제시대 잘못 훈을 달아 그렇게 불리게 됐는지 모르겠다. 간혹 조선시대나 일제시대 서적 중 잘못 음독한 한자가 고쳐지지 않고 지금까지 그대로 발음되는 경우가 있다.

9 철을 구하기 위해 여러 나라 사람들이 가야에 몰려들었음은 중국 북위 사신이 왜 사신을 따라 239년 왜지를 다녀온 다음 기록한 것으로 진수(陳壽, 233~297)가 편찬한 『삼국지(三國志)』「위지동이전(魏志東夷傳)」에 실려 있다. 흔히 줄여서 『위지왜인전』으로 말한다.

10 한해(瀚海) : 중국에서 부르던 고대의 현해탄 명칭이다.

11 『일본서기』웅략기(雄略紀) 5년 조에 의하면, 461년 6월 초하루 날 일본 츠쿠시국(築紫国)의 각라도(各羅島, 가와라노시마)라는 작은 섬에서 태어났다고 전한다.
웅략 5년(서기 461년) 6월 병술 삭(1일), 임신한 부인이 과연 가수리군(加須利君:개로왕)의 말대로 축자(築紫)의 각라도에서 출생하였다. 그래서 그 아이의 이름을 도군(嶋君:시마키미)이라 하였다. 군군(軍君:곤지왕)은 배 1척을 마련하여 도군을 백제로 돌려보냈다. 이를 사마대왕이라 한다. 백제인은 이 섬을 주도(主嶋:니리무세마)라 한다.
그러나 무령왕릉 지석에서는 탄생 연도가 462년으로 나온다. 때문에 무령왕의 탄생은 462년이 맞을 가능성이 훨씬 크다. 그리고 「삼국사기」는 무령왕의 휘를 '사마(斯摩)'라 하였으나, 지석은 『일본서기』와 같이 '사마(斯麻)'라 표기했다. '사마(斯麻)'라는 표기는 계미년(서기 503년) 제작설의 구리거울 동경에서도 확인된다. 즉 일본 와카야마현 스다하치망신사에서 발견된 스다하치망쿄오(隅田八幡鏡)라는 구리거울 명문에서도 같은 문구가 발견되었다.

12 진시(辰時)는 아침 07시부터 09시 사이를 말한다.

13 일명 목만치(木滿致)로 서기 475년 경 왜국으로 건너가 소가노마치(蘇我滿智)로 개명한 인물.

¹⁴ 조미걸취(祖彌傑取) : 목협만치와 함께 문주왕을 도와 웅진 천도에 공을 세움.

¹⁵ 전씨의 시조 전섭은 온조왕과 함께 한성에 터를 잡았으나 475년 개로왕 사후에는 환성(歡城, 천안의 별호)군에 봉해져 그 후손들이 본관을 천안으로 하고 16세손 전낙을 중시조로 한다. 시조 전섭은 온조왕이 백제를 개국할 때 오간(烏干), 마려(馬黎), 을음(乙音), 해루(解婁), 흘간(屹干), 곽충(郭忠), 한세기(韓世奇) 등 아홉 사람과 함께 개국에 공을 세운 십제공신(十濟功臣)으로 알려진 인물이다.

전섭의 묘는 서울시 이문동 경희대학교 안의 봉황산 자락에 위치한 것으로 보아 초기에는 온조를 도와 한성에 정착한 것으로 보인다. 그 후 개로왕 사후 공주로 백제 수도를 옮기면서 16대 후손들이 대거 대목악군(현재의 천안시)에 새로이 정착하면서 그 유적이 충청남도 천안시 풍세면 삼태리 219번지(충청남도 문화재자료 297호)에 남게 된 것으로 사료된다.

전씨의 집단 정착지는 공주와 가까운 대목악군으로 충남 연기군 다방리(백제 당시는 구지현)에 있는 비암사라는 사찰에서 1960년에 계유년(673년) 전씨 아미타불삼존석상이 발견되었다. 그 석상 명에 전씨(全氏)라는 호족이 주축이 되어 백제멸망 후의 통한을 달래기 위해선지 위령제를 지낸 것으로 알려졌다. 즉 백제의 역대 왕들과 참석한 백제시대의 권문세가들의 7대 조상들을 위해 위령제를 지냈다는 기록이 있다. 불상 내용으로 볼 때 백제 시대의 구지현(현, 충청남도 연기군 전동면, 전의면 일대) 지역에도 전씨들이 상당수 거주했던 것으로 추측된다.

¹⁶ 오시(午時)(11시~13시)는 해의 기운이 가장 왕성한 시간이다.

¹⁷ 백제에서 왕비를 '대부인'이라 불렀음은 다리가 만든 은팔찌 명문으로 알 수 있다. 그가 새겨 넣은 은팔찌 명문은 "경자년(520년) 2월에 다리가 대부인(왕비)용으로 만드니, 230주이(무게 단위)이다(更子年二月多利作大夫人分二百卅主耳)."라고 새겨져있다.

¹⁸ 백제에는 본래 8대 성씨가 있었는데 중국 25사와 우리의 『삼국사기』에는 아래와 같이 적고 있다. 즉 백제유(百濟有), 대성팔(大姓八), 사(沙), 해(解), 진(眞), 목(木), 국(國), 연(燕), 묘(苗), 협(協)씨 등이다.

¹⁹ 거련 : 장수왕(長壽王, 394~491)으로 고구려 제20대 왕이다. 광개토태왕(廣開土太王)의 맏아들로 국내성에서 평양으로 천도하여 적극적인 남하정책을 추진하였다. 한국 역사상 최대의 제국을 건설하여 고구려의 전성기를 이룩하였다. 장수왕의 별칭이 거련(巨璉)이다. 고구려에서도 자국 중심의 천하관을 가지고 중국의 황제에

버금가는 '태왕(太王)'호칭을 쓴 것으로 보인다.

20 츠쿠시(筑紫)의 각라도(各羅島:가와라노시마)에서 사마왕자가 태어났다는『일본서
　기』웅략 5년 6월 초. 각라도는 현재의 사가현 가라츠시 가카라시마(佐賀県 唐津市
　加唐島)로 비정됨. 2006년 6월 25일 공주향토문화연구회와 공주무령왕 국제네트워
　크협의회는 일본 사가현의 가라츠시 가카라시마(加唐島)에서 무령왕교류 가라츠시
　실행위원회와 무령왕회 등 일본 민간단체와 공동으로 백제 제25대 무령왕 탄생지
　기념비건립 제막식을 개최했다. 참고로 무령왕이 태어난 음력 6월 1일은 양력으로
　6월 25일에 해당한다.

21 현재의 오사카 지역은 고대에 백제인들이 한반도로부터 이주해 자리를 잡은 곳이
　다. 백제 시대에는 나니와(浪速, 難波, 浪花) 등으로 표기했다. 이는 모두 물결이 빠
　르거나 험난한 파도, 물살이 세서 생기는 물보라의 뜻을 의미하고 있다. 당시의 나
　니와 항구는 현재와는 상당히 다른 모습이었고, 그 위치도 현재 오사카의 사천왕사
　가 있는 곳으로 추정된다. 현재는 1,500여 년의 세월이 흐르는 동안 수십 킬로미터
　의 해안가에 모래톱이 쌓여 육지로 변해버린 곳이다. 백제 시대에는 양국을 오가는
　사람들의 안전을 기원하기 위해 항구 바로 옆에 사천왕사를 세웠을 것이라고 추측
　된다.

22 배의 뒷부분. 앞부분은 '이물'이라 한다.

23 전조인(典曹人) : 문서관계 일을 보던 직책의 관리를 일컫는다. 이는『삼국사기』권
　39, 잡지 8의 신라관청에 보이는 '전대사전(典大舍典)'처럼 '기관 또는 관청의 사
　람'으로 풀이된다.

24 대목악군(大木岳郡) : 현재의 충청남도 천안시 목천면 일대의 백제시대 지역명이
　다.

25 오늘날의 대통령 비서실장과 같은 직책.

26 히노구니(火の國) : 일명 히고국(肥後國)으로 불리는 나라로 현재의 구마모토현 내
　에 있었다.

27 왜국에는 아스카라고 불리는 곳이 두 군데가 있다. 첫 번째 지역은 나라 남부 지역
　으로 지금의 호류지(法隆寺) 근처를 나라아스카(奈良飛鳥)라 했다. 그곳 아스카에
　고대의 많은 백제인들이 이주해 정착해 살았다. 그리고 현재의 오사카 남부 지역인
　하비키노시(羽曳野市) 지역을 가와치아스카(河內飛鳥)라 불렀다. 곤지왕은 가와치
　아스카 지역에 살았다.

28 『일본서기』무열천황 4년(서기 501년) 조의 『백제신찬』을 인용한 주(註)를 통해 보면, 무령왕은 곤지왕자의 아들로 동성왕의 배다른 형으로 기록해놓고 있다.

백제신찬에 이르기를.......,중략.......,휘 사마왕은 곤지왕자의 아들이다. 즉 말다왕(동성왕)의 배다른 형이다......, (諱 斯麻王. 是琨支王子之子. 則末多王異母兄也......,

한편, 『일본서기』는 무령왕을 개로왕의 아들로 보고 있으며, 『삼국사기』는 동성왕의 둘째 아들로 밝히고 있다. 그러나 무령왕이 동성왕보다 서너 살 위였기 때문에 동성왕의 아들이 될 수 없다.

결국 각각의 사서는 무령왕의 출처에 대하여, 1)개로왕의 아들, 2)곤지왕의 아들, 3)동성왕의 둘째 아들이라 주장한다. 그러나 저자는 무령왕릉 지석이나 『일본서기』의 기록으로 보아 개로왕의 아들이라는 주장이 가장 설득력이 있다고 본다.

29 하츠세(長谷) : 현재의 나라현 이소기군(奈良県磯城郡)에 위치.

30 오미국(近江國) : 현재의 시가현(滋賀縣) 지역으로 『일본서기』는 남제왕(계체)의 부친 고향을 오미국 다카시마군 미오(高島郡三尾) 지역이라 전한다.

31 남제왕은 실제로 『일본서기』에 507년에 즉위했다는 왜 왕 계체를 이름이다. 왜 왕 계체가 즉위 12년(서기 518년) 봄 3월 9일에 수도를 옮겼는데, 그곳을 '아우 제' 자를 넣은 제국(弟國, 현 교토부 나가오카시[京都府長岡市])라 표기한 것만 보아도 알 수 있다(十二年春三月丙辰朔甲子, 遷都弟國).

32 왜왕 홍은 왜 5왕인 찬, 진, 제, 홍, 무 시대의 4번째 인물이다. 왜 5왕 시기란 서기 413년부터 502년 사이에 활동한 다섯 왕들의 기록이 중국 사서에 남아있기에 붙여진 명칭이다. 그러나 저자는 왜왕 홍을 야마토정권의 천황 계보와는 완전히 다른 인물로 서기 455년경부터 475년 초까지 나니와 지역의 백제 후왕으로 활동하던 인물로 해석하고 있다. 즉 백제에서 나니와(현재의 오사카) 지역으로 파견한 후왕으로 해석 한다. 홍은 개로왕의 태자이자 무왕인 사마왕자의 배다른 형이다.

참고로 왜 5왕의 계보는 다음과 같다.

왜 5왕의 관계(저자의 박사 박위 논문에서)

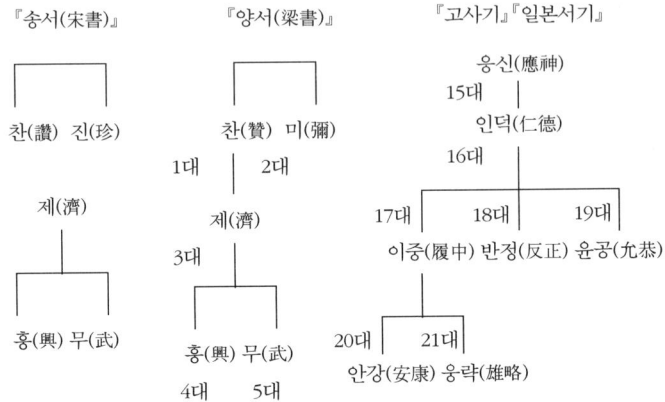

『송서(宋書)』　　　『양서(梁書)』　　　『고사기』『일본서기』

응신(應神)
15대
찬(讚) 진(珍)　　　찬(贊)　미(彌)　　　인덕(仁德)
　　　　　　　　　1대　　2대　　16대
제(濟)　　　　　제(濟)　　17대　　18대　　19대
　　　　　　　　　3대
　　　　　　　　　　　이중(履中) 반정(反正) 윤공(允恭)
홍(興) 무(武)　　홍(興) 무(武)　　20대　　21대
　　　　　　　　　4대　　5대
　　　　　　　　　　　안강(安康) 웅략(雄略)

33 달솔(達率)은 백제의 제2품 관직으로, 『북사(北史)』에 따르면 총 30명이었다고 한다. 좌평, 달솔, 은솔, 덕솔, 한솔, 나솔, 장덕, 시덕, 고덕, 계덕, 대덕, 문독, 무독, 좌군, 진무, 극우의 16관등이 있었다.

34 백제 16관등 중 제8품의 관직.

35 『삼국사기』「백제본기」개로왕 21년 조에 그 사정을 알 수 있는 대목이 있다.

이에 도림은 거짓으로 죄를 짓고 도망하여 온 것 같이 하여 백제로 들어왔다. 이때에 백제왕 근개루(近蓋婁)는 바둑과 장기(博:박)를 좋아하였다. 도림이 대궐 문에 나아가 고하였다.

"신은 어려서 바둑을 배워 자못 신묘한 경지에 들었습니다. 원컨대 곁(左右)에서 알려 드리고자 합니다." 왕이 불러들여 바둑을 두어 보니 과연 국수(國手)였다. 드디어 그를 높여 상객(上客)으로 삼고 매우 친근히 지내면서 서로 만나기가 늦은 것을 한탄하였다.

도림이 하루는 (왕을) 모시고 앉아 있다가 조용히 말하였다.

"신은 다른 나라 사람인데 왕上께서 저를 멀리하지 않으시고 은총을 매우 두터이 해 주셨습니다. 그러나 (저는) 오직 한 가지 기술로써 보답하였을 뿐 일찍이 털끝만한 도움을 드린 일이 없었습니다. 지금 한 말씀을 드리려 하는데 왕의 뜻이 어떠하실지 알지 못하겠습니다."

왕이 "어서 말해 보라. 만일 나라에 이로움이 있다면 이는 선생에게 바라는 바이다."라고 말하였다. 도림이 말하였다.

"대왕의 나라는 사방이 모두 산과 언덕과 강과 바다입니다. 이는 하늘이 베푼 험한 요새요, 사람의 힘으로 된 형국(形局)이 아닙니다. 그러므로 사방의 이웃 나라들이 감히 엿볼 마음을 먹지 못하고 다만 받들어 섬기고자 하는데 겨를이 없습니다. 그런즉 왕께서는 마땅히 존귀하고 고상한 위세와 부강(富有)한 업적으로써 남의 이목(視聽)을 두렵게 해야 할 것입니다. (그러나) 성곽은 수선(修繕)되지 않았고 궁실도 수리되지 않았으며, 선왕의 해골은 맨 땅에 임시로 매

장되어 있고, 백성의 집은 자주 강물에 허물어지고 있으니, 신은 대왕을 위해 찬성할 수 없습니다."

왕이 "옳다. 내가 장차 그렇게 하리라."고 말하였다. 이에 나라 사람들을 모두 징발하여 흙을 쪄서 성을 쌓고, 안에는 궁실과 누각(樓閣)과 큰 정자 등을 지었는데 웅장하고 화려하지 않음이 없었다. 또 욱리하(郁里河:한강)에서 큰 돌을 가져다가 곽(槨)을 만들어 부왕의 뼈를 장사하고, 강을 따라 둑을 쌓았는데 사성(蛇城) 동쪽에서 숭산(崇山) 북쪽에까지 이르렀다. 이로 말미암아 창고가 텅 비고 백성이 곤궁해져서 나라의 위태로움이 알을 쌓아놓은 것보다 심하였다.

36 『삼국사기』「백제본기」개로왕 편에 그 사정을 알 수 있는 대목이 있다.

고구려 장수왕이 백제를 칠 생각으로 백제에서 간첩(間諜)활동이 가능한 자를 구하였다. 이때에 승려 도림(道琳)이 모집에 응하여 말하였다. "어리석은 이 승려가 일찍이 도를 알지 못하였으나 나라의 은혜에 보답하고자 생각합니다. 원컨대 대왕은 신(臣)을 어리석다 하지 마시고, 지시하여 시키신다면 기필코 왕명을 욕되게 하지 않겠습니다."하니, 왕이 기뻐하며 비밀리에 보내 백제를 속이게 하였다.

37 문주왕이 개로왕의 친동생일 가능성은 희박하다. 사서에 그를 개로왕과 연결시켜 설명하면서 왕모제(王母弟)라 기록했는데, 이를 문자 그대로 해석하면, 어머니의 동생이니 외삼촌이 된다. 그렇다면 그 외가 쪽도 왕족과 같은 여씨임을 알 수 있다. 대부분의 학자들은 왕모제를 이상하게도 동모제(同母弟)라 바꿔놓고는 개로왕의 동생으로 보는 견해도 있으나 이는 옳지 않다. 그렇다면 굳이 왕모제라 할 필요 없이 역사서는 개로왕제(餘慶弟)라 하면 간단할 것을 왜 굳이 왕모제라 했겠는가? 아니면 최소한 개로왕제(蓋鹵王弟)라 했어야 옳다. 문주왕이 개로왕의 외삼촌이라는 증거는 『일본서기』 웅략기 21년 봄 3월조의 주(註)를 봐도 알 수 있다.

천황은 고구려가 백제(한성)을 격파했다는 것을 듣고, 구마나리(久麻那利)를 문주왕에게 주어 그 나라를 구하여 일으키라 하였다. 그때 사람들 모두가 말하길 "백제국은 이미 망하여 (사람들이 삼삼오오) 집 마당에 모여 근심하던 차에 천황이 신탁으로써 그 나라를 다시 세웠다. 문주왕은 (개로)왕의 어머니 동생(王母弟)이다. 일본구기에 이르기를 구마나리를 말다왕에게 줬다. 그러나 그것은 잘못이다. 구마나리는 임나국 하차호리현(下哆呼唎縣)의 별읍(別邑)이다."
*『일본구기(日本舊記)』는 그 내용을 알 수 없는 정체불명의 서적

38 한성 함락 후 즉위한 문주왕을 이름. 곰나루(웅진)로 천도하였으나 재위 2년여 만에 역신 해구의 시해로 서거하였다.

39 자비마립간 : 자비왕(慈悲王, ?~479) 신라의 제 20대 왕이다.

40 백제와 신라는 동성왕 대인 서기 485년 신라에 사신을 파견하여 수교하였다. 493년

233

에는 결혼동맹을 맺어 신라의 이찬(伊飡) 비지(比智)의 딸을 비(妃)로 맞이하고, 495년에는 신라와 연합하여 고구려와 맞서 싸웠다.

41 『삼국사기』에 원래 백제장수였으나 고구려로 도망친 장수로 나온다.

42 『삼국사기』에 재증걸루와 함께 원래 백제장수였으나 고구려로 도망친 장수로 나온다.

43 백잔(百殘) : 고구려인들이 백제를 비칭으로 이르는 말이다. 광개토태왕 비문에도 보인다.

44 우리학계는 북성(北城)이나 남성(南城)에 대하여 풍납토성과 몽촌토성을 가지고 어느 쪽이 왕성(王城=城)인가에 대해 상반된 견해로 의견이 분분하지만, 그것은 별 의미 없어 보인다. 왕의 성격이나 기호에 따라 언제든 두 성 중 한 군데에 머물러 정사(政事)를 보면 그곳이 집무실이고, 왕궁이기 때문이다.
한편 『일본서기』에 따르면, "『백제기(百濟記)』에 이르기를 개로왕 을묘년 겨울에 고구려군이 대성(大城)을 공격해온 지 7일 낮 7일 밤 만에 왕성(王城)이 함락되니 마침내 위례를 잃었다."고 한 것을 보면, 개로왕 당시는 방위상으로 보나 여러 정황으로 보건데, 북성=대성=풍납토성이 맞는 것 같다. 그러면 남성은 당연히 몽촌토성이란 답이 나온다.

45 『백제기(百濟記)』를 인용하여 『일본서기』는 당시의 일을 기록하고 있다. 즉, 『일본서기』 웅략천황 20년(478) 겨울 조에, "백제기에 이르기를 개로왕 을묘년(475) 겨울에 고구려 대군이 와서 대성을 7일 낮과 밤을 공격했다. 왕성은 함락되어 결국 위례를 잃었다. 국왕 및 태후, 왕자 등이 모두 적수에 목숨을 잃었다.(百濟記云 蓋鹵王乙卯年冬 狛大軍來 攻大城七日七夜 王城降陷 遂失慰禮 國王及太后 王子等 皆沒敵手)."

46 기(旗)의 한 가지. 빛깔에 따라 푸른빛으로 된 것은 청룡당(靑龍幢), 검은빛은 현무당(玄武幢), 붉은빛은 주작당(朱雀幢), 흰빛은 백호당(白虎幢)이라 한다.

47 이태화 : 실존인물로 일본 구마모토현 에다후나야마 고분에서 출토되어 널리 알려진 칼을 만든 대장장이다. 도명(刀銘)에서 그 이름이 나왔다. 소설에서는 그를 백제인으로 보고, 백제에서 이름난 대장장이로 관직이 높은 장수들과 특별한 인연을 맺고 있었다고 추정했다. 그의 집안은 대대로 장수들의 검을 만들어 바치는 가문으로 이름 높았다.

48 장안(張安) : 이태화처럼 실존인물로 에다후나야마 고분 출토 칼에 글을 썼던 인물

이다. 왜 열도로 이주해간 백제인으로 소설에서는 그렸다.

49 미귀(麋貴) :백제 장수로 서기 458년 송나라 세조로부터 4품의 장군 벼슬인 영삭장군(寧朔將軍)호를 받음.

50 우서(于西) : 백제의 장수로 서기 458년 송나라 세조로부터 4품의 장군벼슬인 건녕장군(建寧將軍)호를 받음.

51 현조(顯祖) 헌문제(獻文帝, 466~471년) : 북위의 문성제가 26세의 젊은 나이로 죽자 12세의 어린나이로 황제에 올랐다.

52 고주몽(高朱蒙) : 동명성왕(東明聖王). 고구려와 백제의 공동 조상으로 추모(鄒牟), 상해(象解), 도모(都慕)로도 불리었고, 시호는 동명성왕(東明聖王)이라고 지어졌다.

53 『고사기』에는 '조고왕(照古王)'으로, 『일본서기』에는 '초고왕(肖古王)'으로도 기록되어 있다.

54 사유왕(斯由王) : 고구려 제 16대 왕인 고국원왕으로 재위 기간은 331~371이다.

55 『삼국사기』「백제본기」개로왕조에는 다름과 같이 기록하고 있다.
고구려의 대로인 제우(齊于)·재중걸루(再曾桀婁)·고이만년(古爾萬年) 등이 군사를 거느리고 북성(北城)을 공격해7일 만에 함락시키고, 남성(南城)으로 옮겨 공격하였다.
성 안은 위태롭고 두려움에 떨었다. 왕이(성을) 나가 도망가자 고구려의 장수 걸루(桀婁) 등은 왕을 보고는 말에서 내려 절한 다음에 왕의 얼굴을 향하여 세 번 침을 뱉고는 그 죄를 꾸짖었다. (그리고는) 왕을 포박하여 아차성(阿且城) 아래로 보내 죽였다. 걸루와 만년(萬年)은 백제 사람(本國人)이었는데 죄를 짓고는 고구려로 도망하였었다.

56 왜왕 제(倭王 濟)는 『일본서기』에 개로왕을 지칭하는 가수리군(加須利君)으로 제(濟)는 지(旨)와 통하는 자로 보아야 한다. 이는 백지(百支)를 백제(百濟)로 보는 것과 같다. 이는 중국 산둥성에 있는 백지래왕자(百支萊王祠)의 '백지(百支)'를 백제로 보는 견해이며, 이러한 주장은 안사고와 정인보와 단재 신채호가 지은 『조선상고사』에 나오는 얘기로 백제의 요서진출을 역사적 사실로 보고 설명하는 대목에 들어 있다. 결론적으로 제(濟)도 지(支)로 고대에는 통하는 자였다. 때문에 칠지도 명문의 왜왕 지는 왜왕 제로 볼 수 있으며, 왜왕 제는 당연히 개로왕이 왕자시절 나니와 분국에 후왕으로 있었을 때를 지칭하는 말로 봐서 좋을 것이다.

57 해시(亥時)는 오후 9시부터 11시 사이를 이른다.

58 오사카부(大阪府)의 하비키노시(羽曳野市)가 그 옛날의 가와치아스카(河內飛鳥)

터전인데, 이곳에는 유명한 '여곤신사(昆支王神社)'가 있다. 이 신사는 '아스카베신사(飛鳥戶神社)'라고 불리는데, 곤지왕자를 제신(祭神)으로 모시고 해마다 제사지내고 있는 사당이다.

59 당시 무왕이 사마왕자라는 논거는 그가 보낸 상표문을 근거로 한다. 무왕이 보낸 상표문은 송나라 순제 승명 2년(478년)에 도착하였는바, 그때 보낸 외교문서가 중국『송서』에 남아 전하니 그 내용은 다음과 같다.

封國偏遠, 作藩于外, 自昔祖禰, 躬擐甲胄, 跋涉山川, 不遑寧處. 東征毛人五十五國, 西服衆夷六十六國, 渡平海北九十五國, 王道融泰, 廓土遐畿, 累葉朝宗, 不愆于歲. 臣雖下愚, 忝胤先緒, 驅率所統, 歸崇天極, 道逕百濟, 裝治船舫, 而句驪無道, 圖欲見吞, 掠抄邊隸, 虔劉不已, 每致稽滯, 以失良風. 雖曰進路, 或通或不. 臣亡考濟 實忿寇讎, 壅塞天路, 控弦百萬, 義聲感激, 方欲大擧, 奄喪父兄, 使垂成之功, 不獲一簣. 居在諒闇, 不動兵甲, 是以偃息未捷. 至今欲練甲治兵, 申父兄之志, 義士虎賁, 文武效功, 白刃交前, 亦所不顧. 若以帝德覆載, 摧此强敵, 克靖方難, 無替前功. 竊自假開府儀同三司, 其餘咸各假授, 以勸忠節. 詔除武使持節·都督倭新羅任那加羅秦韓慕韓六國諸軍事·安東大將軍倭王

무왕이 사마왕이라고 단정지을 수 있음은 전술한 바와 함께 다음과 같이 요약할 수 있다.

첫째: 자신의 죽은 아버지가 왜왕 제(臣亡考濟)라 밝힘으로써 왜왕 제가 개로왕임을 아는 동시에 왜왕 무가 유일한 개로왕의 생존 왕자인 사마왕이란 사실까지 알려주고 있다.

둘째: 상표문에 별안간(한순간에) 아비와 형을 잃었다(奄喪父兄)고 했는데, 이는 오로지 475년 아차산성에서 고구려군에 죽임을 당한 개로왕과 태자 홍을 비롯한 왕자들뿐이라는 사실이다. 일본인 학자들이『일본서기』에 나오는 웅략이 바로 왜왕 무라 하는데 그 형인 안강의 죽음은 서기 456년이요, 부친이라는 리중은 405년인바, 형과 부왕이 별안간 갑자기 한날한시에 죽었다는 왜왕 무의 상표문과는 너무나 동떨어지기에 일본인 학자들이 주장하는 왜왕 무=웅략천황이라는 공식이 깨어짐은 물론이요, 왜왕 무가 곧 사마왕이요 사마대왕임을 증명한다.

셋째: 백제가 한반도에서 영원히 사라질지도 모르는 상황에서 그는 그전의 규정과 달리 왜지의 백제분국에 대해서도 지배권을 요구하였다는 점이다. 이는 한반도에서 사라질지도 모르는 본국 백제를 염려하여 그 지배권을 개로왕의 유일한 생존 왕자로서 그 백제왕 계보를 왜국에서 이어가려는 의도로 보인다는 점이다. 그러므로 그러한 주장을 할 수 있는 사람은 오로지 유일한 개로왕의 생존 왕자인 사마왕자 뿐이었기에 왜왕 무가 사마왕자임을 이 상표문은 명백히 증명한다.

넷째: 상표문에 왜왕 무는 백제를 통해서 송나라에 사신을 보낸다 했음을 볼 때 친 백제계 인물이 틀림없다는 점이다. 그와는 반대로 폭군 웅략은 백제가 바친 공녀 지진원을 자신의 신하와 불륜을 저질렀다 하여 '불에 태워 죽였다.' 했을 정도로 포악했음을 볼 때 백제 왕권에 부탁하여 왜 사신을 중국에 보내줄 정도로 우호관계는 아니었을 것이다. 그토록 백제를 살리기 위해 애쓰며 친밀함을 가진 왜왕 무인데, 어찌 백제왕실에서 보낸 공녀를 불태워 죽일 수 있을

까? 전혀 다른 인물이었기에 가능한 일 아니겠는가? 때문에 왜왕 무와 웅략은 절대 같은 인물이 아니란 것을 이 상표문을 통해 알 수 있다. 왜왕 무는 백제를 너무나 사랑하는 사마왕자일 뿐임을 상표문 내용은 새삼 확인시켜 준다.

다섯째: 개로왕이 북위에 보낸 상표문과 문구가 매우 흡사하다는 점이다. 개로왕이 보낸 상표문의 '당솔소통(當率所統)'과 왜왕 무가 송나라 황제에 보낸 '구술소통(驅率所統)' 또한 '신지수감(神祇垂感)'과 '복재(覆載)'란 단어 사용이 거의 같은 뜻으로 이는 두 외교문서 작성자가 한 사람일 수도 있다는 증거로 개로왕과 왜왕 무와의 밀착성을 나타낸다고 볼 수 있다.

여섯째: 사마왕 붕어 후 시호가 무령왕인 점이다. 이는 왜지 분국의 왕으로 있을 때의 왕명이 왜왕 무(倭王 武)였음을 나타내는 입증자료라 볼 수 있다. 즉 왜왕 무에서 '무(武)'자를 따오고, 양나라로부터 받은 령동대장군(寧東大將軍)에서 '령(寧)'자를 따와 시호가 무령왕(武寧王)으로 정해졌다는 점이다.

60 『고사기』는 왜 대왕 웅략이 기사년(己巳年 : 489년) 8월 9일 죽었다 하고, 『일본서기』는 기미년(己未年 : 479년) 8월 7일 죽은 것으로 나온다. 어찌되었건 삼근왕이 죽은 것은 479년 11월이므로 3개월의 차이가 있다. 이는 왜국이 백제 왕 세습에 관계했다는 왜곡을 하기 위해 후대인들이 거짓 사실을 끼워 넣었거나 아니면 실제로 백제의 진씨들과 짜고 야마토정권이 곤지왕의 아들 말다를 대왕으로 앉히기 위해 사전 역모를 꾸몄을 가능성을 내비친다.

61 북한 학자 김석형(대구 출신으로 6.25 때 월북)은 에다후나야마 고분 출도 대검명과 이나리야마 출토 철검명의 획가다지로대왕을 개로왕이라 주장한다(『古代朝日關係史－大和政権と任那－』, 勁草書房, 1969年).

62 명문은 다음과 같다. '治天下獲口口口鹵大王世, 奉口典曹人名无口弖, 八月中, 用大鐇釜幷四尺廷刀, 八十練十三寸上好口, 服此刀者長寿, 子孫洋洋得三恩也. 不失其所統. 作刀者名伊太和. 書者張安也.'(口는 판독불가 글자)

63 현재의 사이타마현(埼玉県) 일대에 있던 국가.

64 1968년 멀리 동쪽의 사이타마현 교다시 이나리야마 고분(埼玉県行田市稲荷山古墳)이 대대적으로 발굴되었다. 그리고 그때 발굴된 철검 중 하나가 10년 후 발달된 X선 촬영기법으로 마침내 금 상감 된 글자를 찾아내는데 성공했다. 완벽하게 읽을 수 있는 상태로 겉면에 57자, 후면에 58자가 나타났다. 검의 전체 길이는 73.5cm이고 검의 몸체부분(劍身)은 길이 58.0cm 폭 3.15cm의 크기였다.

명문은 다음과 같다.

'신해년(서기 471년) 7월 중에 기록한다. 오와케의 신의 윗대 조상 이름은 오호히코(8대조) 그 아들의 이름은 타카리노 스쿠네, 그 아들의 이름은 테요카리와케, 그 아들의 이름은 타카하시

와케, 그의 아들 이름은 타사키와케, 그 아들 이름은 하테히, 그 아들의 이름은 카사하요, 그
아들의 이름은 오와케의 신. 대대로 장도인(비서실)의 수장으로서 일해오기를 지금에 이른다.
와카타케루(개로왕[김석형의 주장]) 대왕의 시대, (대왕이) 시키노궁에 있을 때 나는 천하를 보
좌하며 다스렸다. 이 (칼은) 백번 담금질하여 잘 들게 만든 칼로 내가 (비서실장으로) 봉사하
는 근원을 밝혀 기록한다.'

(表)辛亥年七月中記 乎獲居臣 上祖名意富比□ 其児多加利足尼 其児名弖已加利獲居 其児名多加披
次獲居 其児名多沙鬼獲居 其児名半弖比

(裏)其児名加差披余 其児名乎獲居臣 世世為杖刀人首 奉事来至今 獲加多支鹵大王寺 在斯鬼宮時 吾
左治天下 令作此百練利刀 記吾奉事根原也.

소설 무령왕 上

초판 1쇄 발행일 ● 2007년 4월 27일
초판 1쇄 인쇄일 ● 2007년 5월 02일

지은이 ● 장팔현
펴낸이 ● 박영희
표　지 ● 디자인 감(이근산)
삽　화 ● 김진수
편　집 ● 정지영·허선주
펴낸곳 ● 도서출판 어문학사
　　　　132-891 서울특별시 도봉구 쌍문동 525-13
　　　　전화: 02-998-0094 / 팩스: 02-998-2268
　　　　홈페이지: www.amhbook.com
　　　　e-mail: am@amhbook.com
　　　　등록: 2004년 4월 6일 제7-276호

ISBN 978-89-91222-51-9 03900
정　가 ● 10,000원

인지는
저자와의
합의하에
생략함